冷链物流研究丛书

冷链物流人才培养研究

王丽忠　敖利玲　主编

中国财经出版传媒集团
中国财政经济出版社

图书在版编目（CIP）数据

冷链物流人才培养研究/王丽忠，敖利玲主编．--北京：中国财政经济出版社，2020.6

（冷链物流研究丛书）

ISBN 978－7－5095－9783－5

Ⅰ．①冷…　Ⅱ．①王…②敖…　Ⅲ．①冷冻食品－物流管理－人才培养－研究　Ⅳ．①F252.8

中国版本图书馆 CIP 数据核字（2020）第 073558 号

责任编辑：闫　娟　　　　责任校对：胡永立

封面设计：陈宇琰

中国财政经济出版社 出版

URL：http：//www.cfeph.cn

E－mail：cfeph@cfeph.cn

社址：北京市海淀区阜成路甲 28 号　邮政编码：100142

营销中心电话：010－88191537　北京财经书店电话：64033436　84041336

北京财经印刷厂印刷　各地新华书店经销

787×1092 毫米　16 开　15 印张　251 000 字

2020 年 6 月第 1 版　2020 年 6 月北京第 1 次印刷

定价：68.00 元

ISBN 978－7－5095－9783－5

（图书出现印装问题，本社负责调换）

本社质量投诉电话：010－88190744

打击盗版举报热线：010－88191661，QQ：2242791300

总　序

冷链物流是指冷藏冷冻类物品在生产、贮藏运输、销售，直到最终消费前的各个环节始终处于低温环境，以保证产品质量，减少物品损耗的低温物流过程。冷链物流适用于蔬菜、水果、肉、禽、蛋、水产品、加工食品、速冻食品、花卉产品、巧克力、冰淇淋和奶制品以及快餐原料、包装熟食、药品（疫苗、血液）、特殊商品等领域，是具有复杂性、协调性及高成本性特征，并以冷冻工艺为基础、以制冷技术为手段的复杂的物流系统工程。

冷链物流是物流业的重要组成部分，冷链物流的发展不仅对国民经济的发展具有重要意义，而且对建立人们的优质生活具有直接的促进作用。第一，冷链物流业的发展壮大，为国内外的生鲜产品、加工食品、医药产品等提供全程冷链物流，从而确保这些产品的高质量和多品种的供给，有助于提升居民的生活质量。第二，冷链物流的发展可以促进冷链物流标准化建设，形成食品检验检疫标准、食品质量安全标准以及冷链物流标准的统一，打造全程温控冷链物流服务体系，实现全程可追溯，从而有效避免生鲜产品和药品等在运输过程中衍生的食品安全事件。第三，冷链物流的发展有利于促进冷冻工艺技术的提高和冷链物流操作效率，从而降低冷链产品损耗，有利于减少企业运营成本，增加企业收益。以农业为例，农产品冷链物流的发展，可以减少农产品产后损失，并可以带动农产品跨季节均衡销售，促进农民稳定增收。第四，冷链物流业的发展壮大，使更多企业进入冷链物流行业提供冷链运输、冷链配送、冷藏、冷链物流信息共享等服务，以及由此带来的冷链物流企业的专业化和规模化发展，将直接提供更多的就业岗位，有助于推动经济、社会、文化等各领域的融合发展，对整个社会经济秩序的稳定都将起到很好的作用。第五，冷链物流产业的发展壮大，有利于促进国际贸易的发展。特别是在开放的环境下，电商迅速发展的大环境必然促进冷链物流的国际化发展，对人们优质生活的建立将会产生明显的促进作用。

冷链物流发展的快慢与一个国家经济发展水平有着直接的关系。从世界范围来看，一般表现为发达国家的冷链物流发展水平较高，而发展中国家的冷链物流发展比较缓慢。改革开放以来，中国经济快速发展，居民收入水平得到稳步提高，高质量的生活成为人们的普遍追求目标。对于食品、医药等消费品的高质量需求逐步成为标准生活方式。同时，在互联网消费、配送方式升级支持下生鲜电商迅速成长。这些因素都在推动冷链物流及冷库需求持续走高。目前，我国的冷链物流发展迅速，冷链物流规模持续扩张，已进入高速发展时期。但冷链物流运营成本较高，在冷链物流基础设施设备、冷链物流管理体系、冷链物流技术水平、冷链物流标准化建设以及冷链物流人才支持等许多方面与发达国家相比还有一定差距。未来我国冷链物流系统将加速完善，冷链流通率及运输率将逐步提升，冷链配送服务及装备产业将迎来快速扩容机遇。数据显示，我国的冷藏冷冻食品的总量以每年10%的比例增长，冷藏冷冻食品的销售量占到食品销售总量的10%左右。初级农产品、速冻食品、包装熟食、奶制品的产量和流通量逐年增加，相关的冷链物流运作越来越受到关注。随着生活水平日益改善，人们的食品安全意识，食品质量理念进一步提高，全社会对生鲜食品的安全和品质提出了更高的要求。人们开始更多地关注产品的整体市场表现力，从而开始关心与产品生产、流通、销售有关的活动。

伴随着中国冷链物流业的快速发展，相应的冷链物流理论、政策、管理和技术等领域的不断探索显得十分必要。本套“冷链物流研究丛书”就是基于这样的背景策划和出版的。本套丛书尽力站在学科发展的前沿，结合我国冷链物流发展的实际，初步探讨了冷链物流的相关问题。对发达国家冷链物流发展的透视和总结，可以为国内冷链物流发展提供借鉴。区块链背景下的冷链物流和智慧冷链物流的讨论则是基于冷链物流技术的最新发展而展开的探索。粤港澳大湾区冷链物流的发展，则是基于这一国家战略所提出的建立粤港澳大湾区优质生活圈的目标定位而进行的思考，也有我国冷链物流案例分析的含义。针对我国冷链物流人才缺乏的现状，本丛书专门论述了冷链物流人才培养问题。当然，冷链物流业的发展涉及的内容十分广泛，我们的研究是很初步的，我们将在祖国腾飞的进程中，在冷链物流快速发展的进程中，不断深化我们的研究。

本套“冷链物流研究丛书”是广东省省级特色重点学科建设项目的研究成果，由广州工商学院物流系教师集体完成，经过一年多的努力，现在终于与读者见面了。我们期望这套丛书有助于人们深化对冷链物流的认识，并期望在习近平新时代中国特色社会主义思想的指引下，对我国冷链物流的理论研究、政策实施、技术进步和管理水平的提高产生积极影响。特别是希望在推动粤港澳大湾区建设中，从理论和实践两个方面对粤港澳大湾区建设优质生活圈作出积极贡献。

左连村

2019 年 12 月

前　言

2018年3月，教育部高等学校物流管理与工程类专业教学指导委员会物流管理专业冷链物流专业工作组成立，冷链物流人才的培养成为国家战略，我国冷链物流人才培养理论研究工作有了新进展。近乎同时，本书编写组酝酿、启动了《冷链物流人才培养研究》专著编写工作。

历时一年多，《冷链物流人才培养研究》一书终于完稿。

书稿写作过程中，王丽忠教授拟定全书写作大纲、各位作者数次集中论证写作纲要，反复切磋交流写作观点，多次修改书稿。王丽忠教授、敖利玲副教授统稿，全书由王丽忠教授审定定稿。在书稿撰写过程中，每位作者都力求做到最好，以期对冷链物流人才培养理论研究工作有所贡献。

全书分为七章，各位作者分别从全球冷链物流的发展与人才需求、冷链物流人才培养的战略定位、冷链物流人才培养的教育基点、冷链物流人才培养方式方法、冷链物流人才培养模式、冷链物流人才培养的师资队伍建设、冷链物流人才培养的专业化和地方化等方面，展示了研究成果。

本书各章执笔为：第一章敖利玲，第二章王丽忠，第三章肖莲英，第四章李玉峻，第六章陈文华，第五章、第七章张堧。

本书是广东省省级特色重点学科物流管理学科建设项目研究成果。作为专门研究国内冷链物流人才培养的理论专著，写作中也遇到了资料难收集等困难。因此，本书也存在着不足之处。此书出版期望得到国内同行指点，也期望以此为契机，推动教学与科研工作，促进冷链物流人才培养。

作者

2019年12月

目 录

第一章 全球冷链物流发展与人才需求

改革开放以来，我国经济持续发展，当前已由高速增长阶段转向高质量发展阶段。这种经济发展的持续过程迅速推进了社会消费的升级，人们的消费观念和消费特征出现了很多新变化，丰富、健康、安全、方便、快捷的消费意识日益增强，食品消费正在向多样化、健康化、便捷化、营养化转变，人们越来越追求加工食品、生鲜农副产品的新鲜度和食用安全。因此，整个社会对冷链物流的依赖日益增强，需求迅速膨胀，冷链物流的市场规模迅速增长。今天，冷链物流也几乎深度融入各产业链，不仅助推着相关产业的升级转型，更成为一项保障食品、药品、农副产品等质量及安全的民生工程。

经过十年的发展，中国的现代冷链产业有了一个很好的发展开端，冷链物流服务的领域日益扩展，在政策、环境、基础条件、市场活力等方面都取得了一定的建设成效，与全球冷链产业交互融合的水平日益提升，冷链物流为提高和改善民生发挥着越来越重要的作用。目前，我国的冷链物流产业有着前所未有的发展势头，备受世界瞩目，成为中国物流领域的一片蓝海。然而，与欧美等世界发达国家相比，我国在冷链体系建设、冷链装备、冷链技术、运营理念、管理监控等方面都还存在着相当大的差距。占比较大的生鲜农副产品、加工食品等冷链物流仍然很薄弱，运营和管理粗放，技术装备落后，冷链物流依然处于相对低水平的发展阶段。从全国层面看，冷链物流人才的短缺和人才培养的滞后与冷链物流的发展速度不相匹配，在一定程度上影响和拖后了整个冷链物流行业的发展进程。特别是目前全球互联网等高新科技的迅速推进，赋能和升级了几乎所有的行业与管理决策部门，带来了对冷链物流高标准和高要求的新机遇和新挑战。因此，研究和借鉴发达国家冷链物流的发展及人才培养经验，分析和研判我国冷链物流的发展现状与发展趋势及其对冷链物流人才的需求趋向，是冷链物流人才培养的当务之急。

第一节 全球冷链物流发展概述

一、全球冷链物流的发展过程

（一）冷链物流追溯

冷链的产生主要基于产品的易腐性。在保证人们生存的食品中易腐食品是主要部分，随着时间的推移和温度的变化，食品质量水平会下降，从而消费质量受到很大影响，于是人们对于如何保证易腐食品在不同时间和空间上的消费质量和消费安全产生了储藏和运输方面的特殊需求。人们发现在低温条件下易腐食品内部的化学反应速度和程度会减缓和降低，在一定时间范围内以一定的全程低温控制才能保证易腐产品的质量和安全，这样，冷藏冷冻技术开始走入人们的生产和生活之中。

在人工制冷技术出现以前，人类就已经会用天然冷源来保存食品。最早的冷链物流可以追溯到 18 世纪后期的英国。据悉，当时的英国渔民已经用天然的冰来保持鱼的新鲜，农民生产的乳制品也使用同样方法保鲜。到 1834 年，在英国工作的美国人雅可比·珀金斯（Jacob Perkins）试制了人力转动的用乙醚为工质的制冷机，获得了英国政府向他颁布的第一台制冷器的发明专利，成为世界上第一台制冷机的发明者。1844 年，美国的 J. 戈里（John Gorrie）试制了用空气为工质的制冷机，主要用于医院的制冰和空气冷却。之后，氨蒸气压缩式制冷机、硫酸和水为工质的吸收式制冷机、蒸汽喷射式制冷机等使用不同制冷技术的制冷机纷纷研制成功。1929 年出现了氟利昂制冷剂，促进了压缩式制冷机的迅速发展。到 1862 年，苏格兰人约翰·哈里森在澳大利亚根据帕金斯原理改良研制成第一批冰箱，并成功上市。1875 年德国的工程师卡尔·冯·林德发明了以氨为制冷剂的冷冻机，设计制造了一台工业用冰箱，并于 1879 年制造出世界上第一台人工制冷的家用冰箱。到 1891 年时，这种冰箱已在德国和美国售出了 12000 台。

制冷机和制冷剂的发明，推动了 19 世纪冷冻冷藏技术在食品行业的应用。据记载，在 19 世纪 70 年代末和 19 世纪 80 年代初，法国开始进口南美的冷冻肉类，英国从澳大利亚进口冷冻牛肉，从新西兰进口猪肉和其他肉类。有学者认为冷链物流的真正开端源于一个美国商人。在19世纪80年代，美国有位从波士顿去中美洲做生意的船长，叫贝克尔，一次在经过危地马拉的时候发现了产自东南亚地区的香蕉很受当地人欢迎，于是便开始在当地做起了香蕉生意，赚了很多钱。当制冷技术发明后，贝克尔船长将制冷装备安装在轮船上，使本来难以储存的成熟香蕉能完好地运往美洲。贝克船长的生意越做越大，很快，香蕉成了全美洲最受欢迎的水果之一。1903年，英国联合食品公司引进了第一艘用于香蕉贸易的冷藏船，用以解决这种热带水果的大量销售问题。这可以看作是现代意义上冷链物流的开始。

（二）全球冷链物流的发展过程

全球冷链物流的发展过程大体可以分为四个阶段。

第一阶段（约为19世纪30年代至20世纪初），冷藏链的形成阶段。由于制冷机和制冷剂的发明，制冷技术开始用于食品工业、水产业、啤酒业等领域。这段时间里，用于冷藏的一些设施设备已经形成，但作用基本局限于贮存和运输方面。到这一阶段的后期，美、英、德、法、意等国家和世界主要贸易区开始建立冷藏库，例如美国第一座冷库1865年建于纽约，主要是用于贮存家禽和野味。实际上美国这一阶段的冷藏运输主要还是冷藏冻肉的海上运输和北美大陆水果的铁路运输。随着制冷技术的应用向规模化、工业化推进，1908年，法国工程师 Albert Barrier 在说明控制低温条件能确保易腐食品品质时，第一次使用了法语冷链（Chainedu Froid）这一术语，传统冰降式冷藏库和少品种、大批量的水路与铁路运输方式的冷藏链在这一阶段初步形成。

第二阶段（约为20世纪初至20世纪40年代），冷藏和冷链配送的初级阶段。这一阶段制冷方面的先导国家有所增加，总体上美国还是处于领先地位，英国、德国、法国紧跟其后。苏联和日本拥有较少的制冷设备，但已开始初露头角。这一时期比较标志性的是美国在1914年开始大力推广家用冰箱，从1925年起，在各个部门包括高层建筑和运输车辆中都采用空调（1935年已有空调列车6000辆）。同样从1925年起，在工业上大力推广制造干冰，到1945年又大力推广速冻。这些变化不仅显示了美国在制冷领域的优势地位，也标明冷链物流正迅速进步，制冷技术和运输设备更加先进，运输品类更多样化。然而，在这一时期冷藏食品零售业刚刚兴起，食品冷链体系在欧美虽然初步建立，但冷链物流的效率、质量以及运行环境尚不完善。

第三阶段（约为20世纪40年代至20世纪末），冷链物流走向成熟的阶段。这一阶段冷链物流从运营模式、制冷技术、制冷设备、运营过程到管理规范都逐渐成熟，冷链物流品类更加多样化。冷链物流已经基本发展成熟。

第四阶段（20 世纪末至今），冷链物流的稳定发展阶段。进入 21 世纪以来，日本、美国、德国、英国和加拿大等发达国家的冷链物流发展已经非常成熟，不仅形成了完整的冷链物流体系，而且易腐食品物流过程的冷藏率已达 95% 以上，冷藏食品的销售量占食品销售总量的 50%，并呈现继续增长的趋势。从亚洲国家来看，日本自 20 世纪 70 年代兴起冷链物流以来，在低温控制（分冷冻、冷藏、恒温 3 个温度带进行分装配送）、包装材料（使用绝热性能和保护性能高的包装物）、分类处理技术（按气味或商品特性）等方面都拥有和积累了先进的技术和经验。日本以其冷链物流的先进技术、先进经验以及良好的冷链配送服务，成就了“世界最高水平的冷链物流配送”优势地位。

二、全球冷链物流的发展概况

（一）总体规模

冷链物流是国际食品贸易的重要组成部分，随着全球经济一体化，全球贸易总量从趋势看在不断增长，但是近几年整体贸易形势略显低迷，增速放缓。然而，食品贸易特别是果蔬、水产、肉禽等生鲜和加工食品的进出口贸易量却逆势上扬，保持了快速的增长步伐。今天的全球冷链物流市场不仅规模巨大，而且承载着 75 亿世界人口①的食品质量安全保障。

本书通过几组全球贸易的进出口数据来观察对冷链物流市场规模的影响。据世界贸易组织发布的《全球贸易数据与展望》报告显示，2018 年全球进出口贸易总额为 39. 9 万亿美元。美国贸易进出口总额约为 4. 278 万亿美元，占全球贸易总额的 10. 87%；日本贸易进出口总额约为 1. 52 万亿美元，占全球贸易总额的 3. 8%；中国贸易进出口总额为 4. 62 万亿美元（约合 30. 51 万亿元），同比增长 12. 6%，占全球贸易总额的 11. 75%。

大量的进出口贸易要以发达的、高效的冷链物流体系为基础。据“2019（第十一届）全球冷链峰会”的信息报道，在过去的 3—5 年里，全球冷冻冷藏货物贸易维持在 5%—6% 的年均增长率，高于全球贸易的整体增速。我们再看一组数据：全球冷链市场规模 2011 年时为 755. 65 亿美元（实现收入），2017 年达到 1571. 42 亿美元，从 2012 到 2017 年 5 年间实现 13. 2% 的复合增长

① 联合国以及各国统计局汇总报告。

率。预计到 2025 年，全球冷链市场规模将达 4496 亿美元。在规模日益扩大的全球冷链市场上，北美市场近年居于不可忽视的地位，对冷链市场贡献达整体收入的 40%，在 2012—2017 年实现 12% 的复合增长速度；欧洲市场贡献率为 30%，同期复合增长率约为 10.8%；亚太市场在近年也在快速增长，大约占全球 22%—25% 的冷链市场份额[①]，这其中特别得益于中国、印度和东南亚国家的快速增长。仅中国，预计到 2020 年冷链市场规模有望达到 4700 亿元，年复合增长率将超过 20%。截至 2018 年底，中国已成为世界上最大的食品进口国，进口食品总额将近 700 亿美元，其中进口食品冷链物流费用超过 30 亿美元[②]。这不仅反映了中国冷链物流的市场需求变化，也为中外冷链物流行业带来更多的商机。

（二）冷链流通水平

全球冷链物流的发展还体现在冷链流通率、冷库冷藏车等设施设备发展状态等方面。冷链流通率是指在物流过程中采用冷链物流占所有物流的比重。目前全球冷链流通水平有着较大的国别差异。发达国家（美国、日本等）易腐食品的冷藏运输率已超过 90%，冷链流通率高达 95%—98%，某些产品（如肉禽）冷链流通率更是达到 100%[③]。中国冷链市场规模虽大，常温流通的生鲜农产品占了很大比重，部分肉禽类产品低温处理主要在生产初期阶段，运输、销售等环节的全程冷链比率过低。根据商务部之前的统计数据显示，中国果蔬、肉类、水产品的冷链流通率分别为 22%、34%、41%，冷藏运输率分别为 35%、57%、69%，目前综合冷链流通率仅为 19%[④]，远远低于发达国家水平（见图 1－1、图 1－2）。从冷链物流所创造的利润看，发达国家当前冷链物流行业的平均利润率可达到 20%—30%，冷链成本占总成本比重约为 50%，冷链损耗率约为 5%[⑤]。相比较之下，中国物流与采购联合会副会长崔忠付引述的一份调研统计显示，目前我国常温物流的利润率约为 10%，冷链物流行业的平均净利润仅为 3%—4%，而且仍在不断压缩。

---

① 全球冷链物流现状分析［OL］．［2013－10－30］．http：//www. askci. com/.

② 崔忠付．共建共享冷链生态，共创食品安全未来［EB/OL］．［2019－07－02］．http：//www. lenglian. org. cn/news/2019/26848. html.

③ 王大军．从冷链物流需求看冷藏车市场发展［J］．专用汽车，2018.

④ 前瞻产业研究院．2013—2017 年中国冷链物流行业市场调研与投资预测分析报告［R］．

⑤ 前瞻产业研究院．与国外差距巨大 中国冷链物流"发育不良"［OL］．［2017－06－29］．https：//www. qianzhan. com/analyst/detail/220/170629－6c63e63b. html.

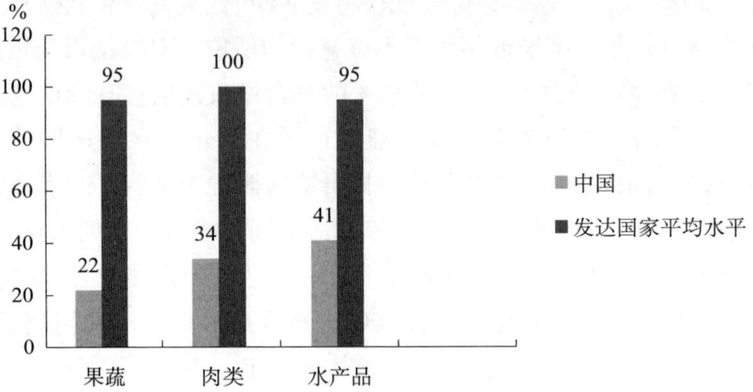

图 1－1　中国与发达国家冷链流通率

资料来源：前瞻产业研究院整理。

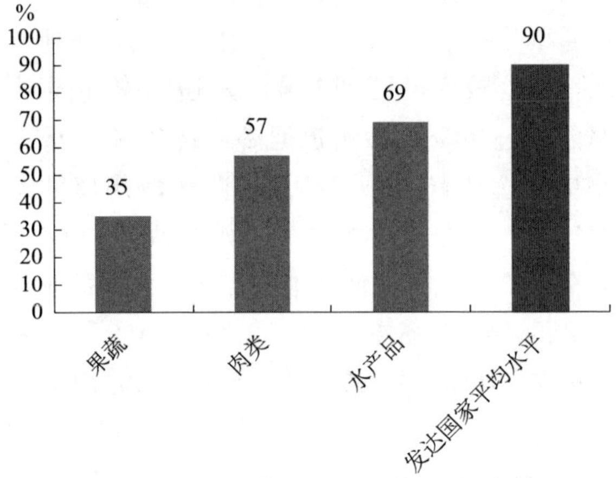

图 1－2　中国与发达国家冷藏运输率

资料来源：前瞻产业研究院整理。

（三）冷链设施设备

冷链物流的运行很大程度上依赖于冷冻冷藏设施设备，因此冷链物流的发展状态还取决于冷藏能力的大小。据《2018 年 GCCA 全球冷藏能力报告》显示：2018 年全球冷藏总产能（即全球冷藏库总容量）为 6.16 亿立方米，比 2014 年增长了 8.6%，比 2016 年增长 2.67%。国际冷藏库协会（IARW）公布的数据也显示：美国、中国和印度冷库容量排名世界前三，这三个国家冷库总容量占比超过 50%。其中印度冷库容量最高达到 1.41 亿立方米，约占世界冷库容量的24%；美国冷库容量规模在其后，1.18 亿立方米，约占世界冷库总容量的19.67%。2018 年新兴市场上新建冷库数量及容量增长显著，特别是中国（新增3000 万立方米）及印度（新增1000 万立方米）①。中国冷库总容量2016 年是1.07 亿立方米，2018 年达到1.3 亿立方米（5238 万吨），同比增长10.3%，占比为21.1%，位居全球第二。

城市居民人均冷库占有量是衡量一个国家冷链发展程度的重要指标，据GCCA 数据统计，在全球范围内，平均每个城市的居民约有0.2 立方米的冷藏仓库空间。荷兰是城市居民人均冷库占有量最高的国家，为0.96 立方米/人，英国、新西兰、美国、毛里求斯、加拿大、印度、乌兹别克斯坦等都超过0.3 立方米/人，而中国人均冷库占有量仍处于较低水平，仅为0.143 立方米/人，发展空间非常巨大。

冷藏车是冷链物流最基本的运输工具。据统计，目前美国公路冷藏车保有量为25 万辆，日本接近20 万辆，德国约11 万辆。美、日、德农产品的冷藏保鲜车占货运汽车比例分别为0.9%、2.65%、2.5%。2018 年中国冷藏车市场保有量约为18 万辆，较上年增长4 万辆，年增长率约为28.6%，连续5 年增速维持在20%以上②（见图1－3）。在美国和日本平均每千人配有1 辆公路冷藏车，而在中国每1.7 万人才配有1 辆。

（四）冷链物流技术

冷链物流由于产业链条长、冷链全程的货品质量和安全保证难度大，因此，冷链技术涵盖与涉及的领域非常广泛而复杂。冷链物流系统的核心技术主要包括冷链标准、认证技术、品质和安全的保鲜、包装技术、冷链冷藏技术、冷链的节能技术、冷链的自动化处理技术及信息管理技术等③。通过这些技术的应用，建立货品全程温湿度追溯与可视化监控系统、车辆全球定位与可视化跟踪系统、冷库自动化系统、冷链运输管理系统、订单与配送管理系统等冷链物流的管控体系。在发达国家，这些技术的研发和应用不仅很好地保证了货品的质量安全，也大大降低了冷链损耗，降低了冷链物流成本，为冷链物流全产业链提供了高水平的技术支持。

---

① 国际冷藏库协会（IARW）数据库［DB/OL］.［2018－02－24］. https：//www. qianzhan. com/analyst/detail/220/180224－2f63ddf4. html.

② 2016 年中国冷链物流行业市场现状及发展前景预测［OL］.［2016－09－02］. http：//www. chyxx. com/industry/201609/444628. html.

③ 张玉勋. 中国百胜餐饮集团冷链物流发展战略研究［D］. 长沙：湖南大学，2010.

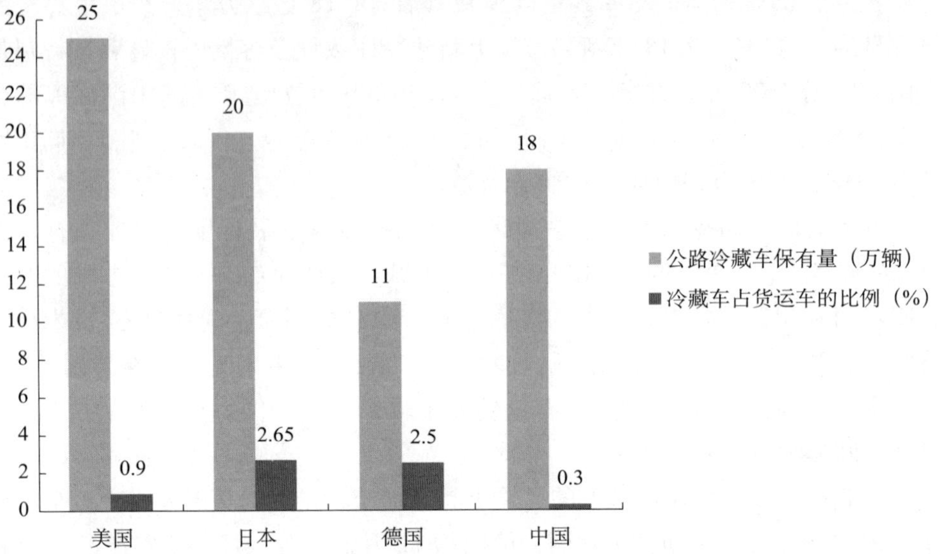

图 1－3　中国与发达国家冷藏车保有量

资料来源：依据前瞻产业研究院、中物联冷链委整理。

目前，发达国家在冷链技术升级、创新方面居于领先地位，在新一代物流技术的应用和引领方面发挥了重要作用。这主要体现在：

（1）物联网技术。物联网作为新一代信息技术是网络通信领域的重要分支。物联网技术通过射频识别、全球定位系统、激光扫描器、信息传感设备，按指定的协议标准进行信息交换，从而智能地对物品进行跟踪识别和监控维护①。物联网领域中有很多热门技术的应用，如 RFID、WSN、GPS、车载系统、无线传感系统 NB－IOT 技术、M2M 技术等，使冷链物流中每节点都能够融入物联网大系统中，每一个独立的冷链物流模块能够相互通信，实现冷链物流节点与货品之间智能化、交互式的通信，从而构建一体化的冷链物流信息平台，提高冷链物流的运作效率和质量。目前，美国、英国、日本在医药冷链物流方面的物联网技术应用率很高。例如使用最先进的条形码技术与温度传感器技术，保障疫苗、生物制剂等医药在冷链运输过程中的温度监控，实时监控医药冷链物流服务质量。再如，利用车载地图系统，为医药冷链配送车辆规划物流配送路线，极大减少在途消耗时间，医药冷链物流配送效率较高。

① 圆通研究院．新一代物流技术的现状与发展趋势［DB/OL］．［2019－05－31］．http：//www. chinawuliu. com. cn/xsyj/201905/31/341022. shtml.

（2）人工智能技术。人工智能是研究、开发用于模拟、延伸和扩展人的智能的理论、方法、技术及应用系统的一门新的技术科学。人工智能是对人的意识、思维的信息过程的智能化模拟系统，它的研究开发包括了机器人、语言识别、图像识别、自然语言处理和专家系统等①。目前，先进的冷链物流领域里人工智能技术的应用主要体现在车货匹配、无人驾驶与配送、冷链信息自动化录入、智能分拣、包装和运输智能调度等方面。这些人工智能技术应用于冷链物流中的运输、仓储、配送以及管理等整个供应链各个环节中，形成高效的冷链物流体系。近年来，人工智能技术迅猛发展，随着平台、算法、交互方式领域的不断更新和突破，人工智能将成为冷链物流的支撑性技术之一。

（3）大数据与云计算技术。大数据与云计算技术是对传统数据管理模式的颠覆。由于大数据具有体量大、类别多、价值密度低和处理速度快的数据集合特征，能够有效地对冷链物流多系统、多环节、多节点的数据进行抓取、存储和管理。而云计算作为一种远程计算技术，可以提供强大的计算能力，从而高效地支撑大数据存储、管理和分析。大数据与云计算对现代冷链物流的技术支持主要体现在冷链物流配送站点选址、规划运输路线、整合与优化资源配置、冷链供求及决策分析、竞争环境分析、信息查询等方面。发达国家的冷链物流行业在大数据云计算技术应用下其资源调度、仓储配送、数据分析、决策管理等方面都出现质的飞跃。

（4）区块链技术。区块链技术近两年升温迅速，它是利用块链式数据结构来验证数据后再进行存储，是通过密码学来保证链上数据的安全性，从而能够被安全读取，同时通过由脚本代码组成的智能合约来自动化编程和操作数据。也就是说它是一种分布式、共享式的账本，用于存储数字交易的记录，且具有不可篡改性。冷链物流链条长、环节多，通常是由多个参与方组成的一个多流融合的利益共同体，因此，区块链技术以其具有的共享账本、智能合约、隐私保护、防篡改、共识机制等特点，在跨境长途远洋运输、食品与药品防伪安全溯源、黑名单共享平台、系统安全监管、供应链金融等领域被逐渐应用，显示出很好的应用价值和效果。

发达国家的冷链物流依托互联网、移动互联网、物联网、大数据和人工智能等技术，率先在核心技术上取得大的突破，实现了冷链产业冷链仓储、冷链

① 圆通研究院．新一代物流技术的现状与发展趋势［DB/OL］．［2019－05－31］．http：//www.chinawuliu.com.cn/xsyj/201905/31/341022.shtml.

运输、冷链配送、冷链销售、国际贸易“五位一体”的全产业链技术贯通，走在世界前列。然而，这些核心技术都离不开高质量通信技术的支撑，我们完全有理由相信，在5G移动通信技术方面中国将以难于撼动的实力领军于高新通信科技的应用领域。

三、全球冷链物流发展的基本特点

（一）发达国家政府助推冷链物流产业发展

冷链物流在全球不同国家和地区之间的发展有着比较大的差异。许多欧美、亚洲国家的冷链物流居于全球高水平状态，离不开国家对冷链物流的重视。美、加、日、英、荷、德等国家在建设冷链物流体系中给予了很大的投入。这些国家包括新加坡、韩国等其冷链物流的基础设施基本属于国家公共设施投资，很大部分由政府出资建设。例如，美国农业总投入中30%用于生产，70%用于产后加工保鲜；英国、荷兰等国家把大型商贸物流设施如大型物流中心、配送中心作为公共设施列入政府基建项目，政府投资主体部分的建设。日本、新加坡、韩国等国家政府投资建设农产品批发中心、物流中心等，助推冷链物流的发展。更有数据显示，发达国家冷链物流覆盖整个国家人口的80%以上，意大利、荷兰农产品保鲜产业化率为60%，而日本则大于70%。日本的果蔬98%通过冷链，冷链损耗率仅为5%，美国果蔬的冷链物流损耗率仅有1%—2%，加拿大蔬菜冷链物流损耗仅为5%①，中国冷链物流损耗率是加拿大的6倍。发达国家冷链物流成本约在30%左右，而发展中国家大约在60%—75%②。

（二）发达国家冷链物流市场化、规模化程度高

冷链物流行业集约化水平和规模与物流成本和效率有着直接的关系，集约化发展对降本增效有主要作用，从而增强企业的竞争力。发达国家的冷链物流市场十分成熟，第三方冷链物流发展较好，例如日本、美国、加拿大、荷兰等国均有一些有规模的冷链物流公司专业从事易腐农产品的冷链物流业务，市场分工细化、精细化专业运作，既保证了易腐产品的生鲜质量和安全，同时降低

---

① 中冷联盟．国际冷链物流发展现状——特点［OL］．［2017－06－05］．http：//www.sohu.com/a/146386481_ 653523.

② 中冷联盟，国际冷链物流发展现状——特点［OL］．［2017－06－05］．http：//www.sohu.com/a/146386481_ 653523.

了物流成本，取得规模效益。发达国家的冷链物流行业集中度之高、规模之大，非一般发展中国家短期内可以赶超，例如欧洲的荷兰。荷兰由于其优越的区位优势，冷冻行业非常发达，有全球最大的花卉拍卖市场，建立了垂直合作一体化的市场运行体系，从生产、加工、储藏、包装、运输和销售等方面实现从土地到餐桌的无缝对接。物流、商流和信息流，三流合一。农产品专业化、规模化发展水平很高。美国、德国、日本、澳大利亚等国家，冷链物流体系专业化、规模化的程度都比较高。例如，美国的 SYSCO 公司，它的主营业务是食品配送，是北美最大的食品销售企业，冷链的比重超过 60%。

在医药冷链方面，由于医药运输的特殊性和高技术要求，形成了严格的生产、储运的行业标准，发达国家对此管控严格，也形成了比较大的行业壁垒，龙头企业地位明显。例如 WorldCourier、Nagel、FedEx、UPS、DHL 等都是当前国际上医药冷链物流的领军企业。这些企业实力雄厚，综合性药品冷库等冷链装备完善，冷链物流服务包括了提供药品封装、温度电子监控、全球分销仓储网络、冷藏箱配置等方面。美国基本以大型制药企业和药品批发企业为中转枢纽，冷链药品由制造企业到批发企业的物流中心，并由物流中心完成最终配送。

（三）全球冷链物流智能化推进迅速

发达国家十分重视冷链物流技术的研发与运用，为冷链物流的发展提供了最先进的技术保障。如前所述，目前许多国家借助高新科技手段打造数字化管理平台，建立精准、智能、高效的冷链物流管理系统，通过信息技术和智能设备，实现自动录入、自动识别、自动分级分拣、自动打包、智慧温控、智慧调度、智慧运输，形成高效的冷链物流操作体系，既减少了人工成本，又提高了作业效率，降低了质量安全风险。数字化、智能化运营是冷链物流的神经中枢，通过构建和升级这个神经系统，使发达国家的冷链物流快速地走在现代化发展的前列。

（四）冷链物流标准完善、管理规范

规范的行业标准和严格的机构监管，是国际冷链物流得以高质量发展的重要保障。冷链物流除对温度要求严格以外，在时间、分级、质检、包装等方面都有严苛的要求，为保证冷链全程的质量，一些发达国家制定了较完善的国家或行业标准，对食品生产、加工、仓储和运输的每一个环节都建立操作标准或操作要求，对保鲜物流系统中的各阶段、各环节如运输工具、容器和托盘等都

做出具体的管理规定，并通过专门的机构负责监督管理，使得冷链物流处于国家和公众的监督之下。此外，行业协会等组织也对冷链营运商的业务行为有了很好的规范，加强了行业协调和自律。这种管理状态对于全球化的冷链物流有着至关重要的作用。

（五）冷链物流人才供给与储备充足

冷链物流需要的人才专业性、技术性很强。发达国家对食品、药品等质量和安全性的知识程度历来很强，要求也很严格，因此在产品生产与运输等环节有严格的行业标准和操作规范，不仅就生产本身，对冷链物流从业人员的要求也一样很高，技术性的岗位一般需要职业资格的认证。因此，美国、加拿大、英国、澳大利亚、日本、德国等著名高校都开设物流专业，建立了多层次的物流专业教育体系。我国近年就有很多留学生选择这些名校就读物流专业的硕士学位课程。此外，这些国家还特别重视物流领域的在职教育，形成职业资格认证体系，物流从业人员必须接受职业培训，取得职业资格后才能从事相关的物流工作。发达国家完善的教育和培训体系为冷链物流行业提供了良好的人力资源保障。

四、全球冷链物流的发展趋势

全球冷链市场的格局、营商环境、消费者的消费观念等都在发生着改变，都在影响着冷链物流行业不断改革升级。新技术、全球化、网络化、新零售正在重构着全球物流行业的发展。在今后一定时期内全球冷链物流会呈现如下的发展趋势。

（一）冷链物流市场继续保持快速增长

冷链物流的发展从根本上讲是要商流推动。世界经济这几年总体发展趋缓，西方发达国家原有的开放政策开始变化，贸易保护主义有所抬头，加之英国脱欧、美国退出 TPP 等变化，改变了 20 多年来全球贸易持续上升的局面。但是，在这种经济环境下，全球冷链市场逆势上扬，不仅市场规模逐年加大，而且发展迅速。预计到 2025 年，全球冷链市场规模将达 4500 亿美元[①]，年均增速可达 20%。这种继续增长的态势主要基于人们消费越来越多样化，对健

① 殷光文. 新技术打造新冷链［R］.［2019-06-29］. 中物联（CFLP）、美国驻华使馆农业贸易处（ATO）、全球冷链联盟（GCCA）共同主办的“2019（第十一届）全球冷链峰会”. http://www.chinawuliu.com.cn/lhhkx/201603/07/310147.shtml.

康食品、高端食品、生鲜食品也越来越感兴趣，消费水平的升级，中产阶级比例增加，随着互联网和移动互联网的普及 80 后、90 后这些互联网原住民数量不断增多，这些因素致使冷链商品需求保持旺盛，加之新零售业态的涌现、生鲜电商的推动以及冷链企业服务能力和水平的提升。

（二）冷链物流全球化发展

冷链物流全球化的趋势主要源于两方面的促进原因：一是经济全球化。科学技术的发展、国际分工的深化、资本最大化逐利这些客观的经济规律使经济全球化的总趋势无法改变。世界许多国家和地区都在为打破贸易保护主义做着努力，通过国家之间发展战略的有效协调对接，寻找利益契合点，促进更多的地区形成真正的利益共同体。越来越多的跨国企业受益于经济全球化的进程，在全球市场中寻求利益增长点。二是食品供应全球化。食品、药品等跨境消费旺盛，人均消费力提升。以中国为例，1997 年进口食品金额为 40.6 亿美元，2017 年变为 616.5 亿美元，2018 年我国进口食品总额首次超过 700 亿美元，20 年来增长了 15.2 倍①，进口食品背后冷链潜力巨大。除了肉制品、乳品和海产品占进口食品前三位外，这几年加拿大龙虾、俄罗斯帝王蟹、智利车厘子，新西兰奇异果、泰国榴莲、墨西哥牛油果等产品增速也非常明显，这些变化正在推动冷链全球化。

（三）冷链物流运营智能化

物流行业的本质是降本增效，在人工、土地等成本只会涨不会降的前提下，唯有新技术和新装备的应用，才能驱动冷链企业做大做强。自动分拣、智能仓储、无人机送货、新能源汽车、大数据补货、人工智能等，这些新技术应用的加速，会构建信息化、智能化的冷链物流新技术体系，传统冷链企业必须正视这个变革。在消费迅猛升级的前提下，企业要更好地保证易腐品的质量、降低冷链物流配送成本、提高专业化、现代化的冷链管理水平，就必须在仓库管理、运输管理、温控监管、定位管理等每一个环节都借助更为先进的技术，打造一个专业化、智慧型的冷链物流管理系统，实现安全可追溯、质量可监控、订单信息可跟踪等运作要求，尤其是要通过借助大数据、人工智能等技术的运用实现冷链物流的无人化、智能化，提高企业国际化运营的水平。

---

① 中国物流与采购联合会副会长兼秘书长崔忠付在 2019 第十一届全球冷链峰会上的讲话［R］.［2019-06-27］. http：//www.chinachuyun.com/news/news/156164321625253.html.

（四）冷链物流运营精细化、服务碎片化

全球冷链行业还面临着一项挑战：全球每年食品损耗、浪费9900亿美元，全球市场每年能源费用320亿美元，全球每年设施运营维护费用182亿美元①。这组数据说明全球冷链运营还需要向精细化管理要效益。此外，随着消费者对质量、安全、健康的日益关注，未来的冷链物流要赢得多变、苛刻和碎片化消费的消费者回头率，就必须使冷链产品从产地预冷、自动化冷库贮藏、全程冷链运输到末端配送的冷链配送全过程中每一个环节的管理精细化。医药等生化制品行业在处理敏感产品时严格的温控、容器、包装、运输等过程更需要提升精细化管理水平。冷链企业要保持消费者对冷链产品的最佳体验，为销售终端解决高频次、小批量的配送质量，就必须使产品在供应链的上中下游每一个环节保持透明化、标准化的高效衔接运作。因此，通过建立冷链物流数据信息收集、处理和发布系统，利用大数据的分析来解决行业小批量多批次的个性化需求问题，做到运营精细化、服务碎片化。

（五）冷链物流供应链一体化

伴随着冷链物流需求的变化，冷链行业横向整合、零售终端业态升级，冷链企业正在由单一的冷藏运输、冷冻存储需求向柔性、灵活的供应链服务需求转变。高新技术在冷链产业的深度应用，也使越来越多的企业重视冷链的数字化、全程可视化管理，不断优化冷链资源配置，减少冷链损失浪费。因此，打造“全程冷链”运输，构建“产地预冷、冷链运输、市内配送中心、销售终端”四点一线的冷链模式，实现供应链一体化发展是必然趋势。此外，冷链企业通过‘一站式’增值服务，打造全球生鲜产品集成服务平台，从服务平台、全球直采基地、商物流、增值加工、生鲜仓网布局方面，构建全程冷链增值供应链，创造更好的客户价值是高质量发展的必然选择。

（六）冷链物流集约化

随着资源共享理念的提出，服务外包、第三方物流的比重增加在全球冷链物流转型升级的过程中定会带有普遍意义。加拿大、日本、新加坡等国家第三方物流公司专业的物流服务已形成规模。尽管类似美国这样的国家以分工细

---

① 殷光文．新技术打造新冷链［R］．［2019－06－29］．中物联（CFLP）、美国驻华使馆农业贸易处（ATO）、全球冷链联盟（GCCA）共同主办的“2019（第十一届）全球冷链峰会”．http：//www. chinawuliu. com. cn/lhhkx/201603/07/310147. shtml.

化、专业性强为冷链物流的特点，但过于细化势必增加运营成本，影响运营效益。而第三方冷链物流专业化程度高、规模大、营运能力强，能够提供专业化的全部或部分冷链服务，具有整合资源、合理有效控制物流成本、缩短冷链等优势。因此，未来的冷链物流单一型运作企业的规模会逐渐缩小，专业化、综合性、多功能的大型第三方冷链物流企业是冷链物流的发展方向。

无疑，在分析研究发展趋势的同时还要看到全球冷链物流发展存在着巨大风险和挑战。这是由于全球性冷链市场出现了新变化，电商发展迅猛、新零售业态升级等催生了冷链物流的新需求，而且，近年国际贸易摩擦、地缘政治、恶劣天气等因素提升了供应链中断的风险。冷链企业一定要意识到目前的发展趋势预示着行业变革的加剧。这种变革包括了有实力竞争者的介入、新技术应用的巨额投入、新模式新技术产出效果的不确定、为满足需求造成的高成本等因素带来的风险和挑战。冷链企业应在需求分析、成本控制、绩效监测、战略规划等方面加大投入，加强风险管理，在风险和挑战中谋求发展壮大。

第二节　我国冷链物流发展与人才需求

一、我国冷链物流的发展过程

我国冷链物流起步于 20 世纪 60 年代，概括这个发展过程，大体可分为四个阶段：

第一阶段，新中国成立后的起始阶段（1960—1990 年）。中国的冷链物流始于 20 世纪 60 年代，主要是冷藏冷冻的肉禽类和水产品，主要服务对象是城市居民，主要设施是产地和城市的冷库以及铁路冷藏车。在计划经济环境下，还没有“冷链”概念，冷冻冷藏设施设备全部由政府投资建设，国企运营，主要目的是调节供求，调节淡旺季，均衡摆布上市，满足当时调剂性的最基本的生活需求。20 世纪 80 年代开始改革开放，但大约在十年左右的时间里，冷冻冷藏领域没有得到比较好的发展。

第二阶段，现代冷链物流的萌芽阶段（1991—2007 年）。这一阶段的起始主要标志是连锁超市在中国的上海、北京、广州等市场起步。早在 1981 年 4 月 12 日，全国首家敞开式无人售货的自选超级商场在广州友谊商店诞生，并正式对外营业。这座仅有 270 平方米的小超市，虽然改变了人们的购物方式，但由于广东人的消费特点，冷冻冷藏产品的销售并不受欢迎。当进入 20 世纪 90 年代超市开始规模化、连锁化经营时，各种冷冻冷藏食品逐步走进超市，从而也推进了冷藏设备与技术的使用和开发，这时现代意义的冷链物流才在中国起步。然而，这个阶段资源匮乏，民营企业开始介入，冷库设施陈旧落后而且基本由国企掌握，民营企业开始介入，但规模之小难成气候。据悉，1992 年夏晖物流进入国内市场，想找一辆冷藏车都比较困难。

第三阶段，冷链物流的快速发展阶段（2008—2017 年）。这个阶段主要以 2008 年北京奥运会为节点。从 2008 年开始中外运、招商局等央企开始布局冷链，美国美冷、普菲斯、澳洲太古等外资冷链公司开始进入中国，麦德龙、沃尔玛以及国内的永辉、步步高等陆续建立生鲜配送中心，冷链物流的意识开始确立。中国物流与采购联合会副会长兼秘书长崔忠付认为，“ 2008 年可以说是我国冷链产业步入发展快轨的元年，一批批冷链物流企业如雨后春笋般成立壮大。国家有关部门和各地政府对冷链物流业高度重视，相继出台多项产业政策并配套财政资金予以扶持。我国冷链物流水平相应得到了很大的提升，这十年应该讲是我国冷链产业从小到大的十年。”2010 年国家发改委颁布了《农产品冷链物流发展规划》，2011 年在国家的部署下冷链物流开始了提速，2013 年保持稳中有进，2014—2015 年全国 GDP 增长为 7.3% 和 6.9%①，经济走势下行，但冷链物流市场开始爆发式增长。2016 年生鲜电商、生鲜宅配开始进入发展期，使得冷链物流的需求急速提升，冷链企业纷纷加大资本投入，冷链市场规模逐年增长（见图 1-4）。在这十年间，全国冷链物流网络形成，冷链设备和冷链技术的研发和应用取得较大突破，冷链企业也迅速向业务多元化、综合化发展。

2018 年以来，可以认为是我国冷链物流发展步入赋能升级的新阶段的开始。2017 年、2018 年我国先后出台了多项冷链产业政策，在政府产业政策的支持下，在互联网、物联网、大数据等高新技术的推动下，在消费升级的带动下，冷链物流产业开始了新一轮的高速发展。

二、我国冷链物流的发展现状

（一）总体发展状况

1. 冷链物流市场规模持续增长

2018 年，我国冷链物流进入新的发展时期。随着电商、新零售业态的火

---

① 前瞻产业研究院．中国冷链物流行业市场前瞻与投资战略规划分析报告［DB/OL］．https：//www.qianzhan.com/report/detail/b692e778bea8414d.html.

热发展、众多国际冷链巨头纷纷入局、智慧物流和无人物流等高新技术落地并常态化运营，我国冷链市场空前活跃。据前瞻产业研究院发布的《中国冷链物流行业市场前瞻与投资战略规划分析报告》统计数据显示，我国冷链物流行业市场规模呈逐年增长态势，2012 年我国冷链物流市场规模 1100 亿元，2015 年冷链物流市场规模达到 1800 亿元，同比增长 20%。2016 年冷链物流市场规模增长至 2250 亿元，2017 年冷链物流市场规模达到了 2550 亿元，同比增长 13.33%。2018 年冷链物流市场规模达到 3035 亿元，同比增加 19%①，占我国物流总规模的约 2.3%（见图 1－4）。

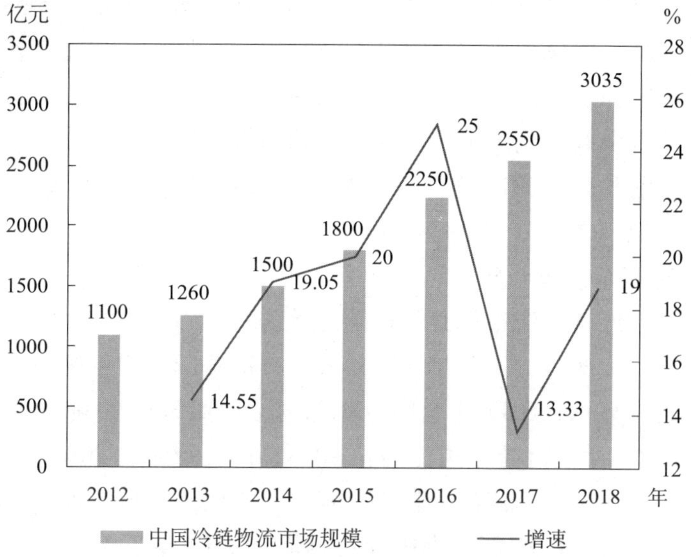

图 1－4 2012—2018 年中国冷链物流市场规模统计及增长情况

数据来源：前瞻产业研究院。

从市场需求来看，近年人们的生活方式、购物方式、消费结构、消费质量等发生很大变化，受益于食品、生鲜农产品消费的增长，国内冷链需求也快速发展。根据发达国家的经验，当年人均可支配收入达到 4000 美元后，冷链产品的消费能力和意愿会大幅上升。我国城镇居民收入水平在 2014 年为 28844 元，超过这一水平，2018 年城镇居民人均可支配收入达到 39251 元，城镇居民人均食品烟酒消费支出达 7239 元，比上年增长 4.8%，占人均消费支出的

① 前瞻产业研究院．中国冷链物流行业市场前瞻与投资战略规划分析报告［DB/OL］．https：//www.qianzhan.com/report/detail/b692e778bea8414d.html.

比重为18.4%[①]，食品需求稳健增长。根据中物联冷链委的数据显示，2018年中国冷链物流需求总量达到1.8亿吨，比2017年增长3300万吨，同比增长22.1%，冷链物流3035亿元的市场规模及19%的增幅与冷链需求保持同步；截至2018年底，中国已成为世界上最大的食品进口国，进口食品总额将近700亿美元，其中进口食品冷链物流费用超过24亿美元，持续推动了跨境冷链供应链发展。

从医药冷链物流市场看，根据中物联《中国医药物流发展报告（2019）》显示，2017年我国医药物流总额3.02万亿元，同比增长11.3%。按照每年8%的增长速度计算，预计到2020年，我国医药物流总额将达到3.8万亿元，而冷链运输的药品市场规模或可达到1200亿元[②]。其中，以疫苗类制品、注射剂、酊剂、口服药品、外用药品、血液制品等医药冷藏品为主要品类，这些医药冷藏品的销售金额占我国医药流通企业总销售额的10%左右[③]，市场空间巨大。若根据目前我国医药冷链物流成本的流通费用率12.5%来计算，我国医药冷链市场的规模在2020年约为150亿元。

2. 冷链物流基础设施建设迅速推进

高速增长的冷链物流市场必然伴随冷链物流设施设备投入的增长。近十年我国物流运输、冷库运输需求量不断攀升，冷链基础设施也进一步完善。据中物联冷链委数据显示，2018年全国冷库总量已达到5238万吨（折合1.3亿立方米），新增库容488万吨，同比增长10.3%，实现年均20%的复合增长率。从冷库新增的区域来看，武汉、杭州、福州、济南、重庆、大连等城市增幅明显，反映出二三线城市消费的快速崛起。截至2018年三季度，全国冷藏车保有量为16.42万辆，新增冷藏车2.4万辆，同比增长33%。至2018年底全国冷藏车市场保有量为18万台，较上年增长4万台，年增长率约为28.6%，增幅显著，连续5年增速维持在20%以上。此外据不完全统计，2018年国内新开通铁路冷链线路近20条，铁路冷链运量超过160万吨[④]，极大地丰富了运输手段，降低了冷链成本。显然，冷库容量、冷藏车保有量、交通运输能力的显著增加，表明中国冷链物流基础设施设备水平进一步提升，与发达国家的差距在逐步缩小。

---

① 国家统计局. 2018中国统计年鉴［M］. 北京：中国统计出版社，2018.

② 中物联. 中国医药物流发展报告（2019）［R］.

③ 马姗姗. 医药冷链前景可期［J］. 中国物流与采购. 2018（12）.

④ 崔忠付. 2018中国冷链物流回顾与2019展望［J］，中国物流与采购. 2019（04）.

3. 政策持续推动，支持与监管并行

十多年来，我国中央有关部委和地方政府陆续出台了多项相关政策，加大对冷链物流的支持。2010 年，国家发展改革委正式发布《农产品冷链物流发展规划》，冷链物流首次被提升到国家高度。之后，国家以及各省市也相继发布了冷链物流若干相关政策，但是，由于冷链物流在我国起步晚，地区之间发展不平衡，尽管国家从冷链物流发展的总体规划，到基础设施建设、农产品加工流通、生鲜电商发展、快递流通等方面给予了政策上的大力支持，而实际执行效果依然有限。2015 年，我国颁布了新修订的《中华人民共和国食品安全法》，从法律的层面严格食品药品的安全管理。国家对冷链产业重视度越来越高，冷链物流在“十三五规划”中被列入重点支持的行业。2016 年，财政部，商务部联合发布《财政部　商务部关于中央财政支持冷链物流发展的指导意见》，对相关冷链项目建设给予资金支持。总之，国家从政策、法规、行业标准等角度推动了整个物流行业转型升级，为冷链物流的发展提供了积极的政策环境。物流界人士普遍认为，2017 年是我国物流业发展的政策年，《关于加快发展冷链物流保障食品安全促进消费升级的意见》《关于积极推进供应链创新与应用的指导意见》等政策相继出台，冷链物流被重点提及。在政策利好环境之下，冷链物流的发展必将继续提速。

4. 产业集中度增加，大型企业整合扩张

在冷链物流领域，由于政府监管力度日益加大，竞争加剧，加之资本的大量投入，使得企业认识到未来没有核心竞争力和差异化服务的中小企业生存将愈加困难，于是行业整合扩张，优化资源配置，寻求新的利益增长点就是战略性发展的选择。近几年我国冷链物流行业整合加剧、产业集中度增强主要体现在冷链物流产业链的中下游环节。上游企业需要冷藏冷冻设备的制造及技术支持，因此具有一定的技术壁垒，产业集中度较高，有较好的发展基础。然而即便如此，上游企业的升级发展也不可小觑，例如，新飞并购了法国第一、欧洲第二的冷藏车品牌兰博瑞特，大连冰山集团与松下电器成立松下冷机和冷链公司，G7 与丸红株式会社联合成立合资公司吉红，中意合资的中意埃欧克冷链，这些整合、联手无疑提升了冷链发展水平。

由于冷链需求的增长，在产业链的中下游环节催生出顺丰冷运、CJ 荣庆物流、京东物流、苏宁物流等一批具备全国性服务能力的冷链物流企业。近年，在冷链中下游环节也出现了较大的发展变化：其一，外资巨头入境布局。美国美冷、普菲斯，日本的雅玛多、日冷、扇扩、中央冷藏、鸿池，韩国希杰物流，冰岛怡之航等纷纷到中国布局冷链；其二，并购、重组，强强联合。目前呈现的是电商冷链谋求发展、其他物流公司进军冷链、非物流公司跨界进入冷链，并购重组，资源集中，实力壮大。例如，2018 年 3 月，顺丰与美国供应链巨头，也是麦当劳的全球物流供应商之一——夏晖公司联手，成立冷链物流合资公司“新夏晖”，主营冷链物流；6 月，招商美冷、中外运上海冷链等 4 家企业成立中外运冷链物流有限公司；京东物流与中国国际货运航空开始了一项全球冷链物流体系建设合作；7 月，万科物流并购太古实业有限公司旗下的太古冷链平台，包括上海、广州、南京、成都、厦门、廊坊、宁波在内的 7 座冷库。并购完成后，万科物流旗下的冷链物流项目，将覆盖国内一线城市及内陆核心港口城市，具备全国性、一站式的仓储、干线、配送等专业服务能力。阿里巴巴旗下的驯鹿冷链 2019 年 5 月与中和澳亚进行战略合作，将中和澳亚现有的冷链物流体系并入到菜鸟的整体冷链物流体系中。据了解，驯鹿冷链计划在中国建立 50 个大中型专业生鲜冷链仓库，布局 100 条生鲜冷链运输干线、1000 条运输支线及冷链短驳。

总之，行业整合加速，针对这一点中国物流与采购联合会副会长兼秘书长崔忠付在 2019 年（第十一届）全球冷链峰会暨“一带一路”贸易与冷链合作论坛上指出：我国“冷链物流市场集中度明显提高。2018 年我国冷链物流企业之间整合、并购、重组等事件相比以往要更多、动作也更大，无论是中外运冷链和招商美冷之间的内部整合，还是万纬物流并购太古冷藏，抑或是顺丰和夏晖之间的强强联合，总之我们看到，是市场这支无形之手，促使企业之间有了改变的内生动力，冷链物流市场集中度将得到一定程度的提升。”

5. 冷链新技术助推智能冷链升级

我国冷链物流在原有传统技术基础上有了很大突破，具体在产品生产后期处理技术、屠宰加工低温控制技术、温湿度监测技术、包装规模化技术、食品安全追溯技术、一体化冷链技术、食品安全自控的 HACCP 技术［（Hazard Analysis Critical Control Point）“危害分析和关键控制点”］、3S 技术（遥感、地理信息系统和全球定位系统）、生鲜农产品质量等级化技术等方面既借鉴和引进发达国家的先进技术，同时也在应用中有不同程度的创新。但更值得注意的是，在新技术应用方面，诸如阿里菜鸟和京东的无人仓、无人机、无人车模式的应用；阿里、京东、苏宁绿色包装在全国普遍开展；阿里平台上的数据打假 97% 可以由网站自识别技术；人脸识别技术；无人店、智能店技术等等近两年纷纷起步。这些技术的广泛应用，说明我国冷链物流数字化、智能化运作水平有了实质性的进步，不仅促进了冷链整体效益的提高，还倒逼了行业标准化意识的建立和冷链物流标准体系的加速完善。

（二）目前存在的主要问题

中国冷链产业在提质增速，其进步有目共睹。但同时我们也能看到，冷链物流在集约程度、商业模式、技术装备、专业人才等多个方面还存在许多不足和发展中的问题。这些问题可以概括为以下方面：

1. 冷链物流发展不平衡

冷链产业近十几年取得很大的建设成果，产业集中水平有所改观，但从整体上看，由于人口分布、城镇化水平、产业布局等国情特点因素，冷链产业发展不平衡，从分布上来看，华东、华北、华中地区，尤其是上海、山东、广东、江苏等地的冷链发展水平较高，冷链网络及体系相对健全；农牧业主产区和西部特色农区冷库严重短缺，承担全国70%以上农产品批发交易功能的大型农产品批发市场、区域性农产品配送中心等关键物流节点冷冻冷藏设施不足，发展相对缓慢。

从冷库设施看，我国冷库资源主要集中在华东、华中、华南沿海地区和一线城市，东北地区以及西部地区冷库资源相对较少。2018年全国冷库资源最多的省份/直辖市前五个分别是辽宁、河南、重庆、四川、广东，冷库面积均超56万m^2，辽宁省更是超过100万m^2；就空置率来看，华中、西南、西北等地仓库空置率较高，而在华北、华东，一库难求功能定位落后于市场需求，导致冷库市场供大于求或者供需无法匹配的现象，截至2018年10月底全国共有超过200万吨冷库面临招租问题①；此外，租金地域差异巨大，东高西低，沿海高，内陆低；在冷库建设方面，大型冷库居多，设备相对老旧，利用旧仓改建的多直接建设的少。

从企业规模的角度我们来看一组数据：美国的SYSCO一家公司2017年的营业收入就达554亿美元，合人民币3490亿元。日本的雅玛多（黑猫宅急送）2018年营业收入约为人民币923亿元，占日本2018年物流市场总规模的约10.3%。日本日冷物流2018年前3个月营业收入就达1951亿日元（约合人民币118亿元）。截至2018年4月，日冷物流的冷库库容量总计达到151万

① 中物联冷链委。

吨，占日本冷库总容量的 10%①。我国中物联冷链委 2019 年 7 月发布了《2018 年中国冷链物流百强企业分析报告》，报告显示，2018 年冷链物流百强企业冷链业务营业收入合计达 398.24 亿元，但只占冷链物流市场总规模的 13.79%。2018 年冷链物流百强企业入围门槛营收为 6751 万元，前 10 名企业的营收达到 214.81 亿元，占百强总营收的 54%；前 30 名企业的营收达到 314.07 亿元，占百强总营收的 79%；冷链物流企业前 50 名的营收达到 349.92 亿元，占百强总营收的 88%。冷链物流企业后 50 名的营收只占百强总营收的 12%。此外，报告还显示，百强企业在冷链“8 项”业务中着重布局在干线运输、冷链仓储、城市配送三项上（见表 1－1），只有 5 家企业涉及“8 项”业务（见表 1－2）。

表 1－1　2018 年冷链物流百强企业包含单项业务的情况统计

项目	包含“冷链仓储”业务	包含“干线运输”业务	包含“零售运输”业务	包含“城市配送”业务	包含“供应链”业务	包含“冷链宅配”业务	包含“冷链园区”业务	包含“其他增值”业务
数量	86 家	87 家	62 家	84 家	48 家	13 家	29 家	40 家

表 1－2　2018 年冷链物流百强企业涉及多项业务的情况统计

项目	涉及 1 项业务	涉及 2 项业务	涉及 3 项业务	涉及 4 项业务	涉及 5 项业务	涉及 6 项业务	涉及 7 项业务	涉及 8 项业务
数量	4 家	7 家	19 家	24 家	20 家	10 家	11 家	5 家

资料来源：中物联冷链委。

从冷链物流企业的分布看，华东百强营收占百强总营收比例达 44.2%，是冷链物流最为集中的区域，西北区域冷链发展偏弱，发展明显不平衡。据统计，在冷链物流企业中，有 68% 成立不到十年，有 73.5% 的企业规模在 200 人以下②。

通过上述数据资料分析，我们观察到三方面的问题：一是我国的冷链物流行业虽然市场集中度近年有所提高，但和发达国家的物流企业比较，从规模到实力都有相当的差距，我国是市场规模大而运行企业小，在市场占有量和平均利润率上都比较低，缺乏与国际巨头竞争的实力；二是冷链物流行业虽然有一

① 中日城市物流面面观：日冷物流、雅玛多、乐天与中国企业的对比［OL］.［2019－06－01］. https://www.iyiou.com/p/101721.html.

② 中物联冷链委 .2018 年冷链物流企业经营情况分析［OL］.［2019－04－09］. http://www.ocn.com.cn/touzi/chanye/201904/djunp09084118.shtml.

定的聚集效应，但中小企业居多，经营规模小，服务范围狭窄，实力弱，还没有改变散、小、杂的状态；三是冷链设施建设有成效，但结构、分布等均有一定问题。据中物联冷链委统计，冷链在途运输量约占冷链需求量的50%，这样我国冷库总容量还约有4000万吨的缺口。

2. 现代化冷链物流体系尚不完善

我国的冷链物流是新兴物流领域，规模化、系统化的物流体系远未形成，许多方面要逐步建设完善。这主要表现在：①规范化的农产品冷链物流体系尚未形成，完善的行业标准体系还没有建立；②冷链物流涉及装备技术面广、供应链长，难以实现各个环节系统化、规范化、不“断链”的全程运作；③冷链物流发展不平衡；④现有冷链物流企业约90%都是分散经营的中小企业，其经营实力和运作水平短期内尚难以与现代化冷链体系共享、链接。就拿农产品来看，农产品冷链物流约占冷链物流总规模的50%以上，占比很大但效益并不理想。有大量优质生鲜的初级农产品缺乏产后加工投入，几乎都是未经处理便投放市场，导致国内流通半径小、货架周期短、附加值低，损耗率相当高。这里可以做个比较：美国农产品投入中70%用于产后加工保鲜，产后产值与自然产值之比为3.7∶1，日本为2.2∶1，而我国仅为0.38∶1。据商务部统计，我国果蔬、肉类、水产品的冷链流通率分别为22%、34%、41%，冷藏运输率分别为35%、57%、69%，综合冷链流通率仅为19%[①]，大多数农产品均是常温物流，与发达国家易腐食品冷藏运输率超过90%、冷链流通率95%—98%的指标相比差距过大。据悉，由于冷链系统不完善，每年约有1200万吨水果和1.3亿吨蔬菜的浪费。可以说，农产品冷链物流一直是制约我国物流行业进一步发展的瓶颈，存在物流成本高、标准缺失、流通环节多、效率低、损耗大等诸多问题。大多数农产品物流企业普遍缺乏“冷链”意识和先进的冷链物流管理理念，产地冷链物流技术和作业方式仍然比较落后。这些问题不解决，完整的现代化冷链物流体系形成就是空话。

3. 冷链运营和管理粗放

我国相当的冷链物流企业在冷库运营、车辆和人员管理等方面还是粗放化的管理，企业的运营效率低，成本居高不下。造成管理粗放、效益低下的原因很多，其中主要原因有：①行业标准缺乏或不规范。我国冷链行业标准化建设

---

① 洪涛. 2018年中国农产品冷链物流发展报告和未来趋势分析［DB/OL］.［2018-06-07］. http://www.sohu.com/a/234465818_282510.

起始时间短，冷链涉及的货品种类繁杂，供应链长，环节多，制定标准难度大，是一个庞大的系统工程，如今在很多环节标准已不断完善，但在产地冷链标准方面、冷链设备更新、高新技术应用等方面需要加强标准的制定、共享、同步和衔接。②诚信缺失、监管缺位。关于这方面的问题，中国物流与采购联合会副会长兼秘书长崔忠付讲到，“冷链行业的高速发展，不能掩盖由于诚信缺失和监管缺位造成的违约成本低的事实，这会造成冷链行业价格战、单方毁约、应收账款高企、企业监管成本高、企业融资难等一系列问题”。事实上，诚信缺失的问题还不止于此，有些企业为节约成本，间断性地关闭制冷设备，造成人为冷链中断；或因质量意识严重缺乏，使冷链在途产品装卸等环节“断链”。还有，现行的冷链物流标准有些只是推荐性标准，具有指导性但不具备强制性，在监管缺位的环境下导致许多冷链物流企业基于利益驱使而无视相关标准。③冷链物流属于重资产行业，其设施装备自动化专业化要求比较高，有些农产品冷链物流过程人工作业量比较大，在干线及城市配送节点里会存在大量管控信息的“盲区”，这些都在一定程度上影响了冷链物流的整体管理水平。

4. 专业人才严重不足

我国冷链物流行业的人才稀缺问题已经引起政府有关职能部门、行业协会等各方的关注。中国物流与采购联合会副会长兼秘书长崔忠付在第十二届中国冷链产业年会上的讲话中指出：“人才是冷链企业转型升级的关键。冷链物流行业处于市场快速变化的浪潮当中，企业要想发展壮大，需要能够及时引领和改变方向的舵手，敢打、善打硬仗的管理人才和掌握新技术的专业人才。”然而，据中物联统计数据，我国物流从业人员以年均 6.2% 的增速测算，每年新增 180 万人左右的物流岗位需求，通过院校、培训机构等供给的物流专业人才不足 30%，专业人才处于严重不足状态①。

三、我国冷链物流的发展趋势

当前，我国的冷链物流行业正步入新的发展时期。尽管冷链物流在发展中还存在运营成本高、设备技术迭代升级投入大、集约化程度低、人才匮乏、管理粗放等多方面的问题，同时还要面对国际巨头入局竞争的挑战，但是，由于市场环境在变，冷链需求在变，这些存在的不足和变化的环境使冷链物流领域

① 前瞻产业研究院．中国冷链物流行业市场前瞻与投资战略规划分析报告［R］．

的发展有了更大的空间。冷链企业应善于在应对这些环境变化中寻找发展壮大的机遇。

（一）冷链物流市场在一定时期内依然会保持持续增长

世界经济发展速度放缓，我国经济虽然具有下行压力，但我们可以看到几个比较突出的影响因素将推动冷链市场的持续增长：①消费升级、冷链需求膨胀；②城镇化整体水平继续提高，冷链消费体量扩大；③生鲜电商用功于“最后一公里”，服务精细化；④“一带一路”建设深度实施，带动跨境冷链新需求；⑤大湾区及海南自贸区的建设加速。这些因素的变化必将会在冷链基础设施建设、城市冷链配套服务、跨境物流等方面产生很多新机遇。

（二）数字冷链、智慧冷链驱动冷链物流的变革

目前，在冷链物流特别是农产品物流全产业链衔接尚不完善、土地价格上涨、人工成本攀升的现状下，越来越多的企业转变了对新技术应用的认识。物联网、互联网、大数据云技术等在冷链产业深度应用开启了冷链的数字化、智慧化管理的进程，给冷链物流高质量的发展带来新的机遇。以物联网、大数据、云计算、人工智能等新一代信息技术为支撑的数字物流、智慧物流，有助于促进冷链物流技术创新；有利于促进冷链物流产业链的自动化、标准化；有利于对传统物流产业链的改造，使企业更好地分析冷链需求、监控冷库库存情况以及库存周转率，提升冷库利用效率，降低单位货物能耗水平；有助于在订单处理、运力管理、配送管理、退货管理、安全管理等方面实现信息化覆盖、智能化监制，以控制成本，降低损耗，提高企业运营效率，实现精细化管理；有助于更好地提升 B2B 以及 B2C 的无缝衔接、便捷服务和快速响应水平；有助于组织运营模式的变革，促进冷链物流产业提质增效。

（三）一体化、规模化成为冷链物流企业重要的战略选择

冷链可以说是供应链管理中最为复杂的部分，冷链管理具备与供应链的协同性和整体性，其真正意义的冷链才会形成。我国冷链物流行业接近 90% 都是中小企业，要改变经营分散、现代化管理水平落后、服务能力弱等问题，不仅要跟上新技术应用的要求，还要解决一体化经营、规模化经营的问题，通过业务整合、专业化运作、规模化经营确立新的利润增长点，增强与国际巨头同台竞技以及抵御风险的能力。

（四）多元化市场竞争加剧

如前所述，我国的冷链物流市场潜力巨大，新的竞争者会不断涌现，竞争

程度必然加剧。在未来的市场竞争中会出现多元化的激烈竞争局面：从竞争主体看，不仅有国内同类企业间的竞争，还会有跨界企业的涌入，例如制造企业、电商、货代等企业，外国冷链企业也纷纷入局；从竞争业务看，单一型企业向综合型转型、专业化向一体化运营转型、冷链运作向冷链平台化服务转型，等等。此外，国内冷链设施的不平衡也会加剧不同规模企业间的竞争。总之，这种多元化的竞争伴随着冷链物流市场的发展会更加激烈，同时必然会催生更加多元化的冷链服务形态，包括冷链认证、冷链解决方案、冷链交易中心等，从而带给企业更艰巨的挑战和更多的机遇。

四、我国冷链物流的人才需求

（一）我国冷链物流人才需求的现状

目前，冷链物流业由于商流推动、政策利好、科技赋能、互联网巨头入局而迎来了前所未有的、最好也是最艰难的发展机遇，能否抓住发展机会关乎企业在未来大格局中的地位和利益。于是，人就成为解决问题的核心。冷链物流企业对高端人才的追逐与企盼，是企业谋求发展迈不过的门槛。

1. 冷链物流人才全国性短缺

冷链物流是物流行业的细分领域，整个物流行业人才供不应求的矛盾已经比较突出，冷链物流人才的供求矛盾更加尖锐。据中物联统计数据显示，2018年全国物流相关法人单位数已近40万家，物流从业人员5012万人，每年新增180万人左右物流岗位需求，年均增速为6.2%，而通过院校、培训机构等供给的物流专业人才不足30%。目前，冷链物流从业人员近30万人，主要分布在山东、河南、广东、上海，北京等冷链物流规模比较大的地区，其中近70%是一线操作岗位人员，大部分从业人员面临着知识技能提升的瓶颈。

我国冷链物流人才缺乏，一方面是现有从业人员逐渐难以适应技术和管理变革中的业务操作要求。经中物联冷链委调查显示，一线员工技术性人员缺口较大，现有人才专业对口率较低，在接受过高等教育的中、高层管理人员中，接受物流专业教育的比较少①。另一方面，从人才需求的趋势看，在传统冷链行业的转型期，冷链物流会迎来全产业链的升级，从而衍生出多个冷链细分领域的升级，大量高技能高层次人才需求是必然趋势。目前，国际冷链物流、智

① 中物联冷链委.2018年冷链物流人力资源报告［R］.［2018－11－28］.http：//www.sohu.com/a/279185190_608787.

能化物流、物流供应链、冷链金融等领域的相关人才储备困难，使得“用工荒”加剧。医药冷链物流领域对从业人员的技术、知识要求更具特殊性，冷链专业人才更是匮乏。从企业的角度讲，冷链物流行业从业人员整体上缺少的不是一般就业人员，而是冷链专业人才。“招人难，用人难”、冷链人才稀缺，是全国冷链物流企业共同面对的难题。

关于冷链物流人才短缺的问题，2018 年 11 月中物联冷链委发布了《2018 冷链物流人力资源报告》，这份报告通过调查 12443 位冷链行业从业者，分析了我国现有冷链物流行业人才培养与冷链物流发展速度不匹配的现状，提出冷链物流人才短缺主要体现在两类人才上：一是制定战略和运营管理方面的人才。报告显示，当前冷链物流行业既有理论基础又具备实操能力的高级管理人才不足 2000 人。二是掌握冷链专业技能的人才。面对冷链行业发展新趋势，急需一批懂得“冷、链、物、流”的新型专业人才。这种专业人才紧缺使得企业面临未来冷链技术和管理发展的巨大挑战。

2. 冷链物流人才短缺具有明显的地域性差异

冷链物流人才需求的地域性差异主要源于冷链产品产地分布及主要贸易地区。但是，由于经济发展的速度和水平不同，加大了冷链物流发展地域性的不平衡。例如我国华东、华南是经济最发达的地区，珠三角和长三角地区都是主要的物流基地，人口密度大，交通运输网络发达，机场港口密布，水陆空冷链货物吞吐量大，高新技术企业集中，所以也是物流发展最快的地区，同时更是大冷链物流企业集中布局的区域。因此，这些地区对冷链物流的人才有更高的外语、国际贸易、对外交流、海空运等方面的知识技能需求。再如，物流发展水平落后的西北部地区，地域广，人口密度比较小，冷链行业不发达，从业人员大多数都没有更高的资质要求，入行的门槛低，综合素质也比较低。

3. 高新技术人才成为技术人才需求的新热点

冷链物流从根本上讲是服务性行业，但冷链本身是依靠技术和管理来保证服务的质量水平，因此，冷链技术和装备就成为行业升级转型的驱动。在传统冷链技术升级的过程中，冷链技术涉及了多方面的改进，如温控、自动分拣、绿色包装、食品安全追溯等。此外，在当今高科技加速应用的环境下，人工智能、物联网、大数据、区块链等赋予了冷链装备的智能化、可视化、数字化，将构成新一代冷链物流技术体系，成为企业提高精细化管理水平、降本增效、提质增效的战略性选择。广东地处重要经济区位，将构建国际级、立体化的物流枢纽体系，汇集了众多高新科技企业，因此，高新技术掌握成为广东冷链物流技术型人才新的需求热点。

4. 复合型专业人才成为最主要的需求目标

冷链物流全产业链涉及多环节、多领域的技术和管理问题，尤其是未来的物流将是供应链的时代，冷链物流企业与相关企业深度融合，冷链包括了信息、资金、物和商“四流合一”的完整业务供应链体系，因此，供应链方案策划、信息、金融、法律、商务等人才需求将会大量增加。这些人才需要具有基本专业知识，也需要深谙供应链管理精髓，所以具备这些专业知识的复合人才未来才会更受欢迎。近两年，由于互联网技术、信息技术、人工智能等技术的应用，企业对技术复合型和管理复合型人才的需求已成主力。尽管目前这样的复合型高级专业人才“一将难求”，但复合型专业人才始终是企业用人的方向。

（二）我国冷链物流人才稀缺的主要原因

我国冷链物流的人才短缺其形成原因是多方面的。对冷链人才培养的不重视是最主要的原因。笔者在查阅资料时发现早在 2011 年中物联的网站上就有标题为“人才匮乏成冷链物流发展短板”的文章，明确提出各地频现“物流人才荒”，“冷链作为物流领域的新兴产业，人才短缺现象则更为突出。”十年来，对冷链人才荒的问题从未停止过研究，企业界的呼声也连续不断，有关部门也为此做了一些工作，但重视和落实的程度与冷链发展实际相距甚远。教育部门的人才培养也严重滞后。2002 年起全国高校开始开设物流管理专业并招生，2008 年起部分中、高职和本科院校开始有冷链方面的课程，到 2017 年，全国物流管理专业本科布点 489 个，物流工程专业本科布点 120 个。中、高职院校相关专业开设较多，到 2017 年物流管理专业布点 972 个，物流工程技术布点 16 个，冷链物流技术与管理布点 6 个，其他物流相关专业布点 93 个[①]。所有中、高职以上的高校开设冷链物流方向专业的寥寥无几，广东省只有两家院校。因此，在近 50 万人的全部物流类专业在校生当中将来能够直接从事冷链物流相关岗位工作的仅占 1%—2%。

此外，冷链物流企业对聘用、培训工作力度不够也是主要原因，特别是中小企业，多数都不愿意把资源过多地用在人员培训和人才储备上。冷链物流行业一线工资待遇不高、工作条件和环境比较辛苦都对招聘和留用人才造成一定

① 中物联与全国物流职业教育教指委. 2016 年中国物流职业教育年度报告［OL］.［2017－09－07］. https：//www. sohu. com/a/190311964_ 760254.

负面影响。

(三) 冷链物流行业发展趋势对人才需求的其他影响

从我国冷链物流加速发展的趋势中可以看到，高新技术的引进、研发和商业应用会极大地推进行业的转型升级，但是伴随着人工智能技术如机器人、无人驾驶、无人机等的迅速普及、自动化设备的投入使用，大量初级操作岗位将被取代。我国近几年出现的京东无人仓、快递企业的自动分拣机器人、无人售货、无人配送等物流与现代高新技术融合的新设备已经展现在大众面前。无疑，在未来的冷链物流领域，随着国内人工成本的不断上涨，第一线简单操作岗位的员工会大幅减少，从而对地区就业产生一定影响。此外，近两年冷链物流领域大量资本进入，例如沃尔玛斥资 80 亿元在未来十年升级物流供应链，将在中国新建或升级 10 家物流配送中心；易果生鲜获 3 亿美元融资；每日优鲜获 4.5 亿美元融资；阿里、顺丰、苏宁、九曳供应链等著名企业都在借助资本的力量进行战略重组、兼并。无疑，未来的冷链物流领域中，业务单一、营运模式跟不上形势的中小企业倒闭风险自然加大，从业人员的转行转岗不可避免。

第三节 广东省冷链物流发展与人才需求

广东是我国经济发达的省份之一，由于地处亚热带，光、热、水资源充沛，是喜温水果和北运蔬菜的重要生产基地。此外，广东省面向南海，大陆海岸线 4114 千米，海岛数量 1963 个[①]，是我国主要的海洋水产地。此外，广东毗邻港澳，地处亚太主航道，是我国对外通商、交往的重要交通枢纽，也正由于此，珠江三角洲地区是我国最早发展物流产业的地区，在我国冷链物流市场迅速增长的今天，广东省更是冷链物流市场的重要组成部分。

一、广东冷链物流市场发展的主要特点

(一) 冷链物流市场规模大

改革开放后，广东地区生产总值连续 30 年居全国首位，2018 年广东实现

① 2017 年广东省政府与国家海洋局联合印发《广东省海岸带综合保护与利用总体规划》。

地区生产总值97277.77亿元，增速高于全国平均水平0.2个百分点。人均地区生产总值为86412元，按年平均汇率折算，达到13058.30美元。广东消费需求持续扩大，实现社会消费品零售总额39501.12亿元，同比增长8.8%，农村消费（9.4%）高于城镇（8.7%）0.7个百分点①。社会消费品零售总额、进出口总额分别占全国的10.4%、23.5%②。

从市场商流带动物流来看，广东无疑是物流大省。2018年货物进出口总额达71618.3亿元，比上年增长5.1%，创历史新高，其中“一带一路”沿线国家进出口额16138.35亿元，增长7.3%。全省纳入统计的跨境电子商务进出口额为759.76亿元，增长72.0%。全年货物运输总量424817万吨，增长6.0%，货物运输周转量28642.51亿吨公里，增长1.5%。其年末公路通车里程21.8万公里，其中，高速公路里程9003公里，比上年末增长7.8%，全年全省港口货物吞吐量完成211037万吨，比上年增长6.6%③。以上这些数据表明，广东物流市场规模巨大，经济的发展一直走在全国前列。

在不断增长的物流市场中冷链物流也得到快速发展。以广东农产品物流为例，2018年蔬菜总产量为3330万吨，占全国蔬菜总产量70346.72万吨的4.7%，水果产量1541万吨，同比增8.4%；肉类总产量为440.81万吨，水产品总产量848.25万吨，分别比上年增长1.0%、1.8%④。由于我国整体冷链流通水平比发达国家低很多，若按平均冷链流通率33%测算，此三类农产品冷链规模约为2033万吨，居全国前位。

多年来广东一直居于改革开放的前沿，在取得巨大经济成效的同时，广东居民收入稳步增加，在互联网等现代高科技的推动下，人们的消费观念、购物方式、生活方式等的变化均引领着时代的潮流，从而对消费质量、安全、消费方式等有了更高的要求，人们的食品消费口味、档次都在提升，例如俄罗斯的帝王蟹、挪威的三文鱼，72小时内就可以端上餐桌，可见冷链的服务水平日渐提高，消费者对冷链物流的需求也日渐增强。而且，冷链市场还伴随着电商、新型零售业态、城镇化进程、消费主体与特征等方面的发展变化而不断增长。2018年，广东居民人均可支配收入35809.9元，扣除价格因素影响，实

---

① 2018年广东省统计公报。

② 2018年广东国民经济和社会发展统计公报。

③ 广东省物流行业协会。

④ 2018年广东省统计公报。

际增长 6.2%。全省居民人均消费支出 26054.0 元，比上年增长 5.0%①。其中，用于食品消费支出 8481 元，占 32.6%。在广东人的食品消费结构中，最大量的均为冷链产品。目前广东冷链物流已多品类发展，服务范围向深入发展，冷链物流体系基本建立。今后，在“一带一路”建设、“中国制造 2025”“粤港澳大湾区”等一系列国家政策推动下，广东冷链物流会迎来新的与国际直接接轨的高水平发展时期。

（二）冷链物流设施不断完善

广东省农产品资源丰富，又是进出口贸易的重要枢纽，冷链物流涉及品类繁多，因此近年来冷链物流设施设备建设和改善幅度较大，门类比较齐全，冷库、冷藏车等发展趋势良好。据统计，2016 年广东冷库保有量 270 万吨，2017 年增长至 391 万吨，冷库容量升至全国第三，仅次于上海和山东。广东有大小冷库约 1700 多座，主要分布在广州、深圳、东莞、汕头、湛江、阳江等地，其中 80% 集中在广州、深圳和佛山地区。截至 2017 年底，仅广州市共有 5000 吨以上规模冷库 62 座，冷库总容量超过 100 万吨，冷藏车保有量在 1700 辆以上。据悉，在拥有 1400 多万常住人口的广州，年易腐食品消费量已超过 200 万吨，若按 60% 需要冷链物流计算，则年需冷库容量 120 万吨。广东省 2016 年冷藏车保有量为 5002 台，占全国的 4.56%②，2018 年冷藏车保有量过万辆。显然，在冷链物流设施方面还存在协调资源、适度建设等方面的商机。

（三）新技术应用与国际接轨

广东经济在地缘、政缘等方面有着很好的优势，与国际接轨要求高、速度快，传统冷藏技术、RFID 技术、3S（GPS \ GIS \ RS）技术等信息化技术在冷链物流行业应用基本普及。近年，国际先进“软技术”也迅速引进推广，如食品安全自控的 HACCP 技术、生鲜农产品高效预冷技术、保温材料技术、保温箱制造技术、食品安全追溯技术、温湿度监测技术、冷链物流管理信息系统等。目前，新建冷库、低温物流中心、生鲜食品加工中心、规模以上的冷链物流企业，对物联网、大数据、人工智能、区块链等信息技术的应用正在逐渐引进和提升。

---

① 2018 年广东省统计公报。

② 新思界产业研究中心. 2017 年中国冷藏车区域市场特征分析 [DB/OL]. [2017-06-27]. www.newsijie.com.

（四）标准化体系建设迅速推进

在近年广东省物流标准化技术委员会、省质监局等有关部门的积极推动下，广东冷链物流行业标准体系建设起步并迅速推进。在已有的行业标准基础上，广东省《冷链物流配送中心作业规范》全省的冷链物流标准化体系建设有了许多创新性举措：2018 年省冷链物流分技术委员会筹建；冷链物流国家级标准化综合改革获批在广东省试点，2015 年广州拜尔空港冷链物流中心有限公司正式挂牌，成为广东省冷链物流服务先进标准体系试点单位，这也是全省绿色冷链物流行业首家试点单位，国标宣贯与 A 级企业评估，重点领域标准制定，粤港澳大湾区标准对标启动，标准化托盘共用推广，新能源电动船舶联盟标准化，诚信体系建设与团体标准化，智慧物流运输快线系统创新研发及团体标准化等，在冷链物流标准化工作方面发挥了创新引领作用。

（五）冷链物流多元化、多模式创新发展

广东的冷链物流行业从性质层面看已经形成国有、民营、外资、合作等多元化、以民营为主的运营格局，市场竞争状态充分，市场有活力；从企业规模层面看，冷链企业规模类型比较齐全，尽管没有很突出的龙头效应，但在刚发布的 2018 年全国冷链物流百强企业中广东入围 12 家，仅次于上海、北京；从冷链业务范围层面看，有一定规模的冷链企业经营单一业务的较少，多数企业正向多业务、综合型冷链物流服务企业转型；电商与跨境电商快速发展、新零售业态的出现以及消费群体的消费变化等，催动了关乎“最后一公里”冷链物流新经营模式的转变，新型冷链业务模式会持续发展。

二、广东冷链物流存在的主要问题

广东省冷链物流行业起步早，运营机制灵活，在地方经济发展中起到了重要作用。但不能不看到广东冷链物流发展的整体质量水平参差不齐，目前还存在不少问题，今后的发展还面临着艰巨的挑战。

（一）冷链物流发展地区性不平衡

广东冷链物流起步于珠三角，至今珠三角地区也是冷链物流发展比较快的地区，粤西、北、东相对落后。广东的冷库约 80% 集中在珠三角地区，在接近 400 万吨的冷库总容量中，25% 集中在广州地区。销地冷库多、产地冷库少，冷冻库多、冷藏库少等现象没有大的改观。在广东的冷藏车保有量中 90% 以上主要分布在珠三角地区，其他地区基本是常温运输，农产品损耗率比较高。在广东 200 多家有一定规模的冷链企业中，有 85% 在珠三角地区；2018 年入围全国冷链百强企业的 12 家企业也均在珠三角地区。而粤西、北、东是重要的生鲜农产品主产区，其冷库设施仅占全省的 4%，“最先一公里”的预冷、加工、包装、冷藏等冷链物流设施设备明显不足，即便全省交通路网发达，高速公路已有 9000 公里，高铁、水运、航空等方面建设取得较大突破，冷链物流还是存在一些“断链”等比较难以解决的发展问题。

（二）冷链市场多元化竞争激烈

近年广东经济在“一带一路”建设、粤港澳大湾区建设、前海与横琴自贸区建设等政策的驱动下，发展势头迅猛，冷链市场潜力大，吸引了国内外各类投资者的目光。在广东，冷链物流市场竞争本身是比较充分的，2008 年澳大利亚的太古冷链进入了广东。而当前除了冷链企业自身谋求转型升级之外，新的竞争者不断涌现，例如京东、苏宁等电商企业、贸易企业、跨国企业等，本土品牌与国际知名企业群雄逐鹿，冷链物流领域的竞争多元化，冷链服务形态多样化、国际化。然而，在这种环境下，大多数中小企业由于资金实力不足、技术装备升级改造困难、专业化、精细化冷链管理水平有限、服务模式单一、专业技术人员缺乏而面临着更大的竞争压力，企业竞争实力明显减弱。

（三）农产品冷链物流的整体水平需要提升

广东省是特色农产品的主要产区之一，多年来农产品冷链物流有了长足的发展，但是与快速变化的冷链需求以及竞争环境的要求相比较，还需要加快发展的步伐。这主要体现在：许多中小经营者科学的冷链意识薄弱、生鲜预冷环节缺失、企业经营分散、运输装备比较落后、信息化管理水平较低，农产品冷链管理的全产业链还没有完全形成。很多农产品产地，田头冷库、预冷设施、加工中心、产地批发市场等设施缺口较大，导致冷链流通断链、产品损耗问题严重。据悉，广东省农产品冷链损失率约 30%，比发达国家的 5% 相距甚远。例如，荔枝是广东的特色水果，其保鲜问题历来难度很大。华南农业大学吴振先教授曾表示：“我们的保鲜技术已做得比较到位了，现在主要面临冷链管理问题，是否执行了相关标准。”荔枝的采摘、预冷、包装、运输、售出的整个过程都需要预冷设施、低温货架、冷藏车等相关配套，但实际操作很难做到，因为冷藏库的建设或租赁成本很高，果农往往还是以“泡沫箱加冰块”的方式解决运输保鲜问题，或者以冷库急冻降温的方式解决保鲜问题，很难保证低温恒温的冷链运输标准。

（四）冷链企业规模化程度较低

由于冷链服务具有一定的技术和资金壁垒，大部分中小企业鉴于实力有限而发展缓慢。广东规模以上的冷链企业较少，约有近90%的企业规模小、各自为战、经营分散，信息化管理水平落后，特别是粤西北东的冷链企业，数量少，实力弱，冷链物流服务水平很难与大企业相提并论。2018年全国百强冷链企业上海有19家，北京12家，广东上榜12家①，与广东的经济规模相比还有一定差距。广东的第三方物流虽然发展迅速，但真正有全产业链服务能力的企业为数太少。与其他经济发达地区相比较，广东冷链物流企业小、散、弱的状态需要加速改变，通过整合、升级寻求规模化、专业化、智能化发展，提高企业核心竞争力，抢占冷链市场未来的发展先机。

三、广东冷链物流未来发展的驱动

广东的冷链物流市场竞争热度正在不断提高，但由于经济发展大势、消费升级的不可逆，在国家与地方政府密集出台政策、制定规划的环境下，冷链物流市场依然具有相当的吸引力。

（一）最终消费引领的“B2C”（电商+快递）——新兴生鲜电商市场爆发

生鲜是电商行业中门槛较高的一个品类，需要全方位的冷链综合服务能力，复购率高、市场空间大。生鲜电商的崛起是近两年冷链物流市场的一大景观。这是因为生鲜电商前几年行业不景气，据中国电子商务研究中心的一组数据显示：2016年，生鲜电商4000多家入局者中，4%持平，88%亏损，剩下的7%巨额亏损，最终只有1%实现了盈利。2017年以后伴随消费升级，速冻食品、反季节蔬菜、冷链宅配、进口水果与水产品等消费量提升，行业进入转型期，供应链建设加速。根据艾瑞咨询的数据推算，2018年生鲜电商规模有2300多亿元。特别值得一提的是，广东跨境电商的规模领跑全国，在电商平台中生鲜品类的渗透率在不断提高。广东2018年占据中国跨境出口电商交易总规模的56.99%，独占全国一半以上的份额，遥遥领先于全国。目前，国际生鲜产品和品牌纷纷进入国内市场，例如中国海关数据显示，2018年中国进口樱桃总量为18.6万吨，同比增长183%，价值约合人民币89.33亿元，同比增幅近170%，是进口货值最高的鲜果品项。尽管进口樱桃价格高，但从进口

---

① 中物联冷链委.2018中国冷链物流百强企业分析报告［R］.［2019-07-03］.

水平看可见冷链水果消费力的提高。生鲜电商市场的崛起，对冷链物流有三方面的促进作用：其一，推动末端配送的服务形式创新；其二，建立“可追溯”机制，保证品质安全；其三，带动冷链包装材料环保、再循环的研发。生鲜电商市场的兴起，对冷链综合服务能力的要求很高，因此，自建冷链物流保证体系、成本低服务能力强的第三方冷链物流、具有分销职能的冷链供应链类型等企业均有着较好的发展空间。

（二）城镇化建设推动

广东常住人口城镇化水平居全国省份第一位，2018 年达到 70.7%①。根据《广东省新型城镇化规划（2016—2020 年）》，广东要实施大都市战略，未来构建三大新型都市区和建设珠三角世界级城市群，充分发挥珠三角城市群以及广州、深圳、珠海等重点城市的带动作用，构建“广佛肇 + 清远、云浮、韶关”“深莞惠 + 河源、汕尾”“珠中江 + 阳江”三大新型都市区。2018 年广东省人口发展规划中清晰规划了城市布局：2 个超大城市，2 个特大城市，11 个大城市（中山、惠州、珠海、江门、汕头、湛江、茂名、韶关、清远、揭阳、肇庆）。其中，特大城市的人口规模定位为 500 万—1000 万人，11 个大城市人口规模定位是 100 万—500 万人。不仅如此，粤港澳大湾区建设也在推进城镇化建设中添加了浓墨重彩的一笔。随着广东城镇化水平的继续提高，会继续带动城市居民对生鲜农产品、水产品、乳制品、医药医疗用品的需求总量，从而进一步推动冷链物流的发展。

（三）高新科技推动

在提高冷链物流质量水平中，技术是制约性因素。中物联冷链委《2018 年冷链物流企业经营情况分析报告》显示，在影响冷链物流发展的科学技术中，互联网技术是基础，物联网、人工智能、大数据是排在前三位的技术领域，其次是射频识别、区块链、云计算以及 GPS、温控系统等。广东冷链物流对新技术应用的需求主要体现在以下方面：①对现有冷链设施设备的更新改造。例如，广东的冷库 85% 都是低温库，冷链运输基本是普通冷藏车，多温区温控运输占比很小，可视化程度很低。②对现有冷链技术如气调技术、微生物控制技术、预冷技术和冷库自动化技术等升级。例如，现有技术在肉类食品冷链运输中无法均衡口感和安全，如何保证口感和营养价值不流失是冷链技术

①　国家统计局数据。

的难关。③提高冷链信息化、智能化管理水平。高新技术的应用不仅仅是解决人工成本、土地成本攀升而影响营运效益的问题，更主要的还有通过科技手段和大数据抓取，分析、决策、调控物流行为，实现运输线路、车型、空载配货、诚信体系的智能化运营管理，提升企业的冷链管理水平以及在国际化背景下的竞争实力问题。④打造智慧化、个性化、定制化的冷链物流服务。通过深化新技术应用，促进冷链物流的信息化、智能化、精细化管理，是推动冷链物流发展的必然要求。

（四）冷链物流营商环境推动

广东冷链物流的营商环境这几年有了大幅度的变化。近年国家和广东省相继出台冷链物流有关政策文件，为冷链物流健康快速发展提供良好的政策支持。2016 年，广东省被列为全国冷链物流发展示范省，并对广东省冷链项目给予国家财政资金支持。2017 年，广东省商务厅出台《广东省冷链物流发展"十三五"规划》，推动全省冷链物流行业健康有序发展。广东省相关的政策以及发展战略，特别是粤港澳大湾区发展规划、世界级城市群建设规划、广东交通运输网络供给侧改革等，为物流行业以及冷链物流的发展创造了良好的营商环境。例如，在"十二五"期间广州港、深圳港、湛江港、珠海港和虎门港就进入了亿吨大港行列，"十三五"期间高速公路、高铁建设卓有成效。如今，港珠澳大桥、深中通道、虎门二桥等大湾区重大基础设施建设、粤港澳大湾区城市群同城一体化建设、粤港澳大湾区综合物流枢纽建设提速，打造连接"一带一路"的国际航运枢纽，支持大型综合性物流园区集疏运体系建设，布局了多式联运功能的综合物流枢纽，推进了公路、铁路、水运、民航等基础设施无缝衔接，为带动冷链物流的发展打下坚实的基础。

四、广东冷链物流的人才需求

（一）广东冷链物流发展对人才的要求

如前所述，广东物流行业起步早，市场规模大，冷链作为新兴的物流细分领域虽然发展比较快，但总体发展质量水平并不比华东地区高，其中一个重要原因就是现有从业人员综合素质较低，技术和能力不达标；掌握冷链物流技术和现代冷链管理知识的人才严重不足，人才问题成为广东冷链物流发展的痛点。广东的冷链物流再上一个台阶、与国际接轨、推广物联网、大数据、AI 技术的应用等，无论哪个方面都需要有专业人才的配置，没有人才就没有广东冷链物流抢占潮头的未来。

从一般意义上讲，冷链物流企业第一线如分拣、仓管、客服、配送等操作性岗位从业人员招聘难度不是很大，主要取决于工作条件、薪酬待遇。而面对冷链行业新发展时期的到来，广东需要的冷链专业人才涉及的领域是：

1. 国际冷链物流方面的专业人才

广东已经跨入冷链物流全球化时代，这要求冷链企业必须引进或培养懂得冷链物流的各项国际技术标准、服务标准、管理标准的制定规则与实施要求，通晓国际贸易法律法规、国际贸易惯例、国际冷链物流运作、具备良好外语能力的专业人才。这类人才主要适用于海外仓管理、跨境供应链运作、冷链物流规划、冷链物流解决方案等岗位。这样的人才才能胜任“一带一路”建设及粤港澳大湾区战略的深度实施、全球化业务拓展的冷链物流运作和管理工作。关于这方面，eBay 大中华区销售总经理林文奎就曾对《每日经济新闻》记者表示，跨境电商企业当下面临的最大的问题是人才需求。跨境电商需要全能化及多专业（物流、平台运营、供应链金融、产品等方面）的人才。有数据显示，中国跨境电商相关领域人才缺口达 450 万人，且呈现递增趋势①。

2. 商业运营方面的专业人才

广东冷链物流行业面对最具活力的就是新兴生鲜电商市场、新零售崛起带来的多批次、小批量、碎片化的终端市场冷链需求。这种冷链加工配送效率与速度的追求，需要懂得研究消费市场和消费行为、掌握数据分析技术、会成本分析及供应链管理、懂得商业营销运作的专业人才。这样才能使企业凸显数字冷链对于提升服务水平、降本增效的重要意义。

3. 掌握高新技术的专业人才

高新技术的应用关系到广东冷链物流企业的赋能升级，因此这方面专业人才的需求是刚性需求。冷链物流企业在专业化、精细化、规模化、平台化、智能化、智慧化的发展过程中，必须有此类人才的支撑。只有迅速引进或培养掌握冷链技术、物联网技术、AI 技术、3S 技术、大数据技术等相关技术的专业人才，才能适应行业整合、平台化运营、无人售货、食品质量保证、与国际接轨等要求，给企业装上降本增效、提质增效的双翼。

---

① 刘洋．亚马逊中国加码出口电商生意 人才、物流等仍是出海痛点［N/OL］．每日经济新闻，2019－07－04．http：//www.linkshop.com.cn/web/archives/2019/427792.shtml.

4. 冷链资本运营方面的专业人才

广东的冷链物流领域正处于变革之中，一线快递企业陆续上市，消费升级和新零售业态带来新的冷链消费需求，电商巨头竞相布局、新技术的应用与迭代、企业跨界入局，这些都使得资本热钱涌入冷链物流的变革之中，作为本身就是重资产的冷链企业，越来越需要懂得冷链金融、掌握资本运营知识、管控金融风险的专业人才。

显然，高端人才是助力广东冷链物流业腾飞的制约性因素，要融入国际冷链大物流，参与国际竞争，高素质、复合型人才是最大的瓶颈问题。复合型的专业人才不仅仅是掌握某个或某几个相关领域一定的专业知识，还需要具备一些基本素质，包括具有国际视野、有一定的战略高度、良好的沟通能力、善于团队运作。也正由于对人才的要求比较专业、层次比较高，人才供给又严重不足，所以冷链企业目前对专业人才的招聘难度很大。

（二）冷链物流人才需求现状

物流是我国吸纳就业人口最多的行业之一。从全国来看，2016 年末物流岗位从业人数为 5012 万人，占全国就业人员的 6.5%，其中快递及电商物流也是近年物流行业里增长最快的行业之一；运输业从业人数为 586 万人，占全国物流相关行业从业人数的 58.2%①。仅就这两类占比较大的细分领域看，物流从业人员的学历水平、专业知识均跟不上行业发展的客观要求，高技能人才严重短缺。

冷链本身对技术的专业性要求很高，冷链物流涉及的岗位人员主要包括从事设备操作、维护、存储、运输、配送、货代、报关等具体工作的第一线操作型人员；从事技术、配送、财务、运输、市场等职能管理部门管理工作的实用型中层管理人员；从事项目开发、战略管理、资本运营等工作的高层次管理决策型人员。从广东实际情况看，近 90% 的农产品冷链企业为小企业，以劳动密集型为主；规模以上的冷链企业约 70% 以上的第一线人员学历水平、专业知识掌握水平都比较低，基本是初高中毕业，大专以上很少。因此，这种状态让很多小、散、杂的冷链企业在高水平的运作与竞争环境下难以为继。根据中物联的统计数据，广东省若按物流从业人员年均 6% 的增速推算，每年约有 10 万—12 万个的物流岗位需求，冷链物流每年约有 2 万人左右的用工缺口。多

---

① 中物联.2016 物流岗位从业人员超过 5000 万［OL］.［2017 - 04 - 29］.http://www.chinawuliu.com.cn/lhhkx/201704/29/320923.shtml.

方信息显示，冷链物流行业实际用工的现状与冷链物流的发展速度不相匹配。随着发展环境的改变以及更多有实力竞争者的进入，从一线的驾驶员和操作工，到中层以上的运营管理人员，都会越来越难招聘，广东冷链物流的高层次专业人才远远满足不了实际的需要。

医药冷链专业人才比其他冷链企业还要匮乏。医药冷链物流涉及学科门类多，包括有医药管理、供应链管理、药品冷冻冷藏技术、制冷技术、信息技术等。过去医药冷链物流几乎是空白，目前，大多院校并没有专门设置医药物流专业或相关课程，企业招聘的医药物流人才也基本是后续培养，因此医药冷链物流人才的紧缺是不争的事实。

经了解网络招聘信息，广东人才市场对冷链物流人才的招聘主要限于物流企业一线操作人员，如制冷管理岗、信息管理岗、报关员、仓库管理员、驾驶员等，而且岗位职数不多，在岗位招聘条件中，一般只注明主要工作职责，没有对“冷链物流”知识和经验的明确要求。这说明冷链物流企业招聘专业人才所采用的最佳渠道并不是各人才市场的网络平台，企业招聘一般的搬运装卸、分拣、包装等人员由于资质要求低、薪酬待遇低，往往通过企业网站、亲友介绍、小广告、小工头介绍等方式进行，多数没有构建良性的人才招聘机制。对于规模以上的冷链企业，人才招聘比较规范，但由于专业的或有经验的冷链物流管理人才缺乏，使企业只能以一般物流人员的标准招聘。根据中物联的分析，在全国范围内，占71%的冷链企业认为2018年面临的多重经营困难中人工成本上升排第一位，人才缺乏、招工难排第二位，占57%。这个分析结果对广东具有普遍意义。

（三）广东冷链物流人才短缺的主要原因

1. 政府和教育主管部门重视和支持力度不够

广东对冷链物流人才需求的重视，是随着近年广东经济的发展、冷链市场规模持续增长、冷链食品、生鲜农产品消费的激增而逐步提高的。应该说，传统上对冷链概念的认识本身就比较浅，国家层面从政策上给予规划和支持始于十年前。

2010年，国家发改委颁布了《农产品冷链物流发展规划》，明确了冷链物流发展重点工程和主要任务。2012年广东省发改委颁布了《广东省农产品冷链物流发展规划》，其中提到冷链物流人才缺乏，人才培养不能满足需要。2016年，财政部、商务部联合发布《关于中央财政支持冷链物流发展的工作通知》，把广东省列为全国冷链物流发展示范省，并对广东省冷链项目给予资金支持。2017 年，广东省商务厅出台《广东省冷链物流发展“十三五”规划》，推动全省冷链物流行业健康有序发展。可见，政府为冷链物流发展创造着持续优化的政策环境。

从政府层面来看，国家发改委和广东省政府出台相关政策文件，强调培养冷链物流人才的重要性，但实际的宣传和支持力度不够，缺乏具体实施措施。教育主管部门看到问题但重视和引导不够，在一定程度上造成人才培养与社会需求的脱节。

2. 高校冷链物流人才培养严重滞后

中高级物流人才主要来源本应是高校，而且绝大多数高校都意识到物流人才培养的重要意义。广东高校物流人才培养起步也比较早，2002 年，由中国物流学会主办的“首次中国物流学术年会”就在广东省南海市召开。之后，物流管理专业在 85% 以上的高校陆续开设。2001 年时全国只有 1 所院校开设本科物流专业，2002 年升至 5 所，到 2017 年，全国物流管理专业本科布点 489 个，物流工程专业本科布点 120 个，中、高职院校布点较多，广东中、高职院校到 2017 年初已布点 84 个①，至今广东已经形成物流管理中职、专科、本科、硕士研究生、博士研究生的培养系列。然而，冷链物流人才的培养却没有受到高校的普遍关注，全省只有广州工商学院开设专科物流管理专业（冷链物流方向）和北京师范大学珠海分校开设本科物流工程专业（冷链物流方向）。广州工商学院物流管理专业（冷链物流方向）自 2010 年开始招生，到 2018 年已有 6 届毕业生，向社会输送毕业生约 1500 余人，目前本专科在校生近 830 人。北京师范大学珠海分校物流工程专业（冷链物流方向）自 2008 年开始招生，到 2018 年已有 8 届毕业生，目前在校生 200 余人。可见，广东高校对冷链专业人才的培养与社会实际需求差距甚大，不考虑知识结构和培养质量，仅从总量看也不足社会需求的约 1%。

3. 企业自身培养不到位

由于广东的冷链企业特别是农产品冷链企业多数规模小，大部分企业在人才培养和培训方面投入非常有限，人才的重视程度和需求不相匹配。很多企业的从业人员或是转行、或是新聘，本身就缺乏冷链物流专业性知识和操作经验，加之企业重视程度不够，很难提供专业的冷链物流知识技能的系统培训。

---

① 中物联与全国物流职业教育教指委. 2016 年中国物流职业教育年度报告 [R/OL]. [2017-09-07]. https://www.sohu.com/a/190311964_760254.

近几年，有些大企业、发展较快的企业意识到冷链物流培训的重要意义，逐步通过建立企业大学、校企合作、企业内训等方式加大人才培养力度。例如，京东集团、远成物流、圆通快递等均有自己的培训机构和培训设施，逐步建设服务自身的培训体系，经过企业自身努力拓宽冷链物流人才培养的渠道，缓解冷链物流人才供需矛盾。然而，众多冷链企业的人才培养还达不到如此状态。冷链物流企业在专业化、多层次、高素质的人才培养方面尚有大量工作可为。

第二章 冷链物流人才培养的战略定位

21 世纪，冷链日益全球化。[①] 预计 2025 年全球冷链市场规模将达到 4496 亿美元。数据表明，冷链物流在全球经济发展中呈快速增长的趋势，但同时，另一个数据也令人触目惊心，全球每年约产生 14 亿吨的食物损耗及浪费。[②] 随着社会的发展，人们生活水准的提升，大趋势是人们对质量、健康和诚信的关注日益增加，特别是对需要冷链物流的食品、药品的关注日益增加。

目前，美国、日本等发达国家的冷链物流发展已经非常成熟，现有的冷链物流已经细化得非常完善，国家标准也严格执行。

我国国内冷链物流也呈现出全新、快速的发展态势，在农产品、药品及化工冷链物流等领域已经形成了较为成熟的产业链，冷链物流行业每年都保持 20% 以上的增长速度，[③] 倒逼冷链物流的加速启动。然而，不可否认，受诸多因素影响，我国冷链物流整个行业发展仍处于初级阶段。

如今，冷链物流人才培养已受到国家重视，冷链物流人才培养提上重要日程。2018 年 3 月，教育部高等学校物流管理与工程类专业教学指导委员会物流管理专业冷链物流专业工作组成立，我国冷链物流人才的培养成为国家战略。加速培养冷链物流人才已是当务之急。

---

① 曾志宏译；从西方发达国家冷链技术现状看冷链物流十大趋势［EB/OL］．［2018 – 01 – 19］．http：//hk. jrj. com. cn/2018/01/19133123974094. shtml.

② 王晶晶．冷链物流发展潜力巨大亟须科技赋能［N］．中国经济时报，2019 – 07 – 04.

③ 孔令华．中国冷链物流发展有望超欧美发达国家，具备“生命力”就够了！［EB/OL］．［2018 – 04 – 18］．

第一节　冷链物流人才稀缺实证

一、冷链物流人才缺乏

（一）冷链物流人才

何谓冷链物流人才，历来有多种说法，例如：冷链物流人才是指在整个冷藏冷冻类食品的生产、储藏运输、销售，到消费前的各个环节中管理、组织、操作的人员，使货品始终处于规定的低温环境下，以保证食品质量，减少食品损耗的专业冷链物流人才。冷链物流人才是指在整个冷链物流的运输、储存、装卸、搬运、包装、流通加工、配送、信息处理等过程中从事相关的研究、管理、操作工作，使冷链物品始终处于规定的低温环境下，以确保冷链物品质量，减少冷链物品损耗的专业性人员等。

比较以往所见多种关于冷链物流人才的解释，笔者认为大多数说法主要是基于冷链物流的从业角度做出的解释。基于冷链人才的知识技能层面考虑，本文所写“冷链物流人才”即限定于通过高等学校培养，具有一定的冷链物流知识或技能，对社会发展和进步做出贡献的人。

（二）冷链物流专业人才缺乏状况

现选用中物联冷链委教育培训中心和研究室联合编写的《2018 冷链物流人力资源报告》中数张图片（见图 2－1 至图 2－4）来说明我国冷链物流专业人才紧缺状况。

1. 冷链物流人才结构呈金字塔状

冷链物流人才结构呈金字塔状，高级管理人员比例为 3.37%（见图 2－1）。

2. 企业急需复合型人才

随着时代的进步和科技的发展，企业急需复合型专业人才。员工必须不断学习，掌握多方面的综合能力，提升自我核心竞争力（见图 2－2）。

3. 冷链物流领域人才同自身专业对口匹配度较低

冷链物流领域人才同自身专业对口匹配度较低，接受过高等教育的中、高级管理人员中，接受物流相关专业教育的人占比较少，管理专业人才较多，多数为其他无关领域（见图 2－3）。

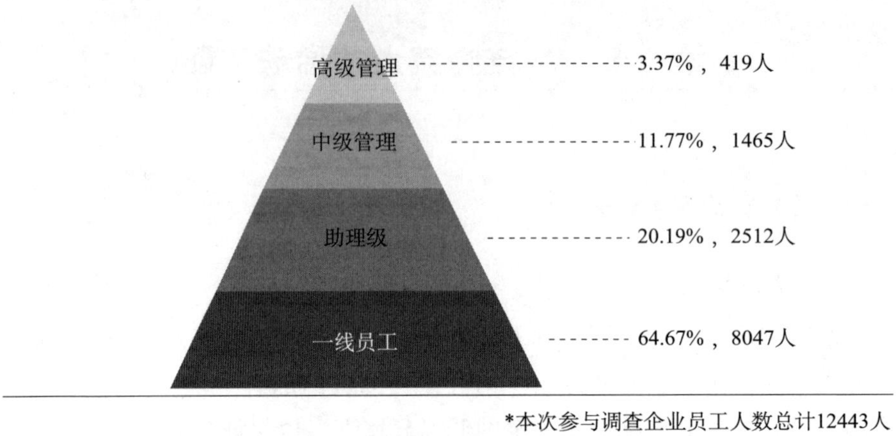

图2-1　不同岗位从业人数及占比

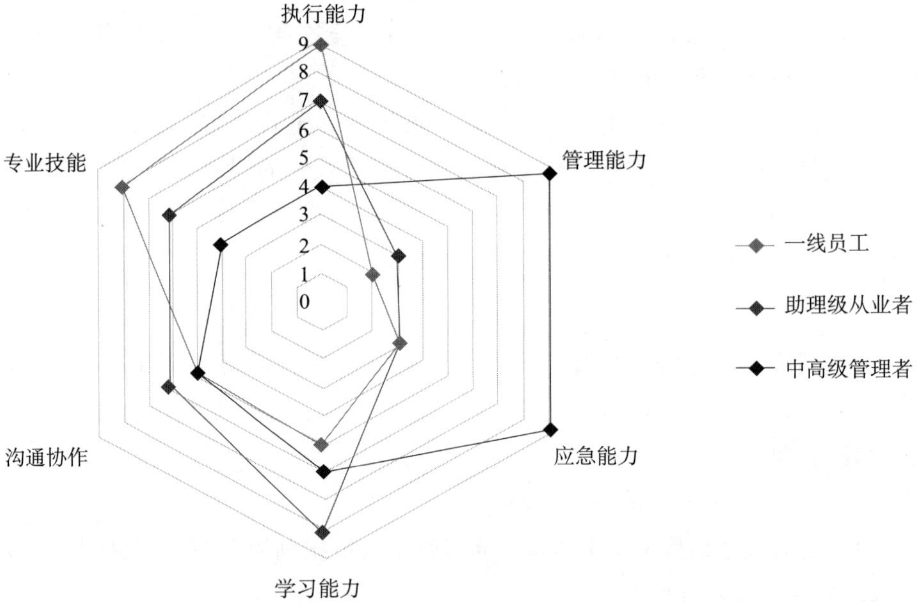

图2-2　不同从业人员能力侧重

4. 一线技术员工紧缺

随着冷链物流的快速发展，对人才的需求增多，尤其紧缺技术性的一线员工。包括：①分拣员、驾驶员、装卸工、叉车工、电梯工、销售、后勤；②客服、库管、物流管理、技术管理、管培生；③项目经理、调度经理、运营管理、质量主管；④高管。

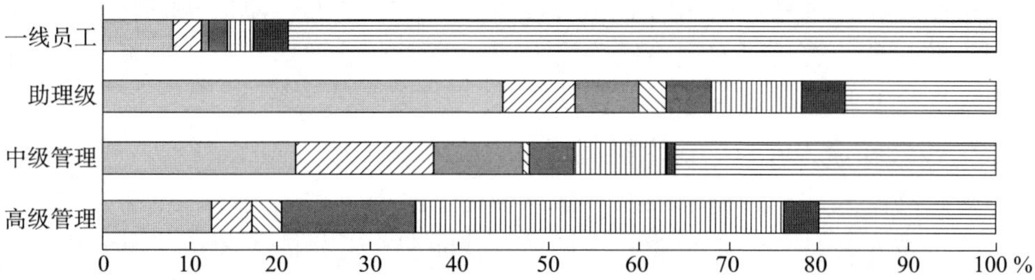

	高级管理	中级管理	助理级	一线员工
物流	12	22	45	8
市场营销	5	15	8	3
电子商务	0	10	7	1
信息技术	3	1	3	0
经济	15	5	5	2
管理	41	10	10	3
工科	4	1	5	4
其他	20	36	17	79

图 2－3　从业人员专业背景

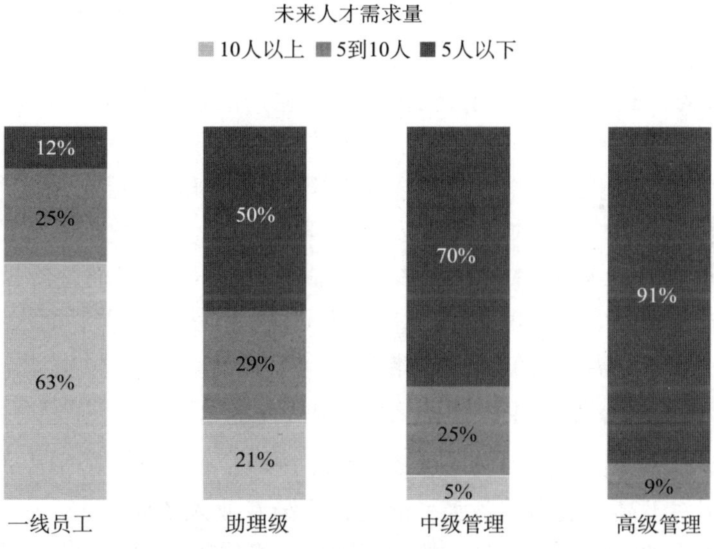

图 2－4　冷链物流人才缺口

（三）冷链物流人才分类与社会需求类型

1. 冷链物流人才分类与需求类型

冷链物流人才分类，学术界有二分法、三分法之说。二分法之说，即冷链物流人才划分为两类：一类是技术和作业型人才，是指掌握冷链物流技术，从事冷链物流及其相关工作的人才。另一类是管理和规划型人才，是指从事冷链物流企业管理、策划、决策等工作的人才。三分法之说，即把冷链物流人才划分为三类，第一类是研究型冷链物流人才；第二类是管理型冷链物流人才；第三类是操作型冷链物流人才。

2. 冷链物流人才社会需求类型

冷链物流人才社会需求类型包括三种：①服务于食品生产、药品、化工生产、冷链技术装备等生产企业的管理型、技能型冷链物流人才；②服务于政府机关、事业单位，行业协会、高校研究型的冷链物流人才；③服务于贸易行业的冷链物流人才。多见服务于第三方物流企业、生鲜电商国内或国际贸易企业、零售与餐饮企业、物流园区及物流配送中心等，需求的冷链物流人才以管理型、技能型为主。

二、冷链物流人才培养存在的问题

（一）冷链物流行业人才培养结构性失衡

冷链物流人才总体供不应求，且结构性失衡。人才需求和劳动力供给之间存在着结构性失衡。一方面，求职的高校物流毕业生数量增长，另一方面，冷链物流企业难以选聘到适合岗位需求的毕业生，就业能力和市场需求不相适应的结构性矛盾依然存在。国内传统的物流人才大部分只懂得常温物流的操作流程。需要经过一段时间的学习培训才能上岗。以生鲜电商行业为例，生鲜货品运输过程中要温柔对待，规范性和安全性要求更高，即便之前有传统物流经验的员工，也要3—4周的时间才能熟练掌握操作技术。[①] 然而，冷链物流人才的培养就成为企业面临的现实难题，难以应对生鲜快递需求。而对企业来讲，这也是人才培养中需面对的又一个难题。

（二）冷链物流人才培养滞后，人才梯队储备不足

现阶段我国冷链物流尚属于劳动密集型产业，一方面，冷链先进技术装备研发和使用率不高，技术装备水平落后，冷链专业人才匮乏[②]；另一方面，冷链物流人才需求旺盛，无论是一线的驾驶员、操作工、搬运工，或是中层的车辆主管、仓库主管等，还是负责整体运营的高级管理人才，都越来越稀缺。不仅如此，多家招聘网信息表明，冷链行业需要复合型人才，需要懂制冷、保

---

① 2018年中国移动互联网全行业回顾报告［R/OL］.［2019－02－18］. http：//www.100ec.cn/detail－6495966.html.

② 崔忠付. 在第十二届中国冷链产业年会讲话［R/OL］.［2018－12－04］.

温、食品、物流、供应链等很多专业知识的员工。[①] 在急需人员不能及时到岗的情况下，大部分冷链人才需要企业自己培养。

（三）冷链物流人才培养院校屈指可数

2018 年我国开设物流管理及相关专业的院校有 2000 所，但是开设冷链物流专业培养冷链物流专业人才的院校屈指可数。目前，我国开设冷链物流专业的普通高等院校有北京交通大学，广州大学等数所。浏览 2019 年高考目录，职业院校开设冷链物流技术与管理专业的学校也仅有为数不多的十余所院校，如威海职业学院、苏州经贸职业技术学院、安徽财贸职业学院、北京师范大学珠海学院等。

（四）冷链物流人才培养定位不明确

据了解，现在开设冷链物流相关专业的院校办学定位、学科专业建设、课程设置、实践环节等虽然涉及了冷链物流人才的培养，但还都没有达到实行专门化、系统化培养的程度。多数院校仅仅停留在物流管理或制冷专业课程中加几门与冷链相关的课程，培养定位并不明晰。就拿物流管理专业开设冷链物流方向的一些院校来讲，实际上，我们看到更多的是培养的学生对于冷链物流专业知识掌握得并不全面。培养的学生对于什么是冷链及冷链物流，也仅仅限于很肤浅的认识。大部分院校仍将物流人才培养的目标定位在培养传统物流、制冷等专业人才上，而对冷链物流、物流大数据、电商物流等企业缺口较大的方向涉及得很少。导致的直接后果是冷链物流培养方向与企业业务人才需求契合度必然不高。岗位分析准确性缺乏，毕业生就业难以适应岗位需求。

（五）冷链物流人才培养质量难以保证

冷链物流是跨产业、跨行业、跨专业的活动，对运营和管理能力要求较高。冷链物流专业不仅要求学生熟悉冷链技术，还要求学生掌握多方面的专业管理技术，要求培养的人才一专多能，需要懂制冷、保温、食品、物流、供应链等很多专业知识[②]。知识技能涉及物流管理系统工程、制冷与低温工程、食品科学与工程等领域。但是，由于大多数院校开设冷链物流技术与管理专业受

---

① 崔忠付．在 2016 全球冷链物流峰会上的讲话［R/OL］．［2016－06－29］．

② 李胜．在 2018（首届）冷链物流企业人力资源座谈会讲话［R/OL］．［2018－12－02］．http：//www. sohu. com/a/279185279_ 608787.

到师资、实验、实训等条件限制，培养模式仍然采用传统的重理论轻实操的模式，往往导致培养的人才质量偏低。学生缺乏创新能力与动手能力，培养的学生懂冷链物流又懂食品安全知识的人才、懂医药冷链知识的人才实在太少。结果往往是企业招不到需要的人才。

（六）冷链物流理论与教育理念相对滞后

由于冷链物流运作的特殊性，与冷链物流相匹配的教育理念滞后于冷链物流的实践。有关冷链物流国内理论前沿的观点、冷链物流发展动态等研究文章并不多，前瞻性的理论成果更是少见。我国首届冷链物流企业人力资源座谈会直至2018年11月才在郑州举办，时距我国冷链物流发展起步已十年之久。当时中国物流与采购联合会冷链物流专业委员会主办并组织召开了这次会议，参加会议的仅有来自鲜易供应链等企业以及来自武汉职业技术学院等院校的代表总计30余人，产生的影响及会议成果有限。而各地区关于冷链物流人才培养的学术会议、理论研讨会也并不多见。

（七）冷链物流师资队伍专业素养

冷链物流人才培养对于师资、实训等要求较一般专业（如相近的物流管理专业）更高。没有好的师资队伍，难以保证人才培养质量，而这恰恰也是冷链物流人才培养中的短板。

我国冷链物流师资队伍建设还处于起步阶段。冷链物流师资专业素养有待强化，冷链物流教育师资结构有待调整，相关资料表明：冷链物流师资队伍专业背景多数是物流、制冷及相关专业，冷链物流专业或方向毕业的教师不多，并且从事教学的冷链物流专业教师大多数没有在冷链物流企业工作的经历，即使是名校毕业的硕士、博士，也多是在实验室里从事研究工作，真正深入冷链物流企业开展专项研究的人员少之甚少。因此，提升冷链物流师资队伍专业素养，建设良好的从事冷链物流教学的师资队伍，对发展我国的冷链物流至关重要。

（八）企业冷链物流人才校企合作培养积极性受限

企业需要冷链物流人才毋庸质疑。但是在人才培养问题上，多数企业意识到其培养的重要性，但是做不到主动参与其中。《2018冷链物流人力资源报告》显示，企业基于费用和管理的因素，不太愿意参与冷链物流人才的培养，造成了冷链物流人才培养缺乏校企合作的困境。当前只有25%的企业参与了校企人才培养合作，且主要集中在北上广等地（见图2-5）。[①]

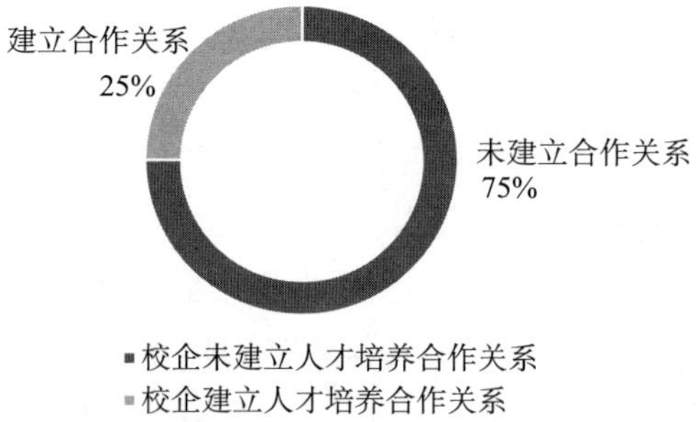

校企合作院校名单	
1	北京交通运输学院
2	燕京理工大学
3	广州市交通技师学院
4	济南职业学院
5	上海交通职业技术学院
6	临沂大学
7	曲阜师范大学
8	青岛理工大学

当前仅有25%的企业参与校企人才培养合作，合作院校主要分布在北京、上海、广州、山东等地，但据数字统计92%的企业有意愿与高校建立人才培养合作关系，随着企业和高校深入的交流，将不断为冷链物流行业输送更多的专业人才。

图2-5　校企人才培养合作状况

资料来源：《2018冷链物流人力资源报告》。

第二节　国外冷链物流人才培养方略镜鉴

20世纪90年代以来，新一轮科技革命和产业变革蓬勃兴起。这对世界所有国家而言，即提供了机遇，也使所有国家都面对一次巨大的挑战。有效应对世界新一轮科技革命和产业变革的关键因素是人才。不论哪个国家，只要造就和凝聚了一大批人才，就能发挥先发优势，立于不败之地。众所周知，美国、日本是当今世界经济强国，支撑它们发展的就是其强大的人力资本。

美国、日本等国家冷链物流人才培养方略，对于我国冷链物流人才培养战略定位不无启示。

一、美国冷链物流人才培养方略

美国是当今世界物流产业最发达的国家之一，市场全球化产生的巨大的物流需求使美国先进的物流技术崭露头角。美国政府对物流产业发展大力扶持，

① 中物联冷链委.2018冷链物流人力资源报告［R］.［2018-12-02］.http://www.sohu.com/a/279185190_608787.

确立了以现代物流业发展带动社会经济发展的战略目标和规划。通过政府宏观政策引导的方式，对其战略目标和规划予以落实。冷链物流在美国经济社会发展中占有重要地位。美国冷链物流发展水平相当成熟，不仅拥有大量实力超强的冷链物流企业，还拥有领先于世界先进水平的冷链技术。

为了促进冷链物流行业发展，早在 2005 年美国就制定国家运输科技发展战略，极大地促进了冷链物流的转型，进一步提升了安全机动生态等功能特征。近年来，美国政府指定食品药品管理局负责对食品药品进行全面质量监控，加大了冷链监督与管理制度。冷链物流人才培养战略同样是美国人才战略实施的组成部分。美国的国家战略一直与美国的冷链人才培养战略相呼应，对美国的经济社会发展起到促进作用。常规化、制度化、法制化和相对稳定性与动态相结合是美国人才战略成功的基本经验。美国的人才战略使美国在国际物流界广积人才，从而具备较强的第三方物流企业全球物流服务管理能力。

第二次世界大战以后，美国大力培养人才，其人才培养战略定位服从国家人才培养战略定位，人才培养与国家发展战略目标紧密结合。

（一）美国人才立国的战略定位

美国的人才战略鲜明的特点是人才立国的战略定位。近年来，美国联邦教育部每四年制订一次战略规划来明确教育奋斗目标和举措。培养有竞争力的新世纪人才已经成为美国共识。

（二）美国人才培养战略前瞻性

美国政府历来重视人才的培养，企图在人才培养上处于国际领先位置，以实现美国霸权。小布什执政时期，为了保持美国的国际竞争力，2006 年 1 月宣布实施《美国竞争力计划》，明确提出培养具有 STEM① 素养的人才是教育的目标之一，也是全球竞争力的关键。强调美国的优势必须通过保持在人才和创造力上处于领先位置，强调通过加大对科研和教育的投入，以科研促进创新能力的提高。

奥巴马执政时期，美国意图培养一批世界一流的人才队伍，为此，实施 STEM 提升规划。美国国家战略层面出台了促进 STEM 人才培养的政策措施，加大 STEM 教育的公共和私人投资，整合政府、大中小学、企业、科研机构、

① STEM 是科学、技术、工程、数学四门学科英文首字母的缩写。

社区和家庭多方力量，共同促进 STEM 教育发展。

特朗普执政时期，发展 STEM 教育，提升劳动者就业能力，培养具有竞争力的新世纪人才，已经成为美国朝野上下共识。①

（三）美国冷链物流人才培养战略前瞻性

STEM 教育规划反映的是人才培养与国家发展战略目标相结合、人才培养与产业需求深入融合、人才培养和使用条件相结合、平台建设和人才成长相结合的措施。国家层面组织开展专项 STEM 项目活动，吸引青少年参与，培养他们的兴趣并激发潜能，这在冷链物流人才培养上有所体现。

美国的物流教育从中学生抓起，冷链物流的知识传授给他们，介绍美国一些学校开展冷链物流人才培养的做法：在美国中学里，包括在阿肯色的大学，邀请一些高中生来到大学，例如用三天的时间来谈谈供应链的话题，或者说可以跟他们灌输一些冷链方面的知识。② 美国的一些大学教学大纲中体现了传统教育方面的内容，例如在冷链方面，有电子商务、生鲜食物、药品等。美国把培养人才作为人才战略的基石，为下一个十年培养冷链人才。③ 人才培养的前瞻性显而易见。

（四）发挥协会作用，重视冷链物流人才培养

在美国，与冷链行业相关的有影响的协会主要有以下几个。

1. 国际冷藏库协会

国际冷藏库协会 1972 年正式成立，旨在通过向其会员公司提供广泛的教育、培训机会和资源，来促进和支持温控仓库和物流行业的卓越发展，确保其会员公司能够向全球食品工业和社会大众提供最佳的服务。每年国际冷藏仓库协会都会根据冷库仓储体积发布年度世界最大温控仓储和物流供应商 25 强。国际冷藏库协会在全球冷链联盟④中发挥重要作用。

① 特朗普的 STEM 教育政策盘点［OL］．［2018－12－04］．https：//www.360kuai.com/pc/96502870826eb9e05？cota＝4&tj_ url＝so_ rec&sign＝360_ 57c3bbd1&refer_ scene＝so_ 1.

② 美国商学院工作中心主任 John L·Kent 2017 年在全球冷链峰会上演讲［R/OL］．［2017－07－17］．http：//www.chinawuliu.com.cn/lhhkx/201707/17/323067.shtml.

③ 美国商学院工作中心主任 John L·Kent 2017 年在全球冷链峰会上发表演讲［R/OL］．［2017－07－17］．http：//www.chinawuliu.com.cn/lhhkx/201707/17/323067.shtml.

④ 全球冷链联盟 2007 年 4 月正式宣告成立。如今，联盟已经成为促进冷链各个环节交流、联络和教育的平台，发挥着冷链行业代言人的作用。全球冷链联盟将冷链行业众多合作者组织联合，以促进易腐食品行业的交流、联络和教育。

2. 世界食品物流组织

世界食品物流组织1943年成立。在管理者委员会的领导下，致力于在全球各地的实验室开展合作研究工作。

3. 美国冷链物流协会

2002年，美国冷链物流协会发布的冷链质量标准，涵盖储运加工等各个行业，用于评估冷链企业的质量、可靠性、熟练度等，并为整个冷链产品的认证提供依据。

此外，在美国还活跃着美国运输与物流协会、国际冷藏运输协会、国际冷藏库工程协会、国际氨制冷学会等若干组织，这些组织充分利用自己的资源、条件，开展冷链物流交流与培训工作。例如，美国运输与物流协会主要认证培训内容包括危险品物流、冷链物流专题培训等。

二、日本冷链物流人才培养方略

日本冷链物流产业已经进入了平稳发展期。冷链物流系统从产地到终端消费地相当完备。日本冷链物流处于世界领先水平有口皆碑。日本成为经济大国、物流强国的根本原因是重视人才培养。二战结束以后，日本的人才培养战略进行了多次调整，目的就是为了配合产业发展的需要。日本政府对冷链物流相当重视，制定了完善的法律制度促进其发展。

（一）日本人才培养战略与产业发展协调

日本人才培养战略一直与日本产业发展协调，从20世纪50年代起日本的高等教育对工科毕业生的培养，到20世纪80年代人才培养战略着眼于培养有个性和创造性的科技人才，到21世纪以来日本人才培养战略调整，重点培养具有创造型和国际化视野的冷链物流人才。日本人才培养战略紧随日本产业发展进行相应的调整。有力地促进了日本经济的发展。

21世纪初至今，面对更加激烈的国际竞争，日本在人才培养方面进一步加大了力度，2002年7月日本文部科学省科学技术学术审议会人才委员会就人才培养问题做出决议：为了多出成果，要大力培养知识面宽同时专业特长突出的“T”[①] 型人才，提出在科学技术方面要站在世界潮流的前列。因此，日本出台了一系列计划，这些计划构成日本人才总体战略。包括240万名科技人

---

① 发达国家人才强国之策：日本制定战略综合培养（T型人才横线代表知识面，纵线代表专长）[J/OL]. 中国洗涤用品工业，2004（5）：63.

才开发综合推进计划、21世纪卓越研究基地计划、科学技术人才培养综合计划等。

（二）日本人才培养的前瞻性

2018年11月26日，日本文部科学省官网报道，日本中央教育审议会发布了《2040年高等教育总体规划报告》。该报告明确了以下几个问题：2018年出生的儿童于2040年大学毕业时，日本社会需要怎样的人才？高等教育机构应该是怎样的？日本需要怎样的教育？日本人才培养的超前性、前瞻性显而易见。

日本冷链物流人才培养战略同样具有前瞻性。从1997年起，日本每四年制定一次《物流施策大纲》，现在，2050日本物流业发展的总体战略目标已确定。实现2050日本物流业发展的总体战略目标的战略举措之一是强化物流人才的培养和储备。制定的对策包括定期组织物流讲座，提升民众物流认知水平。相关资格认定制度，保证劳动者待遇上升等。

（三）重视企业冷链物流人才培养

日本人才培养战略适应产业发展也给冷链物流人才培养定下了基调。日本企业很重视在职人员的培训，他们甚至把入职以后的培训看得比学历和资格证书还重要。现在，企业内教育已成为日本整个国家教育体系的重要一环，也成为日本企业经营的一个重要特色。因此有效解决了冷链物流人才培养问题。

（四）日本农业协同组合的作用

在日本，与冷链物流有关的有影响的协会有：日本农业协同组合，简称农协，日本农协有650家左右，按中央、县、市、町、村有相应的管理。农协业务包括指导农户生产、培训、销售流通等各个方面。日本冷库协会，协会每年开展调研工作，并及时把需求反馈给会员单位，是日本冷库企业与使用者的桥梁。

三、美国、日本冷链物流人才培养方略对我国的启示

美国、日本都将冷链物流人才培养纳入国家人才培养战略，准确定位人才培养的标准、要求，从国家政策、规划、财政等层面予以支持。与冷链物流有关协会充分发挥作用，在服务企业、培训冷链物流人员等方面做法独特都值得借鉴。

第三节 冷链物流人才培养战略定位

一、冷链物流人才培养战略定位提出

（一）全球性竞争愈加激烈

进入21世纪，人才的全球性竞争也愈加激烈。面对日趋激烈的世界范围内人才竞争，各国政府都在致力依托国家战略定位，积极调整自己的人才战略目标和策略。国际物流业也是如此，谁掌握了人才，谁就进入世界物流强国之列，纵观世界物流强国，无一不把物流人才培养纳入国家战略。在冷链物流国际化大趋势，以及由此产生的大变动的世界格局下，我国处于何等位置，如何追赶冷链物流发展先进国家，是需要我们警醒的。

（二）"一带一路"倡议下我国快速发展国际冷链物流

近年，在"一带一路"倡议下，亚欧大陆各国贸易更加密切，物流需求快速增长。

2016年，我国对"一带一路"沿线国家农产品出口额合计为2226.6亿美元，占我国对全球农产品出口的31.2%；2017年，我国与"一带一路"沿线61国贸易额高达7.4万亿元；2017年，我国与东盟贸易额首破5000亿美元①；2018年我国与"一带一路"参与国的农产品贸易总额超过了770亿美元，我国与"一带一路"参与国开展农业投资合作的项目已经超过了650个，投资存量达到94.4亿美元②，我国2021年冷链物流总额将达到12.5万亿元。③

（三）建设物流强国需要人才支撑

物流关乎人民生活、国际贸易，关乎综合国力、国家竞争力、军事能力和地缘政治。某种意义上讲，物流业的发展影响与改变着地区、国家与世界的格局。加快建设物流强国，不仅对于提高经济运行效率和国家竞争力、调整经济

---

① 西南农商"一带一路"，助力冷链物流发展崛起［EB/OL］．［2019-07-08］．http：//www. sohu. com/a/325431994_ 267826.

② "一带一路"农业合作发展加速冷链、深加工市场成长［EB/OL］．［2019-09-09］．http：//www. foodjx. com/news/detail/133911. htm.

③ 前瞻产业研究院．中国冷链物流行业市场前瞻与投资战略规划分析报告［R］．

结构和转变发展方式、扩大内需和市场繁荣、推进国际化、保障民生，有重大而深远的影响，更有利于我国尽早步入国际物流强国行列。

培养什么样的冷链物流人才适应国际竞争、新时代发展需要，基于怎样的战略定位思考，尤有必要探讨。明确我国冷链物流人才培养战略定位，对于把握冷链物流人才培养目标、方向不无意义。找准冷链物流人才培养战略定位，才有利于把控开拓国际冷链物流市场、发展国内冷链物流的主动权。

二、战略定位理论简释

（一）战略的含义

战略是指组织制定的对将来一定时期内全局性活动的理念、目标以及资源和力量的总体部署和规划。

（二）定位与定位理论

定位这个词是由美国营销大师阿尔里斯和杰克·特劳特提出后而流行的。1969 年杰克·特劳特发表论文《定位：同质化时代的竞争之道》，首次提出了商业中的“定位（Positioning）”观念，1972 年以《定位时代》论文开创了定位理论，1981 年出版学术专著《定位》。1996 年，推出了定位论落定之作《新定位》。2001 年，定位理论被美国营销协会评为“有史以来对美国营销影响最大的观念”。

目前最具影响力定位理论有三种：即迈克尔·波特的战略论与阿尔里斯和杰克．特劳特两位大师的定位论。关于定位，里斯和特劳特所讲定位是指在顾客大脑中建立地位；波特所讲的定位，则是让企业在产业中确立对自己有利的竞争位置。战略定位，顾名思义就是给企业战略找到一个清新定位。如今定位已成为商业界使用最广泛的战略术语之一。

（三）战略定位

战略定位是从美国 100 年市场经济发展过程中大量品牌企业经营规律中总结出来的秘密武器，被评为最怕竞争对手掌握的理论方法，也是美国有史以来对企业界影响最大的理论。[①] 1998 年，迈克尔·波特在论文著作《竞争论》中坦诚：其战略思想的真正动力来自“定位”。波特教授说：所谓战略就是创造一种特性、有利的定位，它涉及不同的运营活动。此后，战略定位术语日益

---

① 战略定位理论的前世今生和国内国外发展［N］．财经报，2019－04－07.

流行，广泛应用于政治、经济等领域。

三、冷链物流人才培养战略定位

冷链物流人才培养取决于我国的发展战略与国家人才培养战略。

（一）我国的发展战略

2017 年中国共产党第十九次全国代表大会报告提出了中国发展新的历史方位，提出新时代“三步走”战略：2020 年全面建成小康社会、2035 年基本实现社会主义现代化、2050 年把我国建成富强民主文明和谐美丽的社会主义现代化强国。[①]

我国物流业中长期战略目标是：到 2030 年，中国成为世界物流强国。“物流”强则国强。物流战略不仅是行业本身的战略问题，而且是国家总体战略的重要组成部分。建设物流强国是实现现代化强国的重要战略保障。据预测，2024 年中国社会物流总额将达到 396.1 万亿元（见图 2－6）。

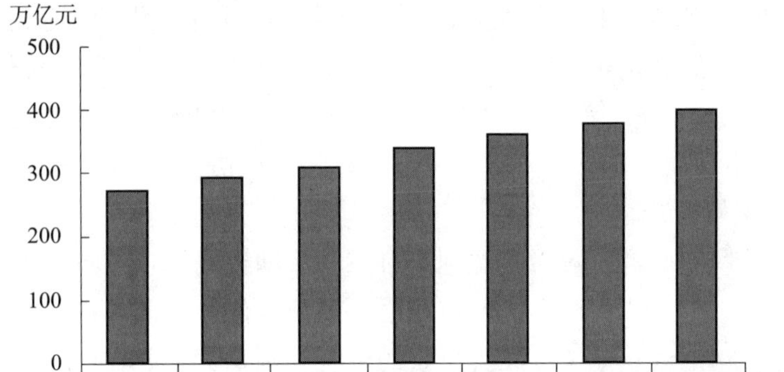

	2018	2019	2020	2021	2022	2023	2024
■ 社会物流总额（万亿元）	272.1	291.5	310.7	335.6	358.2	375.4	396.1

图 2－6　2018—2024 年中国社会物流总额预测

数据来源：中研普华研究院。

（二）人才强国战略

人才强国战略是发展中国特色社会主义三大基本战略之一，自提出以来受到党和国家重视。2017 年，党的十九大报告指出“人才是实现民族振兴、赢得国际竞争主动的战略资源”，要“培养造就一大批具有国际水平的战略科技

① 黄峰，姚桓．中国共产党人历史使命的哲学意蕴［J/OL］．光明网，2019－09－02.

人才、科技领军人才、青年科技人才和高水平创新团队”。

人才强国战略也给冷链物流人才培养提出了新的研究课题，冷链物流培养什么样的人才，才能赢得国际竞争主动权，落实国家发展战略，实现其三个阶段的战略目标，显然是需要准确的战略定位。战略定位需要考虑两方面需求：国际竞争与国内发展。培养的人才也要适应这两方面需求，既要落实我国教育现代化要求，又要根据不同时期国际物流业的发展、国家发展的战略需要培养人才。也就是说既要培养国际一流冷链物流人才，也要培养国内一流冷链物流人才。

（三）冷链物流人才培养战略定位思考

1. 冷链物流人才培养战略定位要做前瞻性思考

从发展的角度看，目前，我们要考虑的是2020—2050年我国冷链物流人才培养如何能够应对国内物流业发展，应对国际物流强国竞争。为此，有必要清楚两个问题：2020—2050年我国要培养怎样的冷链物流人才？2020—2050年国外物流强国在培养什么样的冷链物流人才？这实际上是一场关于人才培养的博弈与较量。从某个角度讲关乎国家的竞争力。如上所言，美国、日本21世纪人才培养定位已明确。面对国内发展、国际竞争，我们培养什么样的人才，显然，这是我们在确定冷链物流人才培养战略定位必须思考的。

2. 冷链物流人才培养战略定位应服从、服务于国家发展战略

2020—2050年培养什么样的冷链物流人才，要考虑国情，服从国家战略对人才培养的要求。透视国家近期对人才培养的有关政策，可见两个词高频率出现：“本科教育”“高层次国际化人才”。

2019年1月全国高教厅处长会议提出全面振兴本科教育。将进一步落实新时代全国高等学校本科教育工作会议精神，六个“一流”全面出击，建设一流本科、做强一流专业、推出一流课程、打造一流师资、实施一流质保、培养一流人才。2019年2月中共中央办公厅、国务院办公厅发布《加快推进教育现代化实施方案（2018—2022年）》提出加快培养高层次国际化人才。同月，中共中央、国务院印发了《中国教育现代化2035》提出培养德智体美劳全面发展的社会主义建设者和接班人。提升一流人才培养与创新能力。分类建设一批世界一流高等学校，建立完善的高等学校分类发展政策体系，引导高等学校科学定位、特色发展。加大应用型、复合型、技术技能型人才培养比重等。显然，《中国教育现代化2035》对我国人才培养做了总体战略规划与部署。

3. 冷链物流人才培养战略定位要考虑国情

现阶段，冷链物流处在快速发展期，冷链物流应用型人才、复合型人才需求甚多。当前我国冷链物流百强企业以民营企业为主，一定程度上反映出当前冷链物流行业市场竞争充分，市场活力强。当前单一业务类型的冷链物流企业数量极少，大部分冷链物流企业涉及3—5项业务，涉及业务类型多元，纷纷向综合冷链物流服务企业转型，这意味着未来冷链物流发展将向供应链方向迈进。未来冷链物流人才需求走向必然是复合型的人才居多。

从图2-7可以看出，当前单一业务类型的冷链物流企业数量极少，大部分冷链物流企业涉及3—5项业务，涉及业务类型多元，从而决定人才需求也必然是复合型居多。

在“冷链仓储、干线运输、零担运输、城市配送、供应链、冷链宅配、冷链园区、其他增值”8项业务中，冷链物流百强企业包含单项业务的情况为：							
包含“冷链仓储”业务	包含“干线运输”业务	包含“零担运输”业务	包含“城市配送”业务	包含“供应链”业务	包含“冷链宅配”业务	包含“冷链园区”业务	包含“其他增值”业务
86家	87家	62家	84家	48家	13家	29家	40家

在“冷链仓储、干线运输、零担运输、城市配送、供应链、冷链宅配、冷链园区、其他增值”8项业务中，冷链物流百强企业涉及多项业务的情况为：							
涉及1项业务	涉及2项业务	涉及3项业务	涉及4项业务	涉及5项业务	涉及6项业务	涉及7项业务	涉及8项业务
4家	7家	19家	24家	20家	10家	11家	5家

图2-7　冷链物流百强企业业务分析①

图2-8说明人员规模集中在头部，百强企业前15名的员工人数达3.8万人，占百强企业员工总人数的52.05%，而百强企业16—100名的员工人数为3.5万人。冷链物流复合型人才中小企业需求量大。

4. 冷链物流人才培养战略定位

鉴于国际、国内冷链物流发展态势，贯彻全国高等学校本科教育工作会议精神，培养一流冷链物流人才是我们要明确的培养战略定位。一流人才含义的理解，应根据不同院校人才培养层次而言，双一流院校培养一流国际化冷链物流人才责无旁贷，本科院校培养国内化冷链物流人才情理之中，职业技术院校培养具有冷链物流专长的一流国际国内技师切实可行。总体来看，2020—2035年要应对国际、国内冷链发展现状，培养创新型、应用型、复合型、技术技能

---

① 2018中国冷链物流百强企业分析报告［R］.［2019-07-08］. http://www.bjfang.com/newscontent-16530.html.

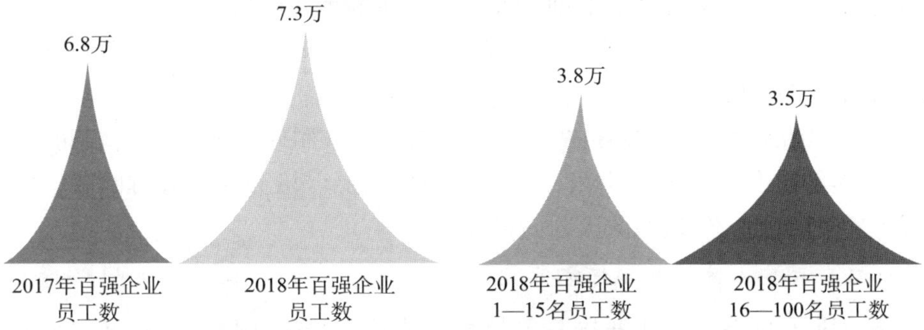

图 2－8　冷链物流百强企业人员规模分析

型人才，尽快填补人才缺口，当然也包括培养一定数量的一流国际化冷链物流人才。美国教育学者马丁·特罗认为，普及化阶段的高等教育与精英阶段和大众化阶段不同，其目的不再是培养政治或者技术精英，而是为了适应快速发展的社会和技术变革，培养多样化人才。

2035—2050 年要加大力度培养创新型冷链物流人才，培养大批具有国际视野、通晓国际规则、能够参与国际事务和国际竞争的国际化人才，这将有利于冷链物流行业发展，有利于有效参与国际竞争。

第四节　冷链物流人才培养目标定位

一、人才培养目标定位观点透视

（一）国外人才培养目标定位

国外对人才培养目标定位问题研究起步较早。战后，发达国家人才培养目标定位值得借鉴。

美国将如何更准确的定位本科人才培养目标，视为世纪发展教育的优先任务。哈佛大学 21 世纪将培养具有国际化眼光的新世纪的专业人才作为本科生教育的目标。①

德国大学的人才培养则将培养“全人”作为人才培养目标的基本定位，

① 哈佛院长谈哈佛大学在 21 世纪培养什么样的人才？[R]. [2004－06－24].

在追求“全人”的基础上，再进一步展开对创新能力的培养。

英国“实用教育”让学生成为创造性的主力探索者，使其学会独立钻研学问，拥有21世纪需要的技能。

日本早在1953年就提出“通过理科教育掌握科学的知识、技能和态度，同时培养创造力”的教育主张，高校特别强调要以培养善于分析问题、解决问题，有自主性、创造性的人才为目标。

（二）国内人才培养目标定位观点

梳理所见文章，关于我国高等教育人才培养目标定位，仁者见仁智者见智。较有影响的是中国高等教育学的奠基人潘懋元先生与东南大学郑家茂和张靓提出的观点，潘懋元先生提出，研究型大学的人才培养目标应以“培养自然科学、社会科学、人文学科的研究人才”为定位。郑家茂和张靓提出，研究型大学本科人才培养模式的首要特点是以造就未来社会精英为坚定目标。辽宁大学马静提出，培养富有时代特点的全面发展的高素质人才。

二、我国教育制度、政策对高等学校人才培养目标定位的表述

培养目标是国家依据教育目的的总要求和不同类型教育的性质任务，对受教育者提出的特定的规格标准。高等教育发展过程中，人才培养目标定位在不同时期有不同的表述内容。

2017年，国务院关于印发《国家教育事业发展“十三五”规划的通知》，提出“培养大批创新人才”。同年9月，中共中央办公厅、国务院办公厅印发《关于深化教育体制机制改革的意见》，提出“着重培养创新型、复合型、应用型人才坚持以就业为导向”“着力培养学生的工匠精神、职业道德、职业技能和就业创业能力”。

2017年10月，党的十九大报告提出“培养德智体美全面发展的社会主义建设者和接班人”。

三、冷链物流人才培养目标定位

冷链物流人才培养目标定位，应从冷链物流人才培养的根本目的出发，结合时代进步与国家发展对冷链物流人才的多样化需求，制定切合经济社会发展实际的目标。

（一）冷链物流人才培养有特殊要求

与传统物流相比，冷链物流在每一个环节上对技术的要求更高，资金投入

也更大。以医药冷链物流为例，医药冷链物流是指为满足人们治疗疾病而进行的冷藏药品运输系统工程。在整个医药冷链的物流过程中，需要确保药品在各个链条环节的冷藏效果。由于冷产品的特殊属性，冷链物流的核心不完全是“冷”，而是“恒温”①，因为不同的物品需要不同的保存温度。冷链物流其物流运作与其他行业物流也有很大的区别。冷链物流具有专业性高、技术性强、投入大、聚焦高端等特点。

（二）冷链物流人才培养目标定位

现阶段，我国冷链物流呈现综合性特点，冷链物流发展需要多方面人才。为此我们可依照21世纪培养人才的标准，将冷链物流人才培养目标定位表述为：培养创新型、应用型、复合型、技能型一流冷链物流人才。同时，分门别类根据物品属性有计划地培养食品、医药、化工等行业冷链物流一流人才。

具体而言，在大类招生、宽口径培养的基础上完善通识教育人才培养模式；在跨学科、跨专业的基础上培养学生复合型思维能力；在校企合作、产教结合的基础上，培养学生实践动手能力。目标：培养从事一线操作工作或冷链物流管理工作的创新型、应用型、复合型、技能型四种类型一流人才。

1. 冷链物流创新型人才

培养创新型冷链物流人才，要树立创新教育观念，对学生实施全面的素质教育，以培养创新人才为教育目标，把启迪学生的创新能力作为素质教育的重要内容。培育学生具备创新精神、创新意识、创新品质、创新能力。引导学生关注冷链物流技术创新与应用。

冷链物流创新型人才培养有利于对新科技的把控。随着冷链物流3.0时代的到来，冷链物流国际发展态势与新科技成果日新月异。冷链物流人员管理，技术理念都将有重大变化。

2. 冷链物流应用型人才

冷链物流应用型人才是指能将专业知识和技能应用于冷链物流及其相关行业的专门的人才类型，主要是从事冷链物流及其相关行业一线工作的技术或专业人才。

冷链物流应用型人才要熟练掌握冷链物流及相关专业基础理论知识和基本技能，具备对冷链物流流程、业务的全面掌握、处理及应用能力。具体而言，

---

① 冷链物流核心到底是什么，关键技术是啥［N］. 制冷快报，2019－08－31. http：//bao. hvacr. cn/201908_ 2083495. html. 2019－8－31.

涉及冷链运输、冷链物品仓储、冷链物流数据信息处理、冷链系统运营进行规划、供应链实施的能力。

冷链物流应用型人才的培养要具有实用性。重视学生实践能力的培养。教学体系的建设要体现“应用性”特点，合理安排课程与实践教学。要针对冷链物流实际操作能力要求，开展校内、校外教学与实践工作。各院校可利用现有资源、实验室、实训场地，也可采用构建校内外协同培养模式，培养冷链物流行业急需人才。

冷链物流应用型人才培养要考虑地方需要。大多数地方院校从其学校性质而言，培养应用型人才，服务与地方社会与经济发展需要是其业务的工作要求，而要实现这一要求，就要根据所在院校所处地理位置（具体到省、市），了解冷链物流应用型人才行业需求，了解地方政府、企业、组织的教育资源、有针对性地开展教学与实践工作，实践中可行的做法有深入冷链物流企业参观、实习、专题培训、现场指导等，使学生对冷链物流知识的理解从感性到理性，进而达到实践的教学目的。

现实中学生应用能力的培养涉及问题很多，认识上的问题、教学安排的问题、实验场所、设备不足的问题等，认识上轻视冷链物流应用能力的培养、注重冷链物流课程教学的情况多见，其原因也是多方面的，也不排除高等教育大众化，一些院校急功趋利，人才培养中省略实践教学环节或减少实践学时。毕竟实验室等可供校内实习的资源、场地等需要一定量的人力配备、资金注入。即使是有相应的实验场所的院校，也大多面对着教学设备不能及时更新、置换，导致利用率不高、实践效果不明显。同时，尽管也有学校在冷链物流企业安排学生实践教学，也有实训周和毕业实习的机会，但由于诸多因素，往往即使学生在企业实习，也无法满足企业的工作需要。由于在校学习期间，教学过程中普遍存在注重冷链物流理论学习，许多院校冷链物流课程的实训课大多利用实验室机房和相关软件完成，教学与社会实践脱离，学生即使深入企业、客观存在着“会说不会做”的现象。导致学生实践动手能力并不强，面对冷链物流企业工作需求，往往表现得无所适从。

加速培养大量冷链物流应用型人才很重要。毕竟冷链物流一线员工需求量大。相关资料显示，冷链物流一线员工职业院校毕业学生居多，占70%。

3. 冷链物流复合型人才

冷链物流行业特点是综合性强，冷链物流企业需求及招聘网行业分析表明，复合型人才更受企业欢迎。一专多能、综合能力突出的人才尤其受到企业欢迎。冷链物流复合型人才要注意在大类招生、宽口径培养的基础上，完善通识教育人才培养模式；在跨学科、跨专业的基础上培养学生复合型思维能力。

冷链物流行业涉及食品、药品、化工等多领域，人才需求的多样化要求培养的人才要具有很强的工作适应性。培养人才一专多能不仅是人才就业的需要，更是我国冷链物流领域发展的需要。以医药物流产业为例，我国医药物流产业以8%的速度增长，预计到2020年，我国医药物流总额将达到3.8万亿元，冷链物流的药品市场规模或可达到1200亿元。[①] 从培养人才角度看，医药冷链物流必须掌握医药知识、物流知识、冷链物流知识、制冷原理、技术、温控、电学知识、电商知识、与冷库相关的化学知识等，医药冷链物流管理人才还要懂得管理原理、大数据、区块链等在医药冷链物流中的应用。以食品冷链业为例，作为专业人才，食品相关专业的知识、制冷技术等知识等都是必须掌握的。从事化工冷链物流的人才要了解化学知识，冷技术处理等常识。

培养冷链物流复合型人才必须夯实基础，系统地传授给他们必备的物流、冷链物流知识，同时拓宽其知识面，教会其掌握与冷链物流相关的理论与实践知识，掌握更多的相关专业知识，学会运用专业知识解决工作中的问题。既具备实际操作与管理技能，也了解冷链物流除了对温度有要求，对时间也是有要求的。

4. 冷链物流技能型人才

培养冷链物流技能型人才要以市场为导向，确保培养的人才能解决行业实际问题，具有较强社会适应能力和竞争能力、实践能力。具体而言，在校企合作、产教结合的基础上，培养学生的实践动手能力。

培养冷链物流技能型人才，主要是培养一线技工。德国培养的技能型人才占到大中专院校毕业生的70%，而我国当时是30%多。[②] 经济社会发展需要大量的应用型人才，1个科学家要10个工程师，1个工程师需要10个技师，就是技能型的人才。我们既要有科学家，还要有大国工匠，所以看问题要全面[③]。

---

① 2018年医药冷链物流市场发展概况与市场趋势分析 第三方物流介入是解决行业痛点所在［R］.［2019－02－10］. https://www.qianzhan.com/analyst/detail/220/190201－75512464.html.

② 全国政协委员、内蒙古自治区副主席李秉荣［R］.［2019－03－09］. http://www.sohu.com/a/300087898_362042.

③ 潘懋元，蔡宗模，朱乐平，等. 中国高等教育改革发展70周年：回顾与前瞻——潘懋元先生专访《重庆高教研究》［J］. 重庆高教研究，2019（1）：7.

我国高等教育将进入普及化，学历教育在校生总人数2.76亿人，冷链物流市场细化也衍生多样化的需求。同时，冷链物流行业也是服务业，服务的多样化需要多样化的技能型人才。

四、冷链物流人才培养规格与要求

在基础知识方面，对商品的基本属性、物流包装、仓储、配送、运输、流通加工等物流管理方面的知识进行全面的了解；对冷链物流涉及的耐低温的特殊包装材料、装载前预冷等特殊的装卸条件、温度控制系统、制冷技术等冷链系统专业知识进行全面的掌握。

在能力方面，要有很强的适应冷链物流环境的工作能力、与人沟通的能力、处理应急事项的能力、自主学习能力、创新能力、大数据分析、信息化管理等多方面能力。

五、冷链物流人才职业能力

冷链物流的特点是“物流+冷+链”，冷链物流人才的职业能力要求较高。普通物流管理主要是针对常温普通货物的管理，而冷链物流不仅要求掌握基本的物流管理技术，还要熟悉冷链技术。随着冷链行业的快速发展，一方面企业急需复合型专业人才，需要员工掌握多方面的综合能力，提升自我的核心竞争力；另一方面技术性一线员工缺口较大，需要更多持有相应资格证书的从业人员，从事一些安全性高、操作性强的工作。

关于冷链物流人才职业能力要求，中国物流联合会冷链委员会在2017年发布了《冷链物流从业人员能力要求》，对冷链物流人才职业能力做了说明，可参阅。

第五节　冷链物流人才培养战略规划思考

一、冷链物流人才培养战略规划问题提出

（一）冷链物流人才的培养是从整体上提升我国国际竞争力需要通盘考虑的问题

当前我国冷链物流风生水起，群雄逐鹿，冷链物流企业冲刺国际冷链市场，急需冷链物流人才适应快速发展的国际冷链物流行业变化，需要统筹规划

储备冷链物流人才梯队。

（二）食品药品等冷链物流领域安全关系国家安全及民生，已引起各界关注和重视

2018 年，我国农产品进出口额达 2168. 1 亿美元，同比增长 7. 7%。其中，出口 797. 1 亿美元，增长 5. 5%；进口 1371. 0 亿美元，增长 8. 9%；贸易逆差 573. 8 亿美元，增长 14. 0%。①

2018 年，中国成为全球第二大医药市场。预计 2020 年全球药品用量将达到 4. 5 万亿剂，② 生物制药技术的发展也将成为推动医药冷链物流市场持续扩大的强大动力。由此引起的食品冷链物流、药品冷链物流人才需求量将会成倍数增长。如果没有冷链物流人才培养战略规划的制定，也可能在冷链物流人才培养上出现冷链物流专业“火”，或“冷”的不协调状况，也可能导致高校培养过程中的盲从现象发生。

（三）国外冷链企业进入国内市场形成强势竞争

我国对外开放，将会有更多国外冷链企业进入国内市场形成强势竞争。应对强势竞争，储备人才是必要的。根据我国国情制定冷链物流人才培养战略规划，全面合理布局冷链物流人才培养实施方案，实现全国一盘棋。业内人士认为，规划是用好政策“推进器”的一大关键，可避免一哄而上。③ 冷链物流这个行业并不是只缺数据，人才引入以及上下游的协作也是关键布局之一。④

那么，现在冷链物流企业人才资源、冷链物流基础设施资源在我国不同企业、不同地区的分布情况如何？《2018 中国冷链物流百强企业分析报告》的结论是：冷链物流企业中小企业占比例大。冷链物流行业特点是散、小、杂。2018 年，冷链物流企业前 5 名的营收达到 139. 64 亿元，占百强总营收的 35%；冷链物流企业前 10 名的营收达到 214. 81 亿元，占百强总营收的 54%，头部集聚效应明显；冷链物流企业后 50 名的营收只占百强总营收的 12%，意

---

① 农业农村部国际合作司 . 2018 年我国农产品进出口情况 ［R/OL］ . ［2019 - 02 - 01］. https：//www. 360kuai. com/pc/953ae86a3cad3cc8a？ cota = 4&tj_ url = so_ rec&sign = 360_ 57c3bbd1&refer_ scene = so_ 1.

② 2018 年中国医药行业市场规模：中国成为全球第二大医药市场 ［R］ . ［2018 - 09 - 21］. http：//market. chinabaogao. com/yiyao/09213D1942018. html.

③ 徐海涛，王贤，蒋成 . 湖北、贵州、广西农村冷链物流建设调查 ［R］ . ［2019 - 09 - 20］ . 新华网 http：//news. cctv. com/2019/09/20/ARTIiZiXVyWNKcbUjiqRtDZq190920. shtml.

④ 中国冷链物流为什么做不起来？［N］ . 制冷快报，2018 - 12 - 12. http：//bao. hvacr. cn/201812_ 2079654. html.

味着中小企业占据多数（见图 2－9）。①

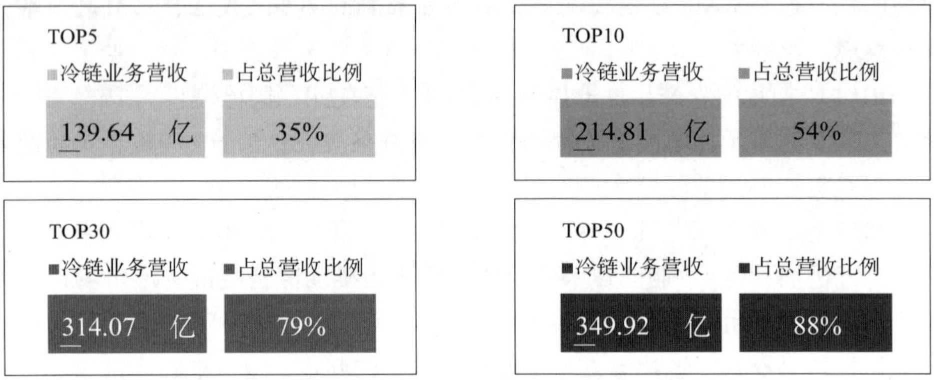

图 2－9　冷链物流百强企业 TOP 分析

此外，冷链仓储设施分布极为不均衡。从我国冷库容量区域结构情况来看，全国冷链仓储设施分布极为不均衡。华东、华中、华北及华南冷库容量占比合计高达 75.04%②

其中，华东占据全国冷库容量达 37.2%，而西北、西南、东北地区占比均不足 10%。相比之下，在一些冷链物流物品源头产地，冷库容量相对较小。总体来讲，我国冷库容量远远低于发达国家 0.5 的水平。

上述数字也说明冷库容量集中地区恰恰是我国经济发达及较发达地区，也是冷链物流人才集结较多地区。而西北、西南、东北地区则是冷链物流人才集结较少地区。事实上，正是这些地区更缺少冷链物流人才及冷链物流设施。所以，要科学制定冷链物流人才战略规划，全面合理布局落实冷链物流人才培养战略及实施方案。从战略层面通盘考虑，实现全国一盘棋，在人才培养上集举国之力，为各地培养冷链物流人才，实现东、西、南、北、中冷链物流一体化发展，无疑有利于冷链物流企业在国内、国际发展。

二、冷链物流人才培养战略规划表述

（一）冷链物流人才培养战略规划

冷链物流人才培养战略规划是在科学分析经济建设和社会发展大局、准确

---

① 2018 中国冷链物流百强企业分析报告 冷链物流百强企业 TOP 分析［R］.［2019－07－03］. http：//www. sohu. com/a/324737481_ 608787.

② 中物联冷链委 . 2012—2018 年全国冷库总容量统计［R］.

把握时代发展潮流的基础上，结合冷链物流人才培养的实际情况，对关系冷链物流人才培养的重大问题做出系统的长远的策划。集中体现冷链物流人才培养的战略目标、战略思想、战略举措等重要内容。

（二）冷链物流人才培养战略规划表述

关于我国冷链物流人才培养战略规划，目前宏观上并未完全形成正式的书面文件。我国物流业发展有关规划体现更多的是物流人才培养内容。例如：2009 年 3 月国务院印发《物流业调整和振兴规划》，其中指出“要采取多种形式，加快物流人才的培养”。

梳理近年我国关于冷链物流政策的有关文件，不难看出，随着冷链物流行业的发展，我国冷链物流人才培养战略规划呈现出越来越清晰的线条。现阶段，我国关于冷链物流人才培养的战略规划，虽然仍未见到官方文件，但现行冷链物流政策中对冷链物流人才培养则多有内容表述。

2010 年，国家发展和改革委员会颁布的《农产品冷链物流发展规划》对农产品冷链物流行业的人才培养问题也提出了要求：引导和推动高等学校设置冷链物流相关学科专业，开设相关课程，发展农产品冷链物流职业教育。企业及有关高校结合国内外实践开展冷链物流职业技术培训和继续教育，形成多层次的人才教育、培训体系。

2017—2018 年，国务院办公厅、国务院安全委员会、工信部、公安部等 20 余个国部委出台了 15 部涉及冷链物流产业的政策、规划，将冷链物流产业作为保障食品和民生安全的重要手段。2017 年 04 月 13 日，国务院办公厅《关于加快发展冷链物流保障食品安全促进消费升级的意见》指出“加强冷链物流人才培养，支持高等学校设置冷链物流相关专业和课程，发展职业教育和继续教育，形成多层次的教育、培训体系。”并且特别强调教育部负责。交通运输部《关于加快发展冷链物流保障食品安全促进消费升级的实施意见 》也指出“注重冷链物流人才培养。鼓励高校、科研机构与国内外著名企业联合建立冷链物流综合培训和试验基地等内容”。

2019 年 5 月，中共中央 国务院《关于深化改革加强食品安全工作的意见》强调大力发展冷链物流，提出，到 2035 年，基本实现食品安全领域国家治理体系和治理能力现代化，食品安全标准水平进入世界前列。

以上政策释放了冷链物流行业发展人才需求的信号，也对我国冷链物流人才培养战略规划的制定提供了指导性意见。

三、冷链物流人才培养战略规划思考

战略规划，就是制订组织的长期目标并将其付诸实施。人才培养战略规划是对较长一段时间内人才培养规格、品种、质量、数量等方面的设计和安排。从发达国家的经验来看，人才的培养与国家总体规划密切相关，是政府工作的重要组成部分。

（一）冷链物流人才培养战略规划实质

冷链物流人才培养战略规划的制订、部署，实质上也是冷链物流人才培养教育的任务落实问题。战略规划就是在目标确定了以后，考虑使用什么手段、什么措施、什么方法来达到这个目标。冷链物流人才培养战略规划通过高等院校人才的培养管理规划，通过教育达到实现冷链物流人才培养的目标。目前，我国高等教育冷链物流人才培养战略规划，如上所言并未见成文，因此，在冷链物流人才培养上，还不能完全形成全国一盘棋局面。

当前，冷链物流人才培养实际上主要是三条路径：高等院校培养、企业培养、中物联冷链委冷链物流人才培训。

尽管如此，也必须看到，实际上无论是高校，还是我国冷链企业及有关协会在冷链人才培养上都未形成协同人才培养的规划。

现实情况是在冷链物流人才培养上，国内各培养院校、各企业基本上是各自独立操作。政府、企业、高校、协会四者协同培养人才实例并不多见，校企合作成功的范例也不多。国内知名企业京东倒是抢先一步。京东物流重视企业与高校合作，与北京科技大学等高校达成战略合作，为企业高校协同开展校企合作工作，培养冷链物流人才提供了一定的范式。现在只有为数很少的冷链物流龙头企业能做到这一点。

从高校来看，培养冷链物流人才的高校大多集中在国内北京、上海、广州、深圳等大城市，培养的冷链物流人才数量、质量都难达到需求。而且毕业生流向也主要集中在这几大地域，不尽如人意。尽管偏远省份有需求，特别是农业大省、果品大省却很难吸引冷链物流人人才。另据一些企业反映，招聘的人才也往往由于面对发展前景、薪酬等原因而另谋高就。

从国内冷链企业人才培养角度看，有效的人才培养机制还没有完全建立，只有少数大型冷链企业有能力做人才培训方面工作，顺丰冷运等冷链行业龙头企业基本上是各自组建人才团队。这些企业一般是通过对员工进行培训的方式进行培养，培训内容规不规范，符合标准与否，不得而知，不仅提高了成本，而且需要长时间实践才能上岗。许多中小企业重视冷链物流人才培养工作，但无力应对冷链人才需求，更建立不起自己的人才梯队。冷链物流行业随着更多竞争者的进入，不管是一线的驾驶员和操作工，中层的运营管理人员，还是高级管理者，都会越来越难以招聘，[①] 特别是中小企业，招人更难、留人也更难是很现实的问题。

从协会工作看，近年来中物联冷链委开展的“冷链物流校园行公益活动”已陆续走进成都工业职业技术学院等院校。据 2018 年统计数据，该活动累计走进 43 所院校，惠及师生 9000 余人，先后在北京、上海、成都、郑州等地给予政府和企业、单位的管理人员指导。但是也要看到，中物联冷链委培养人数有限，且大多数情况是培训国内冷链物流企业的精英，也很难惠及到大多数企业基层人员层面。

冷链物流人才培养实质上涉及多个主体，如政府、高校、企业、协会、行会等。政府对于人才培养的职能，赋予了人才培养政策的制定等使命，高校与企业在冷链物流人才的培养过程中，同样承担着人才培养的重责，由于社会分工不同，各有侧重。而且涉及的也不仅仅是人才培养，还涉及人才引进、人才使用等问题，也涉及政策的制定与贯彻执行。而这一切，都要在战略规划中做出部署安排。

（二）冷链物流人才培养战略规划布局思考

冷链物流人才培养是一项系统工程，政府主导至关重要，政府主导主要体现在两个层面：出台政策与宏观把控。政府要出台政策，要引导高校、企业、协会协同培养冷链物流人才，形成协同培养布局。以下四个方面布局是需要考虑的。

1. 高校布局

虽然我国高校有许多，但问题是恰恰在一些急需冷链技术人才的地区却没有对口培养的院校。特别是一些偏远地区，如黑龙江。食品冷链物流人才缺少是不争的事实，由于多种原因，往往培养人才难，留住人才更难。其他偏远省份也存在同样问题。全国冷链物流行业地域分布差别明显，冷链物流人才的流向多集中在发达及沿海地区。政府要适时出台相关政策，确保为冷链物流人才的培养建立一个好的管理体系，例如对口农业院校、科研机构、研究基地的设置，对边远地区所需的冷链物流人才给予特殊政策，在管理教育过程中要有效

---

① 崔忠付.2018 冷链物流怎么发展？先来看看行业专家怎么看［R/OL］.［2018－04－13］. https：//baijiahao. baidu. com/s？ id＝1597624187203698249.

调动资源、提高教育的发展效率、平衡教育中的差距。

2. 专业部署布局

冷链物流已经从最初的1.0时代进入到3.0时代。[①] 冷链仓储、冷链车辆等现代化设备以及温度调节系统、人工智能、大数据补货和云计算等数字化技术，是冷链物流企业今后所需要的，而相关专业的设置仍是冷链物流培养的短板。培养掌握运用先进技术的人才更需要合理的冷链物流专业布局，而培养冷链物流3.0时代人才更是当务之急。国家有关部门对此要深入了解，及时做好相关学科专业设置。

3. 师资梯队布局

冷链物流人才师资培养未形成制度化、常态化。冷链物流师资队伍的建设需要国家层面布局，目前冷链物流师资培训的工作实际上还未真正起步，纳入国家计划，更谈不上国外进修与培养。国家教育部门应做好规划，有组织、有计划地加强冷链物流师资梯队的建设工作。要出台政策、提供资源，为教师国内外学习、业务能力提升等创造条件。

4. 企业院校联合培养布局

政府要搭好桥梁，促进企业、院校合作，建立良好的企业院校联合培养机制。

（三）冷链物流人才培养战略规划落实

1. 冷链物流人才培养“德”为先

冷链物流人才培养要立德树人，冷链物流行业涉及食品冷链、医药冷链、化工冷链等领域。哪个领域，哪个环节出问题，都将引发大问题。必须把立德树人放在更加突出的位置，紧紧扭住这一中心环节，实现全员育人、全过程育人、全方位育人，围绕冷链物流人才培养目标开展思想道德教育。围绕培养目标设计学科体系、教学体系、教材体系、管理体系。

培养什么人才，历来是教育的首要问题。山东疫苗案、高铁盒饭霉变、非洲猪瘟疫横行等安全事故频发，引发对人才培养的思考 。为此，贯彻落实国家教育指导方针，培养德智体美劳全面发展的社会主义建设者和接班人[②]、培养为中国特色社会主义奋斗终生的有用人才，是教育工作的根本任务，也是教育现代化的方向目标。增强综合素质，教育引导学生培养综合能力，培养创新

---

① 秦玉鸣在2018（第十二届）中国冷链产业年会的演讲：冷链物流进入3.0时代［R］．［2018－12－07］．

② 2018年9月10日 习近平在全国教育大会上讲话。

思维，是时代的要求，也是冷链物流人才培养的指导方针。

2. 清晰掌握冷链物流人才培养未来趋势

从冷链物流业发展态势来看，未来十年冷链物流业态势走向等均会发生重大变化。

（1）“互联网+”形态下的物流方式将会迎来重大变革，未来互联网时代的物流必然是建立在数据和技术之上的，冷链物流和智慧物流代表了物流行业的技术发展。

（2）消费升级和市场细分将导致电子商务物流、数字物流、智能物流、平台物流、协同物流、共享物流、末端物流、快递、配送等快速发展，数据驱动将成为物流发展的新模式。

（3）精益物流、绿色物流、普惠物流，以“一带一路”物流为突破口的全球物流与供应链服务体系建设都将提上议事日程。

（4）智能化、数字化、供应链、技术引领企业智能化或是创新运营模式。

（5）“互联网+”和电商、智慧物流，使智能化成为冷链物流发展的战略方向。冷链物流行业国际化、供应链一体化、精细化等将成为冷链物流行业未来的发展方向。

中商产业研究院数据显示，2020年我国冷链物流市场规模将达到4700亿元，年复合增长率将超过20%。[①] 据艾瑞咨询、中投顾问等第三方机构预测，我国跨境电商交易规模预计2020年有望达到12万亿元，[②] 冷链物流市场在跨境电商的利好之下，也会逐渐向国外市场进军。

冷链物流业态势新变化将使传统的人才培养模式、学科建设、专业、课程设置等面对新问题，也必然对冷链物流人才培养提出新的知识理念的要求，对冷链物流人才的培养也将提出新要求。

冷链物流人才培养必须把握教育规律，面向国际、面向未来，熟知全国不同地区对不同冷链人才的需求，清晰掌握未来冷链物流行业发展趋势，对未来冷链物流人才培养的数量做出正确的预测，对人才培养的未来专业需求做深入的调研。为应对国际、国内变化培养冷链物流人才，制订缜密可行的人才培养战略规划。

---

① 2019亚洲冷链展——“冷美人”冷链物流的渡寒记［R/OL］.［2019-05-17］. https://baijiahao.baidu.com/s?id=1633757994139347423.

② 跨境电商再迎政策利好 2020年规模有望达12万亿［N］. 经济参考报，2017-11-27. http://www.chinanews.com/cj/2017/11-27/8386016.shtml.

3. 了解冷链物流国际落差背后的人才需求

如上文所言，我国冷链物流依然存在着冷链设施不够完善、规范不统一、冷链断链等痛点。例如，设施相对陈旧、配送成本较高、人才储备不足，尤其是在软件层面很多农业公司和食品工厂的内部 IT 体系比较落后。

我国冷链物流产业还处于发展期，在冷链应用率和人均冷库容量上远远低于发达国家①。据统计，美国的果蔬、肉类、水产品等产品的冷链运输率高达 90% 以上。与运输业相关的产品和服务约占美经济总量的 3%，吸纳了 1/8 的就业。我国综合冷链应用率仅为 19%（见图 2－10），产品损腐率较高，仅水果、蔬菜等农产品在采摘、运输、储存等物流环节上损失率就达 25%—30%，每年约有 1.3 亿吨的蔬菜和 1200 万吨的果品在运输中损失，腐烂损耗的果蔬可满足近 2 亿人的基本营养需求。② 我国商品冷链流通率仅为 20%，冷链运输率为 30%，且达到全程冷链的不足 1%，而发达国家的冷链流通率达 90% 以上③。我国医药物流成本占销售总成本的 12%，是美国的 4 倍。相比于日本，中国的冷藏设施在数量、人均数量等方面都存在明显差距。④ 冷链物流相关数据的国际落差背后隐藏着巨大的人才需求。

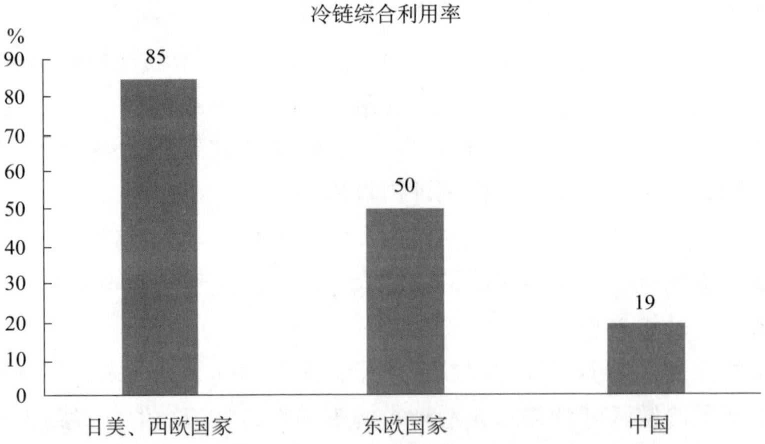

图 2－10　中国与主要发达国家冷链物流状况对比

资料来源：前瞻产业研究院整理。

① 2018 年冷链物流产业市场现状与发展趋势分析冷链物流产业的价值和地位愈发凸显［R］.［2019－02－15］. 前瞻网.

② 资料来源：前瞻研究院。

③ 2019 年中国医药冷链物流行业市场分析［EB/OL］. 前瞻产业研究院.

④ 杨梦帆. 第一届中日冷链物流发展国际论坛在京召开［EB/OL］.［2019－07－22］. http://www.farmer.com.cn/.

4. 落实人才培养的高标准高要求

冷链物流的快速发展必然对冷链物流人才培养提出新的更高要求。不仅要求冷链物流人才掌握娴熟的冷链物流技术，还要求其掌握制冷技术以及相应的制冷系统与设备，了解食品医药安全相关的知识以及国家的法规，了解冷链物流中运输物品的性能，了解易腐货物的温控，了解冷链物流的规划、功能布局、流程设计，冷链物流信息数据处理、冷链物流管理等新知识新理论。总体来讲，未来人才需求即有质的标准也有量的要求。

5. 坚持科研活动与教学紧密结合

冷链物流是实践性较强的工作，提倡以教学实训为落点的培养方式，教学中无论是教师还是接受教育者，都要了解国际、国内最新理论研究成果、冷链标准，开展科学研究工作，并将其转化为知识技能，应用于全程冷链之中，在冷链设备的优化设计、智能储存运输安全、品质分析的管理、信息追溯与评估等方面发挥作用。

6. 充分发挥政府高校企业协会作用

冷链物流人才培养战略规划从制定到真正落实是一项系统工程，即要有战略规划，也要有落地举措，还要有政府、高校、企业、行会协会协同。

政府要根据国际、国内冷链物流发展趋势引领冷链物流人才培养走向，加大国家层面的支持力度，尽快出台冷链物流人才培养近、中、远期规划，协同高校、企业、行会、协会形成教育协同机制，对于冷链物流市场，政府要制定、规范冷链物流服务标准，并且严格监督实施。政府要为高校、企业提供人力、物力、财力等资源，一方面扶持企业、高校发展；另一方面借高校企业之力，为地方经济社会发展培育冷链物流人才。

高校要凸显冷链物流人才培养特色，发挥自身优势，根据国情、省情有针对性地培养冷链物流人才。

企业要加大冷链物流人才培养和培训力度，重视人才、使用人才、留住人才。由于每个企业都有着自身不同的企业文化背景，经营方式也各有不同，对于如何培养冷链专业性人才问题，各个企业也有自己的需求，企业要通过校企合作、企业内训、管培生、走出去培训等方式，加强对企业人才的储备和培养，将人才培养与人才使用结合，同时要考虑用好人。采用一定的方法留住人。企业在这方面要早做规划和投入。

此外，行业协会要发挥桥梁作用。要真正深入冷链物流企业、沉下去、接地气，为政府、高校、企业协同培养冷链物流人才献良策。

要做到这一切，科学地制定冷链物流人才培养战略规划，政府、企业、高校、行会、协会协同育人是必做工作。政府要重视协同育人工作，可借鉴发达国家的成功经验；也可建立相应的组织机构实现对口管理，通过政府、企业、高校、协会联席会议的方式达到资源共享、信息互通、协同育人的目的；也可由有关部门组织调动冷链物流专家在全国建立研究培训基地，深入企业开展人才培养工作；也可由政府出台政策，鼓励高校毕业生到基层、到冷链物流人才缺少的地方工作。

总之，只有找准战略定位，明确培养目标、做好人才培养规划并且落实，才能不断地为冷链物流业发展输送人才，提高冷链物流业从业人员业务素质，才能快速培养出冷链物流产业发展需要人才，实现冷链物流行业工作更高效化。

第三章 冷链物流人才培养的教育基点

第一节　冷链物流人才培养的基本定位

一、价值取向：突出社会性与行业性

冷链物流专业的设置、培训目标的定位和服务应与地方和行业的能力以及高校的活力密切相关。可以说，应用型本科院校的定位是极其重要的。没有社会和地方政府，冷链物流的优势难以发挥，因此专业设置应有针对性，准确了解行业的发展前景和就业趋势，并根据社会经济发展及时进行调整。要充分利用当地和社会的教学资源，加强与工业企业的合作，创造企业培养人才，为学校提供教学条件的双赢局面。在教学过程中，大学教育的价值不可忽视。它是为了适应社会和行业的需求，教学内容应反映专业的应用。无论如何，大学教育紧密地依赖于社会和地方，专业设置和人才培训应密切关注社会需求和产业的发展。如果学校的定位不正确，与社会和产业分开，大学教育就没有生命力。

二、课程设置：突出实践性和专业性

冷链物流教育中的实践性课程比例应该更高。理论课中，理论知识的研究具有很强的专业针对性，内容还应突出知识的适用性、前瞻性和可持续性，与专业实践紧密联系，能够为专业实践服务。专业课程的内容更加简洁。学生不应盲目追求知识的广度和深度。

三、培养环节：产、学、研结合

冷链物流教育的培训过程主要采用产学研结合的方式，这也是应用型本科人才培养的突出特点。产学研的培养模式应以“研究”为切入点，专业教师应领导与企业的合作，完成科研活动，主动与企业研发部门交流学习技术问题，协助企业完成项目研究，了解最前沿的工业科学技术趋势。同时，学校应咨询企业，为每位学生安排一名行业专家或技术人员作为导师，以指导学生的实习，并负责安排和实施学生的实习计划。其次，课堂教学的内容应不断加强实践性，在理论教学中培养学生的实践和操作能力，实验教学课程的重点是培养学生的实践能力。此外，理论课程中学习到的知识得到应用和巩固，理论知识与实践能力紧密结合。集产学研为一体的人才培养模式，不仅可以体现在教育教学过程中，而且可以深入到课程设置、专业建设等方面，将人才培养与就业联系起来，帮助学生提前熟悉工作环境，计划他们的职业并更好地适应他们的工作。同时，高校还应大力建设和发展校园内外的实践训练基地，使学生有足够的时间和机会进行实践训练，提高实践操作能力。实践训练以专业场景再现为主要途径，使学生能够模拟学校的工作流程，教师可以引导和评价工作流程，从而帮助学生发现问题、解决问题，这是真正值得改进的。可以根据专业特点建立校外培训基地。

四、人才评估：多学科参与和多元化评估

冷链物流教育是对技术人员的培训。人才评估不仅应基于知识水平，而且应与能力发展评估相结合，这不仅是基于结果的评估，还应关注学生的思维和能力发展过程。评价标准应当灵活，并与时俱进，以满足社会的需求。这表明教育评价的内容是多种多样的。评估对象不仅限于专业教师，还应建立多学科参与的评估机制，由实习教师和学校教师领导的行业专家监督评估体系，以及学生的自我评估机制，成为一种全面、公正的评估方法。充分考虑个体差异，在教学过程中尊重学生的个体差异。从教学目的角度出发，教师不仅要教学生学习知识，还要关心学生能力的发展。此外，我们还应注意学生认知水平的发展，以学生认知形成的过程为教学的核心。教师重视教学过程，更加注重学生的知识结构和各种能力的建设，帮助学生形成自我认知框架。必须树立以人为本的教学质量观。这种教学质量观以学生的全面发展为主要目的。教育教学的价值取向更加注重人文学科。教学过程不再仅仅是教师的教学和学生的学习，

而是更加关注师生之间的互动以及师生的情感体验。强调学生是学习的主体，是课堂的主要参与者，并强调学生和老师的平等地位。以人为本的教学质量观采用比较客观的评价方法，以过程评价和教师评价为主要评价形式，对学生进行综合评价，但往往没有统一的评价标准和评价量表。

大学教育主要面向社会和地方。培养应用型技术人才，促进区域经济发展，满足社会对人才的需求，是应用型本科教育的目标。但是，无论如何，教育质量的观念不能脱离“以人为本”的标准，只有在尊重学生的基础上，才可以谈学生知识和能力的培养。此外，顺应社会和经济的发展是教学质量观的主要内容。因此，提高学生的知识水平和技术能力是衡量教学质量的重要指标。通识教育和专业教育的统一，理论学习和实践培训以及自由成长和社会需求是教学质量概念的内在要求。教学过程中要突出学生水平，着力培养学生的技术思维能力，创新水平和实际操作能力，提高学生的综合素质。课程设置应平衡理论课程和实践课程的比例，尤其要突出实践课程的重要地位。重点应放在学校的实验教学和校外实践中。专业设置应加强校内实验室建设，与工业企业合作发展，建设校外实习基地，实现校外实习相结合，共同培养和增强学生的实践能力、操作能力。教学内容也要根据职位需求设计，突出教学与工作之间的联系。高等院校的办学定位要有发展性，再加上课外、校内和校外，全面培养学生实践操作能力，突出应用型本科教育的实用性。

五、冷链物流人才培养的教学质量标准与课程建设

（一）培训目标和培训规范

国家标准中培训目标的一般要求强调培养学生的文化素养，掌握专业理论和方法以及培训冷链物流专业人员。在制订应用物流管理专业的教学质量标准时，应突出应用型大学生人才培养的特点，以满足应用型大学生职业发展的需要。按照应用型专业的定位，在培训目标的要求中应指出，该专业要培养具有较强实际操作能力的高级技术人才。其次，国家标准强调结合高校的定位，专业特点和学科优势来制订教学质量标准，应用型本科教学质量标准强调应用型本科教育的特点，突出社会和实践的培养目标，对于领导力培训的目标应征求社会、用人单位、企业界专家的意见和建议，并定期进行评估和修订。

国家标准规定了从知识的三个方面培养，包括质量要求、需求和能力的规范，在质量和知识要求方面应用了本科专业标准，基本符合国家标准；在能力

要求方面，专业标准应更加突出，要体现知识与能力的结合，理论与专业的结合。

此外，专业教师普遍报告说，学生缺乏创新思维能力，尤其是缺乏将创新思维应用于物流领域以及开发和设计物流管理系统的能力。因此，与国家标准相比，应用型本科专业的教学质量标准应更加注重培养学生的创新思维。

（二）课程体系

应用型物流管理课程设置中最大的问题在于实践课程的不足，不能满足学生学习知识和发展能力的需要。它不符合应用型本科教育的特点和培训目标的取向。为了突出应用型本科生的人才培养特点，课程体系中专业水平与国家标准的最大区别在于改变了两个数字：一是将实践教学课程的学分比例提高到超过 30%；二是通识教育科目学分占 30% 以下。应用型本科教育的实用性一直是整个专业水平的关键。增加实践课程的持续时间是突出实用性的最直观和有效的方法。实践课程的增加不仅是实验教学课程的增加，更是专业实践和社会活动的增加。

（三）应遵循的原则

1. 参与主体多元化

师生是教学活动的主体，教学质量标准的制定应紧紧围绕教学活动的过程，师生必须参与制定过程。学校应鼓励和支持专业骨干教师参与发展过程，并明确其职责。专业的骨干教师还应勇于承担自己的责任，并积极发挥主要作用。作为教学活动的重要参与者，学生可以直接反映教学质量的现状，并帮助找到问题的根本原因。因此，应调查学生对教学质量的反馈，并将其反映在教学质量标准中。制定教学质量标准是一项系统工程，学校可以吸收各种专业人才参与开发，并在专家和行业精英的指导下进行研究，以确保开发的标准化和科学性。但是，专家学者在整个工作中只发挥专业指导和科学示范的作用，不能代替整个开发工作。另外，父母和企业等团体也是不可忽视的力量。学校可以通过座谈会、访谈等方式创造条件，邀请他们参加发展讨论，并提出相关意见和建议。总之，在建立和修订教学质量标准的过程中，学校应当高度重视教学质量标准的建立，并鼓励更多的人参与教学质量标准的制定。

2. 标准体系全面化

建立教学质量标准需要强调整体观念，规范和要求从整体上影响教学质量的要素和环节。根据国家标准，可以从培训目标、培训计划、培训规范、课程设置、教学过程、师资队伍、教学条件、教学评估和教学保障体系等几个方面来构建专业教学质量标准，使人才培养工作的每个环节都有遵循的标准。

（四）优化教学条件，加强课程建设

要改善教学条件，首先要增加教学经费的投入，这也是教学质量保证的核心。无论是改善教学设施，建立专业实验室或校外实践基地，还是引进优秀的专业教师来优化师资队伍，教学资金的投入都是必不可少的。根据本科教学质量检查中应用物流管理的现状，不难发现，外部专业实验室和实践基地的建设尤为缺乏资金，对于大多数应用本科院校来说，必须在实验室建立足够的冷链物流管理，建立实验室管理模式和规章制度，完善实验室设备，定期维护和利用护理实验室，避免浪费资源，同时解决教学需求。此外，有必要进一步加大对科研经费的投入，如建立科研经费管理和分配的特殊机制，设立科研经费或授予科研成果等，以激发教师的积极性。科学研究方面，确保高水平的科研质量。教学资金的投入还包括对困难学生的生活和实习基金的补贴。有家庭困难的学生的实习补贴应高于学生的平均补贴价值。扩大实习补贴的范围，确保每个学生都能有效参加专业实习活动，以满足人才发展目标的要求。

在课程设置上缺乏实践性是应用物流管理本科生培养中最突出的问题。精英教育的培养模式已经根深蒂固。摆脱精英教育的阴影，形成独特的面向应用的人才培养模式，还有很长的路要走。尽管不断强调应用型和研究型本科教育之间的区别，但很难迈出全面创新的第一步。在实验教学、社会实践和专业实践中，所需的技术操作能力逐渐形成。在课程设置中必须强调实践教学的重要性。除了增加实践教学的安排，相应减少理论课时数和学分外，还需要调整理论教学的内容，注意知识的应用，具有前瞻性和可持续性，理论知识才能为实践服务操作。此外，学院还应加强与冷链物流相关的高质量课程的建设，并将高质量课程的教学内容和教学视频实例上传到互联网，供师生交流和学习。

（五）落实教学评价反馈机制

应用物流管理本科专业的人才评价应包括校内和校外两个方面。除评估学业成绩外，在校评估还应包括对学生的思维能力、创新能力、课堂参与度和课外活动参与度的评估。外部评价的内容包括学生的实习过程评价和实习结果评价，主要侧重于对学生的操作能力和专业知识技能的评价。实习单元的评估结果由具有教学背景或培训基础的教师提供，形成了一种多学科的考试方法。评价标准应与时俱进，灵活多变，以适应社会对人才的需求为主要价值取向。相关高校应完善人才评价体系，制订人才评价的管理方法和规章制度，加强质量监测，随时掌握教学质量反馈信息。

第二节　冷链物流实践教学的操作体系构成

2015 年 10 月 28 日，教育部发布了《关于设立高等职业（专科）专业的管理办法》和《高等职业（专科）专业的目录》（2015 年）。建议增加冷链物流技术和物流管理专业，并设立医疗物流、冷鲜物流等专业方向，主要培训冷链物流管理（工业）工程师和仓库人员。本科专业是物流工程，重点是工程科学和工程。

根据 GB / T 28577—2012 中冷链物流的分类和基本要求，冷链物流以制冷技术为基础，是保证冷链货物质量、减少冷链产品在运输过程中损失的一种手段。对于冷链物流的实践教学，需要强调材料（易腐产品）、过程、设备技术、管理方法等四个要素。

一、以冷链物流流程为主线

冷链物流过程是指冷链货物从生产、流通、销售到消费的相互作用。因此，生产、流通、销售和消费是冷链商品的主要环节。对于易腐食品冷链物流实验培训项目的设计，主要考虑冷链项目各环节的运作与管理，冷链物流流程的设计。

（一）收获（屠宰、捕鱼）

收获是易腐农产品进入市场的第一环节。对易腐产品采收时间的合理判断，决定了市场上易逝品的质量。为了确保农产品在收获过程中的质量，我们必须掌握取样和保存技术，确定水果和蔬菜的成熟度，测量呼吸强度，测试肉的新鲜度，并检测总数。

（二）预冷

在进入冷库和冷藏运输环节之前，易腐产品迅速降低至所需温度，冷却可以减轻冷害，保证易腐食品的质量。预冷环节主要涉及以下具体细节：预冷运行、确定失水率、计算冷却参数、确定最佳预冷方式和最适宜的储存温度、进行冻干试验、测定果汁冰点、对细胞的不良环境破坏等。

（三）冷藏

制冷是冷链物流的重要组成部分。制冷中使用的各种食品（通常在冰点以上）的冷却后保存食物的方法，特别是对水果和蔬菜而言，主要是为了尽可能减缓它们的生命代谢过程，保持其新鲜度。在冷链中，主要涉及冷库的建造、对制冷系统的了解、冷库吨位的计算、冷库性能测试、除臭、冷库温度控制、冷库质量检查、易腐食品冷库和冷库操作、冷害症状和冷害指数计算、冷库、日常维护等操作。易腐产品的存储通常涉及产品的加工，加工环节的质量管理也应引入大学冷链物流管理的实验培训和教学中，例如冷链物流产品的 HACCP 管理。

（四）低温输送

冷链运输是指在一定温度下运输货物的过程，包括装卸、改变运输方式、改变包装设备等。冷链运输涉及许多因素，例如车辆，人员，信息等。运输环节与生产、加工、存储、销售、消费等环节有关。一旦冷链断裂，产品的最终质量就会改变。冷链运输培训包括对冷藏车的理解和操作、温度控制、温度分离、运输过程中的温度记录分析、冷链运输成本分析以及装载方法对温度和质量的影响。

（五）低温销售

冷链物流产品销售要做两方面的保证：①保证产品质量进入销售环节；②确保将最优质的产品销售给消费者。该操作包括易腐产品质量检查、制冷操作、制冷分配、冰箱操作和维护。

（六）消费冷链产品

易腐商品的消费是冷链商品的最终环节，也是消费者对商品最直接的感知，它确定消费者是否喜欢此类冷链商品，消费者对易腐烂商品的评价也会影响该类商品的消费市场。

（七）冷链物流一体化流程运作

冷链物流是一个连续的链。任何链接中断都会影响整个冷链物流供应链中所有链接的收益。冷链物流运作不仅可以设计单一的技术和环节，而且必须培养全球意识和统一的管理理念。冷链物流的综合过程管理应包括各种易腐产品，典型的冷链物流运营、冷链物流产品质量管理［3P：原材料（产品）、处理器（处理）、包装（包装）；3C：冷却（冷）、清洁（清洁）、小心（护理）；3T：时间（时间）、温度（温度）、产品储藏阻力（允许可变质量）（公差）；3Q：定量（定量）协调一致的设备质量（质量）标准，快速（快速）的运营组织；3M：保鲜工具和手段（手段），保鲜方法（方法）和管理措施（管理）］，冷链物流总成本核算，冷链故障场景模拟和分析，冷链物流业务流程，冷链物流操作综合培训等。

二、以冷链物流产品类别为主线

冷链物流涉及初级农产品，加工食品，特殊商品（生物产品，药品等）和其他产品，其主要目标是易腐食品。易腐食品根据其冷链物流特征可分为四类：水果和蔬菜，肉和肉制品，牛奶和奶制品以及冷冻饮料。除了进行常规操作培训外，还必须设计每种易腐食品的特性。食品的保存特性决定了冷链物流中不同的操作方法和要求。水果和蔬菜的质量主要取决于它们的成熟度、呼吸强度、乙烯含量和收获时的生产速度。在冷链过程中，它主要抑制激素（例如乙烯）并降低呼吸强度。当温度过低时，也会引起水果和蔬菜食品的“冻结”现象。低温不会对肉类、牛奶和其他类似于水果和蔬菜的食物造成冷害，但必须避免微生物繁殖以及温度波动引起的反复冻融。因此，诸如肉类和肉类产品，牛奶和乳制品以及冷冻饮料等的冷链操作主要集中在控制微生物和确保质地上。各种易变质的易腐食品冷链物流运作的共性和个性、各种易腐产品的设计保证了对冷链物流实验实践的系统、全面的培训知识，促进了学生的全面发展，适用于不同类型的冷链物流企业。

三、以冷链物流的主要设备和技术为主要路线

与普通物流相比，冷链物流具有设备复杂、技术含量高、运行要求高、运行成本高、监控困难等特点，而冷链物流设备有其运行要求和标准。在冷链物流管理实验的实际训练操作中，应注意对冷链设备和技术的教学和培训，尤其是对新设备和技术的灌输和掌握。

（一）预冷设备及技术

预冷涉及的主要设备是制冷设备。预冷设备和技术的培训主要集中在制冷模式的选择、制冷参数的计算、冰箱的选择和操作上，可以根据这些内容设计实验培训项目。

（二）冷藏

冷库是冷链物流业最基本的设备（建筑），无法从冷冻机中分离出任何形式的冷链。与冷库有关的操作很多，从冷库的位置、可行性报告、设计和施工，到操作、维护和库存产品质量测试，都需要冷链物流人员掌握。

（三）冷藏车

冷藏车是冷链物流中的另一重要设备。易腐货物由冷藏卡车在运输中存储。冷藏车的运行需要注意冷藏车的操作、温度控制、装卸要求、消除除霜异味的方法、货物的堆放方法、操作和隔热等。

（四）冷冻室

冷藏柜在冷链的销售环节中很常见，而冷链物流的销售环节属于冷链的“最后一公里”环节。除了专注于获得冷链产品的质量外，销售环节还应确保产品在销售中达到最佳质量。为了确保销售设计的质量，我们应该进行实验培训计划，例如冷藏操作，温度校对和维护。

（五）信息技术

随着现代冷链物流的发展和冷链物流产品质量的保证，我们必须依靠先进的信息技术和手段，利用 RFID、GNSS、GIS、GPS、信息平台等技术，满足预冷、冷藏车辆温度控制和操作实现自动化、可视化、平台和移动性要求。同时，在信息技术的帮助下，可以建立电子虚拟冷链物流管理系统，以确保冷链物流的全过程符合要求以及改善冷链物流管理。

四、以冷链物流产品质量控制为主线

冷链物流既是技术又是服务。冷链物流的所有设备、技术、管理和人员都应确保冷链物流产品的质量，并将冷链产品的质量保证与冷链物流的教学操作和管理相结合。在冷链过程中，使用信息技术和现代管理方法来确保易腐产品的质量。常用和广泛使用的方法包括：使用信息技术监视整个过程中的温度，实时跟踪和分析温度数据；建立冷链的概念来监控温度、冷链运行和易腐产品质量；通过 HACCP 和其他食品质量管理方法，对冷链的关键环节进行管理和控制。根据 2015 年修订的《中华人民共和国食品安全法》，该设计依赖于从源头到消费（消费）的食品安全链条，如食品安全追踪机制、HACCP、GMP、SSOP 等。

第三节　基于四个教育理念的冷链物流教学改革

一、应用教育理念下的冷链物流教学改革

2016年，国务院办公厅发布了《国家标准化体系建设与发展规划(2016—2020)》，重点建设冷链农产品安全标准化项目和现代物流标准化项目。

2017年，国务院发布了关于加快发展冷链物流、确保食品安全、促进消费升级的意见，提出建立具有“全链，全网，严格标准，可追溯”的现代冷链物流体系。冷链物流是物流管理专业的专业发展过程，具有较强的实用性、大量的知识、系统的复杂性等特点。冷链物流人才的核心内涵应包括以下几个方面：

第一，它具有冷链物流的专业技能。无论是冷链物流的一般机制，还是高级技术人员，首先必须具备冷链物流的职业技能。

第二，它有能力在工作场所工作。作为冷链物流的人才，不仅具备了冷链物流的专业技能，而且具备在工作场所工作的能力。

第三，具有专业的创新能力修养。冷链物流对组织管理、制冷技术、制冷设备和信息技术都有很高的要求。只有具有专业创新能力的员工才能满足冷链物流企业的需求。

那么，冷链物流的高技能人才是什么？冷链物流专业人才是指精通冷链物流专业知识和技术，具有出色的冷链物流运作技能的冷链物流团队。在冷链物流实践活动中，可以独立解决冷链物流专业人士冷链物流管理的关键技术和流程问题。

随着现代交通的发展，大量的海鲜、水产品和农产品从沿海城市运输到中西部地区，极大地丰富了人们的生活水平。但是，由于在运输过程中对冷链的管理不当，每年将造成巨大的经济损失。为了进一步提高冷链物流管理课程的教学效果，培养应用型冷链管理人才，就必须对冷链物流课程的教学进行改革，确保人员培训的准确性。

（一）应用型教育概念的内涵

冷链物流是一门实用的课程。为了促进物流专业的快速发展，有必要在应

用教育理念的指导下，培养具有较强业务能力和较高专业素质的学生。应用型人才是指可以使用科学原理改变世界并创造性地解决实际问题的人才。它具有素质、知识和能力全面发展的特点，具有较强的创新和实践能力。因此，冷链物流的应用旨在培养和掌握系统的物流管理和冷链物流的基本知识、原理和相关技能。它可以利用冷链技术合理地管理和控制冷链物流活动，具有很高的创新和实践能力。

《国家中长期教育改革和发展计划（2010—2020 年）》纲要明确指出，中国的教育现状不能满足人民接受良好教育的需要，不能满足当前经济的需要和社会发展。2014 年 3 月 26 日，国务院常务会议全面研究了职业教育的发展方向。5 月 12 日，教育部讨论了高考“双轨制”，提出教育框架要以技能为核心，明确了技能型人才和学术型人才的双轨模式是为了适应国民经济建设、社会发展、市场需求和人民期望的重要举措。在这一点上，应用教育已经被实质性地推到历史的舞台上。

虽然对应用性教育概念的研究较多，但对其内涵的界定尚不明确。在查阅了大量文献后，本书认为应用教育概念的内涵应从三个方面进行整合：

第一，以市场为导向，确保人才的培训能够解决行业中的实际技术问题并成功获得工作。

第二，基于能力的应用，教育应培养学生的组织、管理、营销和实际操作能力。

第三，以素质为核心，注重提高学生的基本文明素养，培养学生良好的职业道德和高尚情操。

（二）应用型教育理念下冷链物流课程教学现状

1. 教学内容不合理，缺乏针对性，重理论，轻实践，考核形式缺乏灵活性

随着物联网的蓬勃发展，冷链物流的管理水平得到了极大的提高。为了培养应用型人才，不仅要掌握冷链物流的基础知识，还必须直接参与冷链的运作。目前的冷链物流教科书缺乏针对性。它不仅偏离学生的知识，而且影响他们的学习热情。当前，我国冷链物流的教学一般侧重于理论掌握，却忽略了应用能力的培养。由于资金和空间的原因，主要利用计算机教室和软件来完成冷链物流课程的培训环节，大多数学生进入了真正的企业后，很少参与冷链管理，导致学生的实践能力不强。此外，对于某些高校来说，由于预算有限，甚至无法投资模拟软件，学生的学习基本上依赖于理论教学，这大大降低了学生

的学习热情。同时，尽管有些学校有机会安排学生的培训周和毕业实习，但由于计算机教室的设备有限，他们经常需要小组指导。学生在企业实习并不适合企业的工作需求，这也会对学生的就业产生负面影响。

课程评估是判断学生知识掌握程度和反馈教师教学效果的有力证据。然而，目前的评估“注重理论而轻实践”。评价的内容多是理论知识，形式往往是封闭的考察。这种评价方法夸大了评价结果的作用，忽视了过程评价的重要性。有些学生在平日经常迟到和旷课。他们只会在考试前仔细复习，并记住一些理论知识。因此，他们可以在考试中取得好成绩，还可以参加奖学金和助学金的评估，但综合能力却有待提高。

在德国，经常使用的教学方法是小组学习，每组5—6名学生，并且通常根据他们所属的实习公司对学生进行分组。教师应分配小组任务，小组应结合公司的业务流程讨论并完成任务，然后将其呈现给全班同学以提出问题和答案。通过交流和学习，学生不仅可以凝聚自己的智慧，还可以学习越来越多的知识，并培养团队合作能力。以行动为导向的“学习领域的教学”方法也是德语教学的一个特点。教学过程以职业为导向，根据学生从事的职业确定教学内容，具有较强的实用性。另外，德国的教学还有一个共同特点，即开放性，作业没有统一的答案，由学生以小组讨论的形式根据自己的答案进行教学任务安排。学生在解决问题的能力、创新能力上取得了很好的锻炼。在德国的物流职业教育中，除上述几种方法外，还有沙盘模拟、角色扮演、思维导图等教学方法。

2. 冷链物流人才培养特点不突出，专业模糊

在大多数大学中设置冷链物流专业时，并没有体现“冷链”的特征。因此，冷链物流专业的学生必须对与冷链物流密切相关的制冷技术、低温工程、食品工程和化学知识有很好的了解。例如，通常用作化学制冷剂的氨气、氟利昂和四氟乙烷仍需要一定程度的电气知识，并且必须对设备的结构和原理有很好的了解。

3. 冷链物流人才未实现校企对接，实战滞后

学生没有机会去大中型物流企业进行专业学习，同时，由于私立高校受到资本空间等诸多问题的限制，没有专门的教学基地或专业训练室。四年制课程基本上是理论课程，动手课程几乎是空白，这使得“知识无用”，并且所学到的东西无法在现实中应用，受过训练的人跟不上市场需求。

4. 冷链物流理论过于落后，浪费教育资源

尽管物流教育发展迅速，但冷链物流几乎没有人才。在招聘过程中，冷链

物流企业在市场上找不到有经验的冷链人才，所以必须由传统的物流人才来替代。冷链物流企业的培训模式多为硕士和学徒。知识不能更新，理论知识落后。教育资源没有横向交流，这种培训方式使冷链物流人员的培训速度非常缓慢，严重制约了冷链物流的发展。

（三）应用型教育理念下的冷链物流教学改革研究

1. 改变传统的演讲教学模式

学生听课，无论学生是否接受，老师必须完成任务，不能扮演学生的主要角色。对于老师来说，教学变成了单人表演。冷链物流教学改革的目的是突出学生的主要地位，把教室还给学生，让学生充分参与教学。教师可以为学生提供课程中更有趣的章节。一个班级的成员分为几个小组，每个小组都是一个团队，鼓励学生收集信息并制作学习材料，小组代表解释这些问题。规划各小组汇报时间，让各小组参加比赛，并将小组汇报情况纳入课程评审评价。通过群体报告式的自我导向教学，不仅培养了学生的知识发现能力和知识探索能力，而且提高了学生的团队合作与竞争意识。同时，也有效地提高了课堂的趣味性和学生的学习兴趣。

2. 加强相关教学，改善知识体系，加快冷链物流专业特色建设，实现冷链物流人才的批量培养

与一般课程不同，冷链物流课程不仅要求学生掌握冷链物流管理的基础知识，还要求学生参加食品运输、包装、制冷技术、食品检测、食品微生物学等相关课程。因此，物流管理专业在制订培训计划时，应增加冷链物流相关课程，使冷链物流课程系统化的教师可以增加冷链食品检验、冷链包装等相关知识，以确保物流的完整性。在许多情况下，冷链运营商会发现，相同的冷冻食品采用不同的包装材料效果会有很大的不同，这就需要对包装材料有所了解。因此，只有熟悉相关学科的知识，才能使知识更加全面。

目前，有 300 余所高校进行传统的后勤人员培训，还有更多的中等专业学校。但是，很少有机构真正关注冷链物流专业的研究和建设。主要原因是冷链物流人才的培养比传统物流更具跨学科，多专业的背景，而大多数从事传统物流人才培养的机构却没有跨学科、多专业的背景。因此，应加大对高校冷链物流人才培养的投入，鼓励对冷链物流人才培养的探索，树立冷链物流的专业特色，实现冷链物流人才的批量培训，解决冷链物流人才短缺的问题。

3. 加强校企合作，建设多层次教学

近年来，学校与企业之间的广泛合作为实践教学指明了方向。它不仅可以

大大提高学生的实践能力，而且可以促进综合工程模型的有效发展。由于对冷链运输管理培训的投入巨大，高校无法单方面实现。高校应充分利用高校与企业之间的合作平台，依托生产、教育、科研等领域开展合作，使大学资源与企业资源相得益彰，合作共赢。例如，广东省的物流学院可以加强与京东、苏宁、国美、美国、德邦等企业的合作，注重冷链物流与营销物流的紧密结合，构建物流企业的现行运作框架，以理论为基础，注重实践。冷链物流的运作强调"冷"的全过程控制和管理。只有连续链"冷"才能保证冷链产品的"冷"质量和"冷"效果。因此，作为冷链物流专业人士，除了具备冷链工作的知识和技能外，还需要从供应链管理的角度充分重视和操作冷链物流的控制与管理。供应链管理的思想和能力是冷链物流管理的关键能力，也是供应链管理的核心能力。

冷链物流人才需要具有良好的专业精神和素养。冷链物流产品不同于一般物流产品，它们主要是食品、药品和生物制剂。这些产品与人类的生活息息相关，整个过程需要严格记录和监控。因此，冷链物流运作过程中的相关从业人员需要具有高度的专业素养和素质。

冷链物流人才的上述特征决定了冷链物流人才与传统物流人才的区别，而冷链物流人才需要经过专门培训才能满足岗位的要求。因此，培养冷链物流人才是当前发展冷链物流业的当务之急。企业和培训机构应加强对从传统物流向冷链物流转移的人员的培训。现在，冷链物流企业的大部分员工都是从传统物流中转移出来的，这种情况在未来的一段时间内仍将存在。因此，要制定冷链物流从业人员的标准，增加对传统物流人员的培训，在掌握冷链物流岗位的具体专业知识和技能的基础上，顺利实现岗位转移和过渡。

（四）应用型教育理念下的冷链物流课程评估改革研究

为了更好地适应市场和企业的需求，适应冷链未来的发展趋势，突出冷链物流专业人才培养的特点，冷链物流管理人员必须具备将传统的室温物流与冷链物流相结合的基本能力，并熟悉食品药品质量监测、冷库技术、信息技术等。在建立冷链物流专业课程中，主要考虑的是如何在课程中融入这些基本能力。课程体系由公共基础课程、职业基础课程、职业技术课程和专业实践课程组成。基础职业课程和职业技术课程主要包括冷链物流管理模块、制冷技术模块和冷链产品质量监测模块。专业实践课程可根据冷链产品的不同对象进行设置，如新鲜食品、水产品、药品冷链等。

目前，我国冷链物流的快速发展，能有效满足人们对新鲜食品和特种产品的需求，减少食品浪费和运输过程中的破坏，并为交通运输业和食品业的发展奠定坚实的基础。然而，在具体的发展过程中，我国冷链物流管理相对落后，社会缺乏相关的专业人才。高校是人才培养的主要阵地，学校必须结合社会发展的实际，在办学过程中创新物流管理人才的培养模式，以适应我国物流业的发展趋势，促进我国冷链物流业的健康发展。

冷链物流课程的评价改革改变了传统的“生命之书”的评价模式，采用了过程评价与结果检验相结合的方法。完善过程评价项目，突出素质教育、知识教育和技能教育三项任务。通过教学实践、基于团队报告的独立教学、基于实践的关联教学和分层教学，采用基于过程评价和结果评价的评价体系，可以创造出高效的课堂，取得更好的教学效果。冷链物流课程的教学改革与研究将是一个长期的战略课题，它需要社会、工业、大学和企业的参与。作为冷链物流领域的教育工作者，我们坚信课程改革是无止境的，教学改革始终走在路上。只有密切关注行业人才的需求，不断改革教学方法，完善课程评价体系，才能适应教育产业在新常态下的需求。

二、以胜任力为导向的冷链物流人才培养研究

随着国民经济的逐步发展和居民生活水平的不断提高，人们对人类保健产品质量和安全的认识不断提高，而冷链物流业也一直在向前发展。冷链物流业的快速发展需要大量的专业人才，但目前国内冷链物流人才严重短缺，精通冷链物流运作的人才更加短缺。冷链物流人才的短缺已成为制约冷链物流产业发展的瓶颈。

因此，如何培养专业的冷链物流人才来满足冷链物流产业快速发展的需求已成为当务之急。

（一）冷链物流人才能力要求

根据冷链物流业的特点，培养出满足岗位能力要求的人才，对冷链物流业的健康发展具有重要意义。

1. 冷链物流人才的关键能力

冷链物流专业的分布：仓储和配送管理约占60%，采购和运输管理约占30%，生产和销售管理约占10%。冷链物流岗位的专业知识、能力和素质主要包括：物流管理和冷链物流的基本原理，仓库管理、运输和分配管理的知识，冷链设施设备的操作能力，团队合作精神和勤奋、严谨和脚踏实地的风格。

（1）创新能力主要包括创造力、想象力、程序设计能力、管理决策能力、组织协调能力等。创新能力的提高主要取决于创业教育、实践和学科竞争。

（2）学习能力主要包括专业知识水平、思维能力、信息获取能力等。学习能力的提高主要取决于学校的日常课堂教学和名师课程。

（3）实践能力主要包括问题发现能力、调查分析能力、团队合作能力和程序执行能力。实践能力的提高主要取决于实验、实践训练和实践教学环节。

以上三项能力的培养需要充分利用学校自身、企业、地方政府以及各高等学校的教育教学资源来突破学校与企业合作的局限。发展是学校、企业、学校和学校之间合作互动的培训模式。

2. 冷链物流企业对人才能力的细化解释

目前，大多数冷链物流企业对制冷人员、制冷工程师、冷藏物流人员、运输管理人员、冷库管理人员、现场调度等岗位的需求较大，他们中的大多数人需要具备以下知识和技能：熟悉冷链物流的操作流程，熟练操作冷链物流的每个环节，熟练处理每个环节产生的信息数据，熟练使用信息系统进行数据处理存储、传输和输出；熟悉制冷技术和工程设备的基本原理；熟悉低温物流的配送和运输过程；熟悉运输设备和运输管理机制；具有一定的化学知识，对于一般的制冷材料、氨、氟、四氟乙烯等化学药品的冷藏，可以掌握基本的应用条件。除具有知识和技能外，还必须具备供应链管理、战略管理和团队管理技能。

（二）能力导向的冷链物流人才培训

1. 培养冷链物流技术人才

冷链物流技术人员是指从事冷链物流的物流企业的现场技术人员，具有专业的动手能力和实际操作能力。在大专院校应培养技术人才，在学校学习中应重视理论知识与实践能力相结合的教育模式。培养优秀的冷链物流技术人员，有利于提高物流行业人员的整体素质。同时，可以熟练地操作设备并最大程度地合理使用高端冷链设备，包括后期的检查和维护。

2. 培养冷链物流研究型人才

科学技术是第一生产力。只有掌握先进的科学技术，才能开发和生产高端的冷链物流设备和生产工艺。研究型人才主要是指对大学进行冷链物流理论研究，相关技术开发以及与冷链物流相关的人员培训的人员。是冷链物流业中的高端人才。从业人员应充分认识知识和技术的重要性，将冷链物流理论知识研究提高到一个新的高度。

3. 培养冷链物流管理人才

冷链物流经理是指政府部门，企事业单位对冷链物流的规划，组织，协调，控制和管理，在行业中具有一定的决策权。具有专业知识的冷链物流行业管理人员可以对行业状况有更清晰的了解，从而做出前瞻性和有效的决策。冷链物流业的整体水平已大大提高。

（三）能力导向的冷链物流人才培养方向

1. 提高冷链物流业人员的能力和员工素质

农产品冷链物流产业作为新兴产业，其崛起主要是由于制冷技术和物联网技术的飞速发展。冷链物流技术具有高端的储运设备和先进的管理方法，这就要求冷链物流从业人员具备最基本的设备操作能力和物联网思维意识。其次，农产品冷链物流对时间的要求非常严格，对收发、分拣、理货和运输的效率要求更高。这需要冷链物流从业人员掌握操作设备，了解不同农产品的储运条件，并具有较强的时间意识。

2. 提高技术水平，提高创新能力

政府应以培养专业研究人才为契机，大力宣传科技创新思想，使冷链物流中使用的设备达到国家先进水平。增加冷藏车和冷藏集装箱的生产，在运营和运输过程中实现自动化和信息化，改进现代技术，提高冷链物流的效率。

3. 完善科学管理模式，优化冷链物流流程

冷链物流业的发展时间相对较短，许多企业是由传统的物流公司转型而来。这些公司是分散的，并且彼此独立运作。以前，企业之间进行合作的机会很少，主要是竞争。针对这种情况，政府有关部门和行业协会加强了对冷链物流企业的领导。通过科学的管理手段，将松散无序的冷链物流市场整合在一起，抓好冷链物流行业运输、仓储、配送等领域的衔接工作。通过科学有效的管理手段，使冷链物流相关企业高度整合，合理配置资源，达到良好的市场竞争环境，最大限度地优化冷链物流的运作流程。

（四）能力导向的冷链物流人才培训

1. 培育冷链物流相关企业

冷链物流相关企业应当根据企业的实际情况，对企业的职工进行必要的职业培训，对职工的个人能力和技术水平有严格的要求。随着冷链物流技术的逐步发展、仓储和运输设备的更换速度很快，企业还应通过更新设备对员工进行相关培训，使员工能够跟上时代的步伐而不被淘汰。有关部门要充分认识到农

产品冷链物流业对经济发展和振兴农村战略的重要性，与政府、高校和企业配合，加强与农产品冷链有关的人才培养和技术创新。同时，大力培育发展第三方冷链物流，最终提高农产品的生产和销售质量。

目前，冷链物流人才的培训主要通过各级学校和培训机构，企业也开展了一些师生工作，但是目前的冷链物流人才的培训仍无法满足市场需求，人才培养过程仍然面临着各种挑战。因此，探索以能力为导向的冷链物流人员培训是非常紧迫和有意义的。冷链物流专业学生专业能力的要求主要集中在三个部分：第一部分是冷链仓储配送管理和冷链运输管理能力；第二部分是冷链物流设备系统的使用和维护能力；第三部分是实施冷链物流商品质量控制能力。

2. 高等学校的培养

作为社会人才输出的摇篮，高校有责任培养农产品冷链物流人才。高校应增加与农产品冷链物流有关的专业和课程的数量。在农业、制冷技术、运输、仓储、市场营销、管理等专业高层次的培训中，同时，还要注意专业的整合，将农产品冷链物流整合到整体产业意识中。高校要加强对基础操作人员的培训，以及制冷设备的维护和运行。

（五）有关基于能力的冷链物流人才培养的建议

1. 鼓励建立冷链物流技术与管理专业，以满足经济发展的需要，融入冷链物流标准，满足专业建设的需要

2017 年，中共中央 1 号文件提到了冷链物流的三个部分，表明了冷链产业的发展。因此，应大力鼓励高等学校根据自身特点和需求建立冷链物流技术与管理专业，培养合格的毕业生，实现冷链物流人才的大规模培养。教育、财政、人事等有关部门要对冷链物流管理组织给予支持和优惠，减少专业发展的阻力，共同解决冷链物流人才短缺的问题。

目前，全国物流标准化技术委员会已经制定并发布了一系列国家冷链物流行业标准、行业标准和地方标准，并且标准的制定仍在继续，科学指导了冷链物流业的发展和冷链人才的培养。学校在实施冷链物流技术和管理专业建设时，必须将冷链物流标准的内容运用于该专业建设的各个方面，使培养出来的毕业生能够适应社会的实际需要。

2. 选择专业发展方向，适应学校办学特色需求，科学建立课程体系，适应知识和能力需求

在建立冷链物流技术和管理专业方面，地方学校是不可能统一的。他们可以结合当地物业资源、行业权威、学校整体发展的特点，创造自己的专业发展

特色。例如，广西的水果更多，浙江的海鲜更多。当地学校可以选择水果和海产品作为其冷链物流技术和管理专业的发展特点。

职业学校应根据学校的特点和专业发展的特点，根据冷链物流的工作过程，建立冷链物流技术与管理课程体系。特别是在设置专业课程时，学生不仅应具备冷链物流管理、制冷与制冷技术、冷链物流操作实践等一般专业课程的基础，还应选择农产品物流和医疗物流等专业课程，以培养具有扎实知识基础的学生。

3. 与国外进行深入合作，满足技能水平的要求，定期进行专项研究，并能胜任行业发展的需要

冷链物流技术与管理是具有较强可操作性的专业。职业学校在开展理论教学和实践培训的同时，应加强校企合作。选择标准的冷链物流企业，开展校企合作，全面推进专业建设，开展现代学徒制合作，共同开发教学资源，开展师资培训，开展岗位实习等。要加强与各级冷链物流组织的交流与合作，建立以行业为导向的需求驱动的专业动态调整机制，实现行业与行业的无缝对接。

当前，国内外冷链物流业的知识理论，技术和工具发展迅速。为了适应冷链物流业的发展，学校应定期进行研究。通过定期的专题研究，了解冷链物流业对人才的新要求，掌握教学资源，提高教师水平，扩大学校与企业的合作资源。根据调查数据，纠正专业施工中的错误，改善专业施工的不足，并更新专业施工储备。

4. 提高教师能力，满足教学质量需求

教师的专业水平直接决定着教学质量和教育水平，而且在一定程度上影响着学生的未来。一方面，为了弥补师资的短缺，可以从冷冻和低温工程，食品科学等方面招聘新教师，并可以聘请冷链物流企业的专家组成校本教学。另一方面，为增强新老教师的能力，定期派教师参加冷链物流学术会议和培训，如果条件允许，最好将教师派往冷链物流企业进行实质性职业培训。

当前，我国经济的发展迫切需要大量的冷链物流专业人才，而冷链物流专业人才的培养是以使毕业生能够快速工作，缩短就业前实习时间的能力为指导的，是为企业创造更大的价值，为冷链物流业的快速健康发展输送新鲜血液，为国民经济的稳定发展和人们的消费信心提升服务的。因此，在高端冷链物流方面，培养具有现代工业意识的技术人才是完善和发展冷链物流体系的首要任务。

三、建立基于现代学徒制的冷链物流人才培训体系

针对冷链物流人员培训中存在的问题，诸如缺乏严格管理机制、教学资源不足、师资力量不足、校企合作不能深入及合作双方积极性不高等，探索现代学徒制度下冷链物流人才的培养具有深远的教育价值，即校企共同体联合成立教研管理中心，基于冷链物流行业真实岗位能力要求，以“合作办学、合作教育、合作就业、合作发展”为主线，主要内容为“学校、企业各派两名教师进行联合培训”。明确冷链物流技术与管理专业人才规格，共同审定专业建设规划、人才培养方案、课程大纲和内容、师资队伍建设和实训基地建设等重要事项，整合双方优势资源，建立一套科学、适应性强的冷链物流职业能力培养体系，创新专业建设机制，探索科学合理的现代学徒冷藏连锁物流人才培养模式，提高冷链物流人才培养质量。

（一）人才培养目标定位和管理标准与制度建设

根据冷链物流技术和管理专业人才的特点和现代学徒制度的特点，确定冷链物流人才的培养目标，适合我国社会主义现代化建设的要求，并面向冷链物流企业、冷链机电安装企业、商业物流企业。从事冷库管配、冷链运输调度、冷库施工维护、机电安装维护、制冷设备维护等工作。掌握扎实的物流理论、质量控制知识、食品安全与质量管理、制冷技术等知识和技能，具备创新创业的能力，并具备独立学习能力，能在生产、施工、服务、管理等一线工作的高素质复合型、应用型、创新型人才。学校和企业共同指导学生的职业规划，建立学校和企业就业直通车平台，根据企业的从业手段进行行业推荐和自主选择。

（二）联合招生招工方式

以“学生双重身份、校企联合双元育人”的方式进行宣传，换句话说，大学和企业双方将根据实际情况和需求制订联合招聘计划，签署校企合作框架协议，并共同实施人才培养计划。

1. 面向订单的人才培养

目前，我国许多高校已经对物流人才进行了订单式培训。所谓物流人才的订单导向培训，是高等学校与需要物流人才的企业联合开展的人才培养模式。我国物流人才的订单制培训一般采用“3 + 1”模式。前三年在学校学习知识，后一年进入企业实习，在实习前由合作企业对学员进行面试，面试合格后

进入企业实习。订单式培养的方案弥补了我国冷链物流教育过程中学生实践能力不足的缺陷，在一定程度上满足了企业的需要，提高了人才培养的针对性，使教学质量得以提高。在订单型人才培养的过程中，成功实现订单型人才培养，对于学校、企业和学生目标的一致性至关重要。

2. 顶岗实习模式

物流培养的顶岗实习模式，就是冷链物流专业学生到企业进行在岗实习，学生既是学生，也是企业的在职员工。通过顶岗实习模式，学生一方面可以进行冷链物流具体工作的实践，另一方面也可以学习相应的理论知识，得到综合发展。在顶岗实习的过程中，需要学校、学生以及企业三个方面的主体共同参与其中，学校是组织者，学生是执行者，而企业则是提供者。通过顶岗实习的学习模式，使得学生在企业中得到锻炼，从而实现了自身的快速成长，为未来的就业创造一个良好的基础。但是顶岗实习的模式也存在一定的不足，对于冷链物流企业来说，能够接纳的顶岗实习的学生的数量可能会较少，且学生的安排可能会比较分散，不利于学校对学生的管理。同时，学校教师与顶岗实习单位的交流可能会较少，仅仅通过顶岗学生可能无法充分了解企业对学生的要求，而且顶岗学生可能不会被冷链物流企业所认同，导致两者之间的合作出现一定的问题。

3. 工学交替模式

工学交替冷链物流人才培养模式是在现有学制的前提下，在对教学计划进行统筹安排情况下，将物流专业学生的学习分为校内学习与校外实践交替进行。由学校给学生联系实习单位，有企业人员对于学生进行现场的指导，以实现学生理论与实践活动的结合。通过候补后勤人员培训模式，有效缓解冷链物流人才供需矛盾，使学生能够及时将所学到的知识与实践相结合，学以致用，培养高素质的物流管理人才，所以企业只需要对学生进行简单的培训，就可以培养适合企业的冷链物流应用人才。该模式在实际应用过程中也存在一定的缺点，如实训业缺乏，职业氛围不高，学生在实践过程中不能充分的按照企业的制度来要求自己，教学方法相对落后，软硬件条件不能满足学生要求等问题。从国内外冷链物流人员培训模式的介绍可以看出，经过几十年的发展，西方发达国家已经形成了一套完善的冷链物流人才培养模式，为本国的冷链物流业培养了大量的人才。国外在冷链物流人才的培养方面，注重理论与实践的结合，不仅培养学生学习必要的理论知识，而且使学生具有丰富的实践经验。外国在冷链物流方面的培训，有相应的制度进行规范，保证了冷链物流职业教育能够形成完善的运行体系。政府和行业协会更加重视冷链物流人才的培养，能够采取有效的措施来保障教育培训工作落到实处。在培养师资方面，国外冷链物流教育对教师提出了更高的要求，一般都必须具备丰富的理论知识水平和一定的实践能力。国外也形成了多元化的培养资金来源，保证了被培训人员能够顺利完成培训。另外，国外在培训的同时十分注重学员自身能动性的发挥，使学生成为学习的主体。

（三）教学方案制定和课程体系构建

校企“双主体”共同审定冷链物流技术与管理专业建设规划、专业教学标准、课程标准、职务标准、教师标准、教学质量评估标准和人才培训实施计划。充分体现以全面素质教育为基础、以就业为导向、以职业能力为本位、以学生为主体的理念，同时搭建适合现代学徒制学习要求的智慧教学平台，支持全程教学环节，满足不同教学所需的立体化教学方案，满足学生的选择性和自主学习需求。遵循教学规律，按照循序渐进的原则，充分考虑了学生（学徒）的个性化学习，合理安排课程进度，制定与安排相应的教学过程计划。

依据冷链物流行业的岗位设置及能力需求和未来冷链物流人才需求趋势，按照“宽平台、核心化、多拓展、活模块”的特点，构建“通识文化课程组+专业课程组+专门化拓展课程组+任意拓展选修课程”的课程结构体系，按照典型工作任务、岗位工作要求重组专业课程内容，把实践内容的培养放到了第一位，在实践环节中提高技能培养，实践环节中学习理论知识，实现“做到中学，做到学校”，体现现代学徒制度下冷链物流人才培养课程体系的专业化、动态化和个性化。同时，整合新的教学思路和教学方法，设计新的资源体系，涵盖实用教材、教师手册、学生手册、实验指导、课件、微课、案例和练习等辅助课程教学资源。

（四）多元评价体系构建

打破单一的依据成绩评判学生（学徒）好坏的考核制度，将就业岗位组所要求的技能、职业资格考试的内容和行业所要求的综合能力纳入评估体系，逐步构建适合现代学徒制的多元评价体系。理论考核部分由校内专业教师根据教学过程中学生的表现与卷面成绩相结合的考核方式，侧重考勤、课堂表现等；技能考核主要由校外专业教师与企业师傅评价相结合，侧重实操技能。

现代学徒制是新经济、新职教时代下的新型人才培养模式，学校和企业都使学生和学徒有可能将学校学习与企业实践结合起来。高校共享企业的设备、人才、管理和文化资源，为学生提供实习场所和高级实习生，使机构和企业的设备和技术相互补充，节约教育成本和企业成本，共同培养社会和市场所需的人才，随着职业教育相关法律法规和保障制度的完善，促进官办学校与商业企业加强合作，为新常态下的经济转型和产业升级提供更多技术人才。让更多有技能的工匠为制定国家战略奠定基础。因此，探索现代学徒制下的冷链物流人才培养具有一定的现实意义。

四、基于能力需求的应用型大学冷链物流人才合作培训模式研究

在冷链物流人员培训方面，中国的冷链物流人员培训具有以下特点和问题：

（一）国家战略给冷链物流教育带来的压力和机遇

2013 年 9 月和 2013 年 10 月，国家主席习近平分别提出了建设“新丝绸之路经济带”和“21 世纪海上丝绸之路”的倡议。2015 年，中国将互联网纳入其国家行动计划。“一带一路”倡议将促进跨境冷链业务的快速发展，促进冷链企业和新兴电子商务的崛起。这些无疑将成为冷链物流发展的新主题和新机遇。在“一带一路”倡议的基础上，整合跨境贸易，电子商务、商品、冷库、冷链运输等资源，构建“商品冷链设施服务”信息服务平台，实现有效满足市场需求与冷链资源的对接，提高冷链资源的综合利用率。“一带一路”倡议跨境一体化的特点，也迫使我们拓宽了视野，创新了更多合格的冷链物流技术。

（二）缺乏冷链物流教学实践

高校冷链物流专业的培养模式主要遵循物流管理专业原有的培养模式，冷链的特点不足。我国冷链物流人才培养普遍存在课程设置不科学、实践培训基地建设滞后等问题。该课程主要是以物流管理的一般基础课为基础，只增设冷链物流实践、食品科学等课程，对学生冷链理论知识和技能的提高作用是有限的。由于实际训练条件等原因，实践环节与冷链物流的运行管理关系不大，学生实践能力薄弱。

（三）冷链物流的教育资源短缺，教育理论发展落后

人才供应与冷链物流业的快速发展并不吻合。与一般物流专业相比，冷链物流更加专业。在物流管理基础课程的基础上，还涉及物流管理系统工程、制冷技术、食品工程等学科，是典型的交叉学科。许多高校不能同时拥有以上相关专业，这导致理论教学资源的短缺，阻碍了冷链物流教育的发展。尽管少数

综合性大学拥有相关专业，但由于系统和其他原因，资源共享困难，导致教育资源有限，无法有效利用。中国的冷链物流起步较晚，但发展迅速，受到各级政府的高度重视，涌现出一些优秀的冷链物流企业。相反，冷链物流的理论研究、教育和教学仍处于起步阶段，显然落后于冷链物流的实践。充分利用冷链物流企业的教育资源，是促进冷链教育发展的有效途径。因此，现有的冷链物流人员培训供应远远不能满足市场需求。作为一所应用型本科大学，有必要根据物流市场和职业需求科学设置冷链物流课程，通过合作培训方式充分利用各种教育资源，注重理论与实践相结合，培养高素质的冷链物流人才。

（四）冷链物流业的快速发展与人才供给不匹配

1. 冷链物流业的快速发展与人才供给数量不匹配

根据2017年各级学校对冷链物流及相关专业的调查，没有冷链物流技术与管理专业的高校屈指可数，每年只有1000多名冷链物流专业毕业生。根据政府的预期，2020年中国冷链物流业的市场规模将达到4700亿元，年增长率将超过20%。冷链物流业的快速发展迫切需要大量专业人士的支持。

2. 冷链物流业的快速发展与人才供应质量不匹配

冷链物流涉及许多学科，如食品科学和制冷。到目前为止，开设了冷链物流及相关专业的学校，主要依靠物流管理专业的教师进行教学。这些教师大多没有冷链物流行业背景，通过简单的自学或培训仓促就业；此外，学校没有冷链物流培训室，也没有系统的教学资源；而且校外合作企业由于安全考虑，无法接受大量的学生实习培训，导致教学质量不佳。学生学到的许多知识都是传统的物流管理专业知识。

五、基于能力需求的冷链物流人员协同培训模式

（一）协作培养学习能力

一是打破学校教学单位的设立，在学科、专业、部门之间开展合作培训。冷链物流人员需要掌握物流管理、制冷工程、食品工程等多学科知识。物流管理专业很难装备相应的多学科教师。他们必须依靠学校相关专业的教学资源。

二是通过共享教学资源、实践训练实验设施和设备以及教师资源，加强横向联系，建立校际合作培训体系。尤其要加强应用型大学与高职院校的合作。双方优势互补，理论教学和实践教学水平迅速提高。

（二）实践能力协同培养模式

冷链物流是一门实用性较强的学科。应用冷链物流的人才需要具有较强的

实践能力。校企合作培训可以弥补实践教学能力的不足，优化实践教学。

一是大力发展订单合作培训模式，以服务企业的生产经营为目的，学校与企业共同制订培训计划，共同承担教学任务，根据需要进行培训，实现整合。

二是积极建设冷链物流人才培训基地，利用企业场所、设备等实施教学。同时，可以通过停职和岗位培训来提高教师的实际教学能力。

高校培养相关物流人才，应在社会发展过程中尽力满足有关部门的就业需求，为冷链物流人才的培养做出贡献。2010 年 7 月，国家发改委发布了《农业冷链物流发展规划》，明确指出："指导和促进高等学校建立冷链物流相关学科，并开设相关课程，发展冷链物流。教育跨机构设立，鼓励支持行业协会、企业及相关技术培训，高校根据国内外实践开展低碳物流，进行持续教育，"形成了多层次的人才教育和培训系统。冷链物流是物流的一个角度，相应的，冷链物流也是物流管理的主要课程之一，其主要目的是培训能够服务于物流企业相关环节的专业技术人员及生鲜类企业综合冷链人才，研究内容包括冷链产品的基本知识和冷链的运作，冷库的具体做法，如冷库的交付、储存等，困难在于冷链物流管理的某些环节以及与冷链有关的一些运营实践。

为了确保应用冷链物流人才培训的最终效果，教学模式不应局限于简单的理论教学模式，而应基于冷链物流行业的实际需求，培养具有冷链物流知识和一定实践能力的复合型人才。这就要求在人才培养过程中，着重于实践训练以及相应的专业能力和素质。冷链物流的相关教学应遵循以项目为导向的教学，以"任务导向型工作"的思想为出发点，以提高特定职业岗位能力水平为出发点。因此，冷链物流的实践培训应以冷链物流的工作路径和过程为参考标准，并在此基本概念上配置硬件和软件。只有通过这种模拟实验，学生才能充分结合知识和能力，并有效地提高有关职业岗位的技能水平。

（三）实验能力的协同培养模式

冷链物流管理实验培训的教学活动是在教师的指导下在实验教室进行的，通过各种冷链物流环节的实际操作，学生可以掌握冷链的相关知识和操作技能，为以后的实际工作打下坚实的基础。冷链物流管理实验培训系统包括实验课程、实验室、实验工具和条件、实验教师。实验项目（课程）的建设是实验培训系统建设的重要环节之一。

（1）构建冷链物流实验培训项目体系的构想。冷链物流是从收获（屠宰和捕鱼）到易腐产品消费的过程。通过一系列相互关联的操作过程，易腐产品的温度得以连续操作和管理。该过程对易腐产品的温度控制非常严格，需要严格的操作技术和步骤来支持。

（2）实验培训项目建设。以冷链物流流程为主体，构建冷链物流实验培训项目框架。通过培训冷链物流设备和技术，设计了一个综合性的实验培训项目系统，涵盖制冷、隔热、物流、冷链、食品安全和财务管理。整个实验培训项目系统的设计主要从冷链物流流程、冷链物流产品类别、冷链物流设备和技术以及冷链物流产品质量控制开始，涉及冷链认知、冷链基础知识、冷链设备、信息技术、人员保护、过程操作、综合操作培训等 7 个环节，55 项实验培训。

（3）冷链物流实验培训项目建设内容。冷链物流管理实验培训项目的建设，从对冷链物流设备、技术和管理的认识，到冷链物流控制和冷链物流产品质量控制的全过程，体现了学生从浅到深，从简单到复杂，从单个模块到整个系统知识的理解和掌握。

（4）冷链物流实验培训项目建设特色。①实用性。开发冷链物流管理实验培训项目，突出了企业运营培训和管理要求。在整个实验培训项目体系中，对企业进行了 50 项操作实验培训，占 55 个工程项目的 90%，这有利于对冷链物流管理项目的研究，如新疆湘利冷链物流过程分析，冷藏设计考察等 5 项，占工程总项目 9%。这些项目的设计都是冷链物流企业所需要的。②机动性。除基本预冷设备、小冷库、冷藏车外，开发实验培训项目系统是一般物流、食品实验室常用的设备和技术方法。介绍了 KARG 制冷能力估算工程手册中农产品比热、水分含量和最佳贮藏温度等参数的简单计算和数据查询。这些实验培训计划可以确保普通食品冷链物流实验培训室的顺利发展。③完整性。冷链物流管理实验培训项目的建设体现了全过程的冷链物流管理理念，避免了单链技术的“断链”和“最后一英里”损失现象。冷链物流实验全过程原理的训练不仅体现在技术水平上，如利用现代信息技术对整个过程进行跟踪跟踪，也体现在整个质量管理水平上，借助管理、食品质量管理等手段实现。④信息性。体现了现代信息技术对冷链物流产业发展的推动作用，增加了信息技术掌握培训项目，设计了信息管理，分析了冷库冷藏车的温度记录，分析了冷藏车温度记录的全过程。⑤复杂性。冷链物流是一个复杂的行业，涵盖管理、制冷和保温过程，物流、冷链、食品安全乃至成本核算等业务专业。在实验培训方案的设计中，除了引入制冷、食品等相对孤立的实验培训方案外，还需要实现各个专业的整合，涉及产品冷链物流综合培训、冷链物流操作培训、应急处理、管理和其他培训计划。

实验实践培训是大学教学的重要环节，也是实现中国应用型大学建设目标的重要途径。冷链物流实验培训项目系统的建设依托于冷链物流过程，体现了制冷、保温、物流、食品、金融等专业知识的整合，强调了冷链物流管理能力的培养。开发冷链物流实验培训计划可以培养高水平的冷链物流管理人才。

实验教学的内容应尽可能接近社会发展的实际需要。一方面，它应与当前物流和电子商务的实际情况相吻合，而实验培训的设计应顺应新鲜和冷链的发展趋势。作为物流的前沿领域，冷链物流的发展和完善与条形码技术、RFID（射频识别）、GIS（地理信息系统）、电子标签的普及等各种物流技术的发展息息相关。HACCP（危害分析和关键控制点）认证、GMP（良好实践）等标准的实施也是冷链连续链的关键。此外，诸如肉、蛋、牛奶、水果和蔬菜、水产品等常见的新鲜食品知识，以及食品检疫检验的内容也需要学习。这些知识和内容应成为冷链物流实验中学生感知和学习的重要部分。

在建立冷链实验室和实验内容的过程中，根据上述相关知识，实验教学可分为三个主要方向：第一类主要通过物流管理课程模块的教学扩展物流管理专业基础知识、理论和技能的基本框架，以冷链为默认背景来构建新内容，主要是使学生学习冷链物流的全过程和逻辑，使其具有对冷链物流问题的解释能力，以及解决问题的基本素质和能力。第二类主要通过现代物流技术和设备的教学模块进行扩展，因为冷链物流的有效运行需要依靠特殊的物流设备。与普通通用设备相比，这部分设备和技术具有自己的特殊属性，例如冷藏库中的货架与普通货架之间的差异，以及普通货船与特殊冷藏船之间的差异。这些专用的冷链设备需要自行解释和操作。第三类是全面的实验训练。可以选择整体或整体训练（见表 3－1）。实验的这一部分基于某个过程或冷链物流模拟实验开发中的一个链接，使学生能够在毕业后快速从事相关工作。

表 3－1　　冷链物流综合实验

冷链仓储管理综合实验	基于互联网的生鲜仓储管理系统
温湿度智能监控实验	库房温湿度智能监控系统 库房制冷系统
冷链物流运输管理	基于互联网的生鲜运输管理系统
冷链物流质量管理	基于互联网的生鲜质量管理系统 生鲜物流质量检测系统
GPRS 无线传输实验	GPRS 无线传输系统

续表

冷链物流可追溯管理实验	生鲜冷链物流可追溯管理系统
车载温度监测实验	车载温度监测
生鲜冷冻检测实验	生鲜冷冻检测系统
冷链包装与设计实验	生鲜智能包装系统

从服务电子商务发展的角度出发，整体规划冷链物流实验教学，并根据相关生鲜物流的实际需求，实施冷链物流实验与培训教学的软硬件分配，HACCP等冷链物流标准，培养学生生鲜食品冷链物流服务精神。高质量的实验教学可以有效地实现高水平冷链物流人才的培养，进而为冷链物流领域提供人才。人才的积累最终将为中国冷链物流水平的提高做出贡献。

（四）创新能力协同培养模式

首先，通过校企合作，开展全面的实践教学，使学生与供应链物流企业的实际业务联系，并通过实战提高学生的创新能力和实践能力。实行双导师制，共同制定毕业实习、毕业论文等综合实践教学计划。在校教师主要是课程教学，校外教师实力雄厚。通过合作，他们可以发挥自己的优势，并充分发挥校外实践教学的作用，共同参加培训，以提高学生的创新能力。建立合作科研关系，使学生参与冷链物流企业关键技术的研究开发，提高学生的创新能力、解决业务难题能力，提高企业参与的积极性。

其次，积极与地方政府和行业协会合作，建立学校与当地的合作培训模式。结合区域冷链物流发展中存在的实际问题，指导学生开展科研活动，为区域经济发展服务，为政府决策提供支持，实现培养学生的目的。积极参加各种学科竞赛，充分发挥学生的作用，激发学习热情，提高学生运用综合知识和创造性思维的能力。

第四节　冷链物流人才培养的建议

一、“冷链物流管理创新课”的背景与目标

广东科技大学以“为广东经济发展服务”为目标，系统地研究了办学过程中区域经济发展的状况，并根据具体的发展需要制定了专业的建设计划，以

期培养满足生产、建设、管理和服务需求的高素质应用型人才。近年来，广东省冷链物流业发展迅速。为了进一步促进教育产业的健康发展，广东科技学院在教育和教学项目中贯彻了素质教育的理念，并以全面改革和发展物流行业为目标，建立了“冷链物流管理创新班”。按照素质教育的有关规定，创新班的人才培养要求学生在毕业时掌握冷链物流的基础知识和特殊技术，在熟练运用现有技术的前提下，了解和掌握技术的发展方向，具备学习和应用新技术的能力。同时，学生应明确冷链物流行业在系统培训过程中的相关规定和要求，具备基本的沟通技能，具有职业道德和社会责任感，从而更好地服务于当地乃至全国冷链物流业。

二、广东科技学院人才培养模式改革措施

（一）创新培养方案，促进学生全面发展

培养方案是人才培养的指导原则。在冷链物流管理创新班培养人才的过程中，学校要结合行业发展和学生实际情况，以应用型人才培养为主要目标，改革原有培养方案，以适应社会发展新趋势，为实施素质教育理念创造良好环境。在“冷链物流管理创新班”培训方案改革过程中，广东科技学院采取了以下措施：

以冷链物流运作实践、采购管理、运输管理、仓储配送管理、物流信息技术、冷藏技术与设备等课程为主干课程，教学模式采用理论解释与实践相结合的模式，教师采用1/3的课堂教学时间进行理论知识解释，其余的2/3时间用于案例分析和教学讨论。教师将广东省及其他地区典型的冷链物流发展实例引入课堂，进行有效的案例教学，使学生能有效掌握冷链物流发展的实际情况。同时，针对其中的具体问题开展探讨，以培养学生对产业发展趋势的认识，并在具体案例分析的过程中形成自己的判断能力，为学生今后的研究提供方向。

结合学生的职业规划和指导，在了解行业发展真实情况的基础上，尽快培养学生的职业意识，明确未来的发展方向。同时，选修课具有选择的自由，学生可以根据自己的兴趣进行选择，极大地拓宽了学生的学习范围。

（二）创新教学模式，提升教学质量

物流专业的传统教学以大班教学为主，教师教授理论知识，学生处于被动接受知识的状态。然而，随着素质教育理念的引入，这种教学模式已不适应教

育改革和发展的新形势。因此，在具体的教学过程中，教师要创新教学手段，为学生全面发展提供良好的氛围和环境。广东科技学院“冷链物流管理创新班”培训过程中，教师主要采用以下教学模式：①进行小班教学。对学生的实际情况进行了全面分析，将学生分成10—12名的小班。采用互动和审慎的教学方法，注重培养学生积极获取知识的意识。课堂工作主要是以设计纸型工作为主。②实施专业导游制度。为班级学生配置专业指导教师，2—3名学生应配备一名教师，教师必须具备多年的教学经验。在教师的指导下，学生根据自己的兴趣和能力进行探索性学习，选择具体的项目，并在课堂下进行实地调查。同时，指导教师鼓励学生参加各种学术活动和技术竞赛，提高学生解决问题的能力。③组织公益活动。学院组织学生深入农民或冷链产品生产企业，为他们在具体经营中遇到的问题提供帮助服务，培养学生的职业道德和社会责任感。

（三）改革管理方式，优化管理模式

科学管理模式是促进职业发展的关键。在具体发展过程中，高校应结合新的教学模式和具体情况，创新管理模式，为学生提供良好的学习环境。广东科技学院“冷链物流管理创新班”是指研究生在具体管理工作中的管理形式，成立以物流学院院长为首的管理领导小组，并为每一班指派专业导师。导师定期与学生沟通，向学生传递最新的专业发展情况，分析及解决学生在各方面的疑虑，使他们对自己的专业精神更有信心。

三、冷链物流人才培养的探索与实践路径

物流管理人才不仅需要具备物流管理的基础知识和业务技能，还需要了解和掌握冷链技术，以最大程度地减少物流过程中农产品、药品等特殊产品的流通损失。因此，有必要培养兼具物流管理和冷链技术能力的专业人才。

（一）完善理论体系，突出“冷链”专业特点

了解市场需求，有效利用教育资源，扩展教育资源，并通过网络思维优化教育资源。高校人才培养的计划和目标应突出“冷链”特色，设置相关专业，开展直接人才培养。由于冷链物流涉及许多学科和领域，因此需要大学的冷链物流人才来学习物流管理、系统工程、制冷和低温工程、食品工程等课程。许多大学提供大多数制冷和低温专业以及物流专业。冷链物流专业应该是一门综合性学科，在多学科领域具有高度综合知识，而不是对原始学科进行简单的转

换和总结。高校应加强培训，以冷链物流为自身特色。突破传统的学习方式，加强理论知识与实践的结合，培养既懂理论又懂操作的新人才。合理有效地利用教育资源，实现学科互补。冷链物流是一门交叉学科，在冷链物流人才培养中，通过加强相关专业环节的配合，如物流管理、系统工程、制冷和低温工程以及食品工程等，最大限度地利用教育资源，避免浪费教育资源。

教育资源的合理有效利用主要体现在教师与设备的共享和学科优势的互补上，尤其是在最大限度地利用互联网和平台思维解决资源短缺方面。鼓励实施打破学科和专业限制，实现教育资源的系统性价值。冷链物流专业与许多理工科、农业专业密切相关，高校应加强相关专业的横向联系，减少教育资源的浪费，实现资源的有效共享。冷链物流人才培养模式研究的逻辑起点是对冷链物流人才结构、能力和技术的需求。通过循序渐进的方式，在课程体系中，逐步提出专业建设的集中方案。通过对农产品冷链物流及其他课程知识能力的优化设计，为在当地经济中进一步服务于冷链物流专业的建设奠定了坚实的基础。

（二）建立复合型冷链物流课程体系，聘请“理论强，操作精”的“双资”教师

根据企业冷链物流岗位组在实际工作中的工作技能要求，结合冷链物流的技术标准、行业标准和企业标准，构建具有不同特点的冷链物流体系，实现冷链物流人才培训的普遍性、可行性和可操作性。根据冷链物流管理人才的培养方向，服务行业区域以及冷链物流业务岗位群的实际工作需求，按照行业标准制定冷链物流管理岗位技能体系，并从中逐步过渡，从而建立具有行业特色的课程标准体系。开展冷链物流技术和管理专业培训，使毕业后的学生具备冷链物流企业的基本岗位运营和管理能力。同时，应培养学生掌握冷链物流技术操作和冷链物流规划的技能。这样，冷链物流技术和管理专业的毕业生可以从事冷库管理、制冷、冷藏、冷链运输、冷链包装、分销管理、管理计划等工作，并可以使用物流信息技术和系统开展冷链物流流程的信息化运营与管理。

冷链物流管理与系统工程、制冷和低温工程以及食品工程密切相关。作为冷链物流管理的专业老师，仅仅掌握物流专业知识还不够，还需要掌握冷链物流管理和冷链技术的知识和技能体系，以及系统工程、制冷和低温工程、食品工程等专业知识和技能。因此，冷链建设物流管理专业老师不仅懂物流管理，而且了解冷链技术和制冷工程，为专业人才的培养提供支持。

（三）建立校内外冷链物流综合培训体系

由于在校园内建设生产冷链物流培训基地的投入很大，学校应重视与冷链

物流企业的合作，合理地利用校外冷链物流运营现场作为校外冷链物流管理的培训基地，或建设冷链物流企业的“工厂中校”，用于学校冷链物流培训建设，主要建设模拟农业冷链物流交易中心，模拟培训室，冰箱冷链货物进出口业务单证管理，冷库、冷链企业模拟调度管理，冷链运输温度控制，冷链物流中心操作等，有效的模拟培训系统、校园外野外实习系统、实战型冷链领域专家的培训。

冷链物流专业教师应严格筛选，综合素质扎实的理论团队教学是培养优秀人才的重要因素。对于缺乏实践经验的教师，学校可以派遣教师到冷链物流公司进行培训，聘请冷链物流企业的专业人员担任兼职教师或在大学学习，以提高专业性水平。总之，冷链物流教育的改进有利于加强对冷链物流教育理论的研究。改革现有学科体系，建设冷链物流技术与管理产业，提高专业服务建设能力。通过多种方法，提高冷链物流管理专业教师的理论素质、专业技能和职业教育教学能力。建立由学校、法人团体组成的专业领导、专业骨干教师、高管和行业专家、企业技术专家组成的具有先进的技术、信息化教学能力和先进的冷链物流技术教育理念和管理能力的专业教学团队。依托一支教学队伍，在全国冷链物流培训室、冷链物流培训基地外部建立冷链物流咨询中心，如蔬菜、水果、冷冻肉、水产品、海鲜等经营冷链物流，根据各种冷链产品的种植、采摘、生产、保鲜、冷藏、冷冻、包装、运输、配送等要求，为相关企业提供冷链物流系统的规划、流程改进、管理咨询等业务，以及培训服务员工等，提高他们的专业对接、服务当地经济建设的能力。

（四）开发冷链物流核心课程，提高信息化教学水平

逐步引入冷链物流行业的相关标准，为冷链物流人员的培训提供技术规范，将大力推动冷链物流人才的培养和专业建设。同时，根据冷链物流行业标准和冷链物流岗位技能要求，制定冷链物流核心课程，如农产品冷链物流、冷链物流操作实践、冷库制冷技术、食品包装与保鲜技术等，并提高信息技术教学水平，激发学生的自主学习、自主探索的兴趣，使学生更好地掌握冷链物流专业知识。

（五）培养既懂物流管理又懂冷链技术的专业人才

一般物流管理岗位的基本知识和业务技能主要包括物料计划、货物流管理、采购管理、仓储管理、运输管理、分销管理、装卸、包装、路线规划、物流信息管理、营销等内容。一般的物流管理职位主要是在常温环境下，对业务

工作没有特殊的技能要求，因此业务定位比较广泛。冷链技术主要包括制冷技术、保鲜技术、制冷技术、包装技术、电气自动化技术、自动制冷技术、空调存储技术和制冷运输技术。

简而言之，冷链物流已逐渐成为物流发展的关键方向。高校要根据行业的实际发展创新人才培养方式，创新和改革课程设置、教学模式和管理模式、提高人才培养能力，向社会派遣更好的专业人员。

第四章 冷链物流人才培养方式方法

冷链物流管理专业是伴随着我国产业和消费升级迅猛发展起来的。随着人们消费能力的加强和互联网普及率的提升，尤其是随着移动支付的兴起，消费者线上购物比重不断增加。人们通过网购的商品逐渐由家用电器等日用品发展到蔬果等生鲜产品。生鲜产品在物流配送上的更高要求，促使冷链物流更加专业化。预计未来几年，生鲜市场持续被资本市场看好，交易总规模或将会达到3470亿元。同时，伴随着冷链市场的发展，对从业人员要求越来越高，以提升专业化水平。培养更加符合市场需要的冷链专门人才是高校物流专业改革发展的主要方向。

冷链物流人才要突出专业性和实践性的特征，目前我国像冷链物流之类的应用型人才有高职高专和应用型本科两个层次。应用型本科层次一部分来源于高职层次的专升本，一部分来源于原有本科院校的转型。本章主要阐述应用型本科层次的教育教学方式方法的改革，并围绕冷链物流管理专业，探讨理论教学和实践教学的基本方式和方法，力求为应用型本科教育的人才培养提供建议。

第一节　冷链物流本科人才培养方式方法的改革

冷链物流管理的系统性、操作性要求教育教学必须从企业实践的角度开展。从物流运作的角度看，现代物流包括企业物流（企业内部物流和企业外部物流）和社会物流（即专门从事物流服务的第三方物流）两大部分。企业内部物流，包括原材料、能源、配件、工具等的采购、储存保管、半成品或成品库管理、包装、分拣、配装；企业外部物流，包括分销计划、发送、运输、发布与接受电子商务购销信息等岗位群；对于专门从事物流服务的第三方物流，包括储存、运输、调配、保管、分装、加工、信息发布与接受、集装箱管理、报关、结算、货运代理、物流服务器管理等，这些都带有明显的实践性。来自物流企业一线的信息是，由于企业的快速井喷式发展，企业急需基层和中层一线管理专门人才，并且近十年内这一状况很难改变。目前阶段输送这类人才的主要途径是高校物流管理专业的毕业生。因此，企业对高校寄予厚望，也更加积极推进和学校的合作，作为本科层次的物流专业的教学改革和人才培养至关重要。因此，在高校人才培养的问题上，高校和企业是命运共同体，一荣俱荣一损俱损，改革和发展成为高校和企业共同探讨的问题。高校的教学改革始终与企业的发展和需要同步。

高校工学结合人才培养模式是应用型人才培养的突破口，也是高校教育改革的关键问题。近年来，由于受到招生、就业和高等教育观念方面的影响，各类高校教育的快速发展受到一定的限制，但是，社会对应用型技术技能人才的需求却在不断攀升，毕业就意味着失业的状况困扰着高校，企业发展也急需人才，人力资源成本一直居高不下。如何解决两者之间的矛盾，适应经济社会的发展需求，推进工学结合人才培养模式，提高教学质量，保持各类应用型院校教育的可持续发展，已成为当前高等教育改革与发展的突出问题。

“工学结合”的培养模式强调毕业生职业能力与企业“零距离”，强调学生学习内容与职业岗位要求“零距离”，强调毕业生“零距离”上岗。“工学结合”作为应用型本科院校人才培养模式的重大创新，对于深化教学改革，具有重要的推动作用。

近年来，高校在工学结合的背景下，在人才培养方式方法方面不断努力。主要从尝试进行项目化教学改革，把原有的精英教育背景下的知识结构和体系进行了再创造，这一过程是在校企融合的基础上不断完成的。尽管项目化改革出现了项目来源和师资等问题，但经过近十年的改造，使学校和企业之间的合作逐步深化，积极探索合作模式，形成了应用人才培养的有特色的知识体系。接下来的主要任务是在工学结合的框架下进行教学环节教育方式方法的不断更新，以适应新形势下的应用型人才培养。

第二节　冷链物流教学方式的创新

一、冷链物流课程的具体化和专业化设计

冷链物流课程不同于一般的课程，它不仅需要学生掌握冷链物流管理的基本知识，还需要学生涉猎食品运输、包装、制冷技术、食品检测、食品微生物学等相关课程。因而，物流管理专业在设置培养方案时，应该加大与冷链物流相关课程的开设，从而使冷链物流课程具有系统性。冷链物流课程的教师进行相关知识讲授时，可增加冷链食品检测、冷链包装等相关知识，以保证课程体系的完整性。很多时候，冷链操作人员会发现，对于不同的冷冻食品，同样的包装材料差异相当大，这就需要掌握包装材料的相关知识。因此，只有熟悉关联学科的知识，才能使知识掌握得更具全面性。冷链物流及其相关课程相关学科比较具体（见图4－1），包括农产品从产地或屠宰，捕捞到消费的连续过程中采用合适的保鲜技术，包括合适的温度，湿度或气体成分等，以求最大限度地保证产品的品质和质量安全的供应链系统，整个过程需要冷链物流的产品大致分为三类：初级动物产品（包括新鲜的肉，鱼，蛋，鲜乳等）；植物性的产品（包括各种新鲜果蔬，花卉，苗木等）；加工后的产品（包括速冻食品，肉制品，鱼制品等）；一些特殊的产品（包括某些化学品，药品和疫苗等）。如，采后的新鲜果蔬是活的生命体，仍然需要新陈代谢活动发生一系列的生化反应，而且采前因素的管理对新鲜果蔬的品质和耐贮性产生影响。因此，要搞好冷链物流，保证到消费者手中的新鲜果蔬达到所要求的品质和质量安全，必须对采后植物生理学的知识有所了解，了解采收后的果蔬的生理特性和周围环境对这些特性的影响，并在此基础上掌握从采摘到产品至消费者手中的一系列过程所需具备的理论、技术和方法。以上分析可以看到，在所有需要冷链物流的产品中，操作流程是最复杂的，也是最难管理的。因此，教学中要关注产品，关注相关技术的升级等。如果不根据本校物流专业的特点选择教学内容就有可能分不清主次，达不到教学的目的。开设冷链物流管理的院校需在校企合作的基础上，根据合作的产品在教学中应用一切可以利用的网络和企业资源进行教学活动。

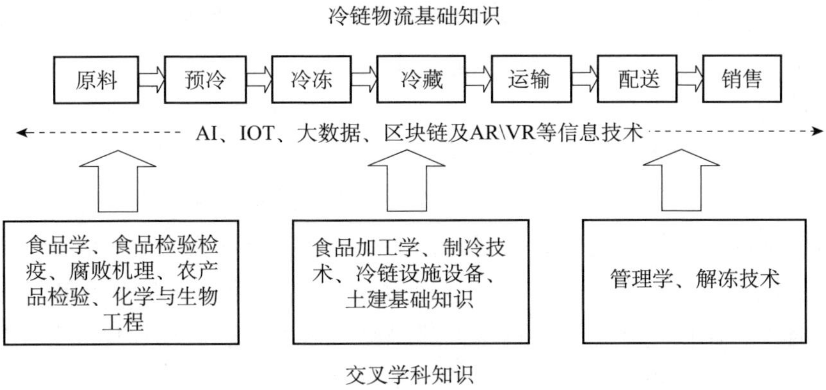

图4-1　冷链物流基础知识和涉及学科

二、冷链物流专业教学方式的独特设计

目前国内从事传统物流人才培养的本科院校多达300余所，中专及大专院校更多，但是真正专注于冷链物流专业特色研究及建设、进行冷链物流人才培养的院校却并不多见，其中最主要的原因是冷链物流人才的培养相比传统物流更强调跨学科与多专业的背景，而大部分从事传统物流人才培养的院校不具有跨学科与多专业背景。因此，加大对有条件进行冷链物流人才培养的院校的投入，积极进行教学方式的改革，鼓励学校进行冷链物流人才培养的探索与冷链物流专业特色的建设，实现冷链物流人才的批量培养，解决冷链物流人才紧缺的现状。

（一）讲授法在教学中仍然发挥重要作用

在冷链物流教学中要注重以下几方面：一是学生课前准备需要提前安排并布置，教师可将相关农产品融入教学内容中，要求学生课前有针对性地进行资料搜索；二是教学案例的选择要围绕校企合作的企业和产品进行。案例的来源可以从企业取得，也可以和企业一起进行素材的选择，然后进行整理完成。

（二）多媒体资源更加专业化、形象化，增强课程吸引力

现在有很多有关冷链物流的网站和视频，教师要根据教学内容的需要合理的利用这些内容来组织教学，避免枯燥的理论讲解，提高学生对所学知识的兴趣。例如，讲解有关蔬果的冷害的时候，教师可以利用网上的一些图片来加深学生对所学内容的理解。

（三）学生课后训练活动的设计结合产品，由小组完成

冷链物流人才是供应链管理能力突出的人才。冷链物流的作业强调“冷”的全程控制与管理，只有“冷”的不断链，才能确保冷链产品的“冷”质量与“冷”效果。因此，作为冷链物流的专门化人才，冷链物流从业人员除了具备冷链作业岗位的知识与技能外，特别需要从供应链管理的角度来关注与操作冷链物流的全程控制与管理。因此，供应链管理的思维与能力是冷链物流管理的关键能力，也是核心能力。这些就要求在教学活动中进行一定的任务安排，同时，相比单纯理论化的物流管理课程，冷链物流需要小组完成，准备的内容多，时间长，资料充足，才能更好地交流和互动，因此，需要在教学内容设计上把握时间和节奏。

（四）实践环节可以采用仿真方式

可以安排学生到相关的企业见习或实践，让学生亲自了解冷链物流知识在企业中的实际运用，熟悉并承担冷链物流各环节相应岗位的工作，使学生真正熟悉和掌握与冷链物流相关的理论和管理方法，并要求学生在见习或实践后编写调研报告，由授课教师和企业的管理人员对学生的调研报告进行点评和总结，提高学生理论联系实际的能力。

第三节　冷链物流人才培养教学方法研究

一、冷链物流人才培养需要重塑课程设置

培养冷链物流人才必须打破传统的教学模式，对教学方式进行全面改革。教学方式方法的研究和设计主要涉及课程设计、课堂教学、课程实验和企业实习等阶段，也可以归结为课堂教学（涉及理论教学）和实践环节课程设计。近年来，教育主管部门和学校企业都在努力构建适合现代企业要求的教学方法的改革和实践（见图4－2）。

（一）人才培养方案设计环节的改革，体现理论教学与实践教学环节的合理安排

创新课程改革是开展工学结合人才培养模式的基础。因此，应用型本科教育在重视对职业知识基础教育的同时，又要重视提高职业能力，教学模式应具

有“专业设置的适应性、培养目标的应用性、教育方法的训练性”三个基本特点。课程设置包括岗位基本学习领域、岗位拓展学习领域、岗位核心学习领域和职业素养几个模块，每个模块有相应的课程群组成，构造学生的基本技术技能。教材来源要逐步注入企业管理的思路。可以进一步强化项目化教学思想。项目来源可以由教师通过下企业顶岗实习，并与企业深度探讨进行设置，并随着企业改革的深入逐步调整。

（二）实践教学环节要从学校为主逐步向企业为主推进

校内实训环节考虑物流管理专业核心业务处理的特殊性，解决校内生产性实训问题的途径为：第一，通过为企业开展技术咨询服务、员工培训等互利互惠机制建设，进一步密切校企合作关系，通过网络信息技术实现同步企业的真实业务，建立动态化真实性业务数据库，在校内计算机软件平台上实现真实物流业务原始单据流转，使学生能够在真实的物流管理软件平台上进行仿真生产性的技能训练和岗位模拟实训；第二，将物流运输核心设备安装在易通公司物流的运输设备上，通过网络和计算机管理软件，实时监控、采集物流运输信息，通过实时跟踪和信息分析，实现物流运输组织、运输业务筹划等企业物流运输业务的生产性实训。此外，在仓储配送业务实训室建设中，依托易通物流公司，按照企业仓储配送业务实际需要，共建“仓储配送实训室”，采用“业务托管式”为学生开展生产性实训创造条件。仓储配送实训室的日常业务全部是企业的生产性任务，实训指导教师全部是企业人员，学生实训期间在师傅带领下完成生产性实训作业，达到岗位综合实训目的。

（三）校外生产型实习实践

这一环节目前主要体现在毕业实习和毕业设计环节，内容可以用四维一体来总结，包括专项技能训练、职业认知、岗位综合模拟和顶岗实习四个部分。

这四个部分按照国外经验应该由企业完成并配备教学条件，真正实现“做中学，学中做”，才能达到理想效果。但是在我国的现有教学条件和模式下，职业认知、专项技能训练、岗位综合模拟都是在校内进行的，顶岗实习环节由企业完成，这一模式是改革开放 40 年伴随着大学教育教学改革的推进和企业改革深化逐步形成的。也就是说，我国的大学教育和企业发展一直以来是平行的，校内学习与实际工作之间存在“断层”问题，这两者之间的断层带来了学校教育和企业人才需要的突出问题。因此，设计并采用新的教学模式是近年来学校和企业一直在探讨的问题。

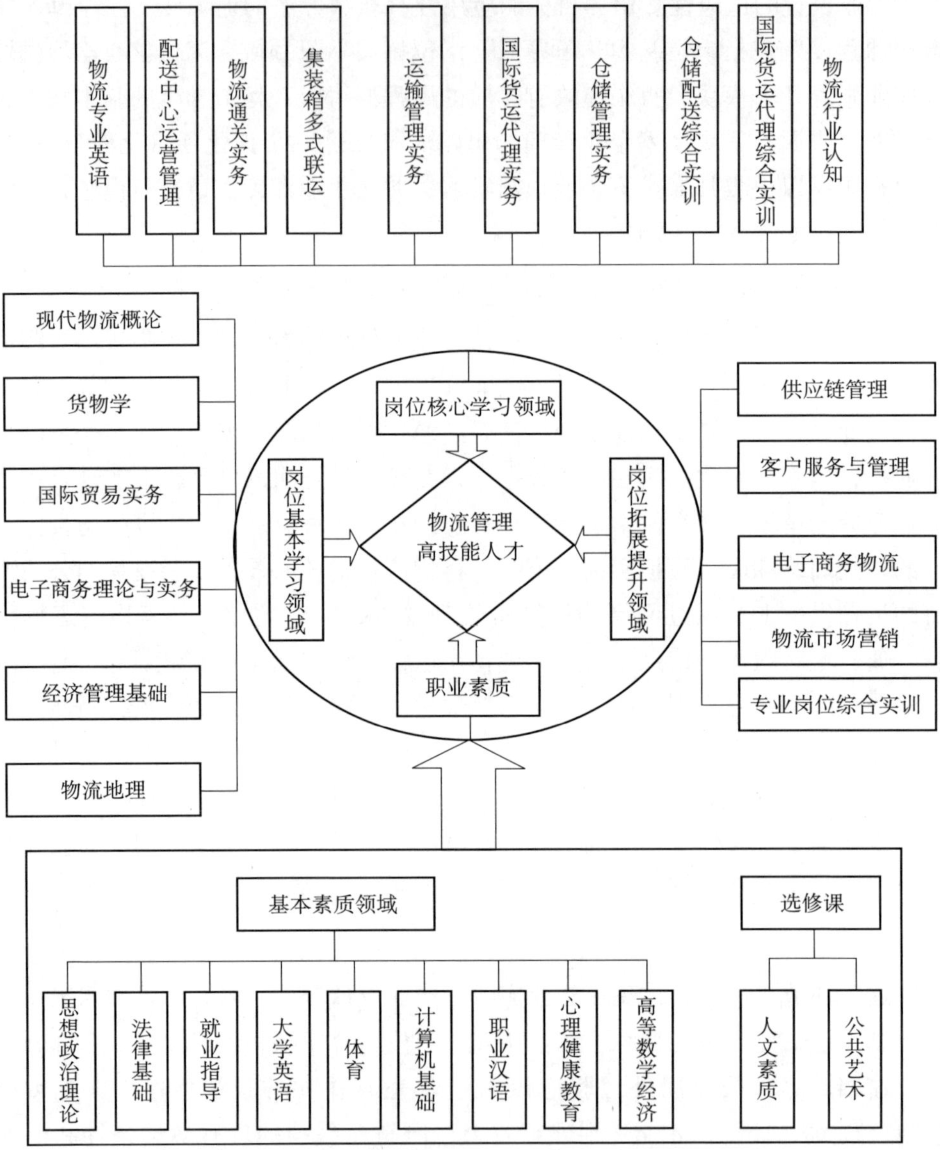

图 4－2　某高校的课程设置及相互关系

二、冷链物流人才培养实践教学环节的设计

目前，多数院校实践教学环节的解决方案为增加校内投入，建立实训室等，同时积极进行校企合作，校企不断融合。高校主要做法有：

（1）引进典型物流企业的全套物流管理信息系统，将信息系统平台和仿真性实训环境按照物流管理业务流程进行集成，利用网络技术下载企业真实业务、原始票据，形成由现代新技术构建成的虚拟生产性教学平台，在平台上实施“案例驱动、原始单据流转、场景模拟、软件操作、信息处理、技能训练”新的教学模式，让学生在企业真实物流管理信息系统平台上掌握专业知识、技能，学会如何工作。

（2）把假期社会实践进行教学化安排，在企业顶岗实习前的 4 个假期分别安排专业认知、仓储配送教学实践、物流运输教学实践、国际货代教学实践，在教学实践中，学生在师傅带领下熟悉相关物流业务操作，尤其要重视劳动观念和职业道德的养成。

（3）职业认知和岗位综合技能是让学生未来职业生涯具有可持续性。为冷链物流企业培养和输送管理人才需要在理论教学环节和实践教学环节逐步渗透，当然实践教学环节是落脚点。根据物流企业对高职人才的需求，将专业培养定位于业务操作员和业务主管两个层次，部门经理定位于未来拓展层次，核心竞争力定位在物流信息系统应用和物流管理筹划。业务操作员的核心能力是基本业务处理，包括：仓储配送业务处理、运输计划与调度、国际货运单证处理、物流管理系统信息录入；业务主管的核心能力是运用计算机管理系统熟练进行业务管理并能够进行业务筹划分析，包括：仓储配送业务管理、物流运输组织、业务筹划、物流信息管理。学生毕业后的初职岗位是业务操作，经过 1—2 年，可以胜任业务主管工作；再经过 1—2 年可以胜任部门经理工作，负责仓储配送部、物流运输业务部、国际物流部、企业信息管理部的全面工作。

（4）实践环节教学的创新集中在借鉴国外学徒制，并逐步完善订单班制度（见图 4 -3）。

订单班制度由企业和学校共同完成，是真正的产学深度融合。“订单班”指的是由大型企业提前预定（签约）学生组成的班级。学生在校期间，企业一般提前一年左右，在相近或社会通用专业中选拔在校生组成“订单班”，然后学院按照企业提出的人才培养目标和知识能力结构，修订教学计划，组织教学，有效促进了毕业生就业率和就业质量的提高。近年来，校企联合的“订单班”越来越受到人们的重视。各企业争先恐后地与职业院校合作，培养专业型目标性明确的人才。例如物流专业的京东班等。“订单班”快速推广的原因主要是受到企业重视和学生的欢迎。应用型人才培养其实就是就业型人才，因此，就学生而言，“订单班”由于是校企合作的性质，解决了大学生就业问题。只要在大学期间认真学习专业性课程的内容，在若干学年后顺利通过企业的招收考核后就能直接进入企业工作。就企业方面而言，人才的需求量是很大的，特别是快速发展的物流行业。而就业方向为自己所学专业已经不满足于当代大学生的需求了，也就是很多企业招收的员工并没有企业需要的专业技能。“订单班”模式就能解决这一问题，培养一批人才，对这些人才进行长时间专业型钻研性的培训，到了就业以后就能顺利地接手责任，完成任务。

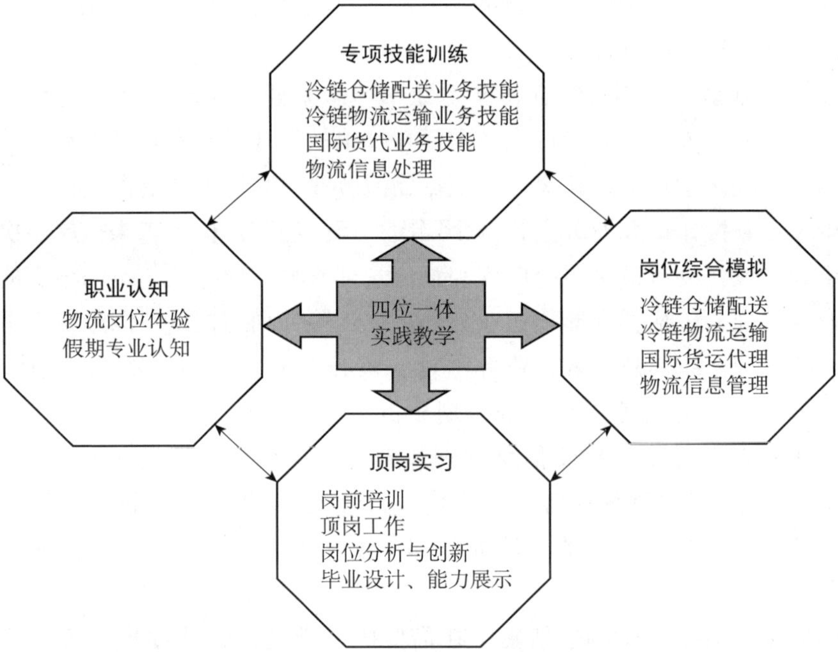

图 4-3 实践教学体系构造图

订单班制度实行 10 年来，大家的共识是解决就业问题，学校学生和家长也是以就业为出发点。本书认为“订单班”应该作为一种应用型人才的培养方法来研究，而不仅仅是就业问题。校企合作“订单班”办学模式，是社会经济发展的需求，是企业稳定壮大的需求，是高职院校不断提升自我的需求，更是学生寻求更好就业目标的一条途径。通过“订单班”这种办学模式，企业有更大的挑选未来员工的选择空间，根据岗位需求及时调整教学计划和开设课程（见表 4-1），可以最大化地节省企业的培训时间和培训经费，让学生未毕业先就业，使企业利益最大化。而应用型院校也就此开拓了就业市场，满足行业人才需求的同时，提升了学院办学质量。而“订单班”学生也可提前进入就业状态，尽早熟悉工作性质和岗位特点。校企合作“订单班”的开设实现了企业、学校、学生的三方共赢局面。①

表 4－1　　专业岗位课程建构规划表

<table>
<tr><th>职业岗位</th><th>主要工作任务</th><th>学习领域课程分类</th><th>学习领域课程</th></tr>
<tr><td rowspan="7">物流市场开发人员</td><td rowspan="7">发掘客户，与客户建立沟通渠道，针对客户需求进行方案设计和成本核算，与客户进行沟通谈判，签订物流服务合同</td><td rowspan="3">基本学习领域课程</td><td>物流学概论</td></tr>
<tr><td>货物学</td></tr>
<tr><td>物流地理</td></tr>
<tr><td rowspan="3">核心学习领域课程</td><td>供应链管理实务</td></tr>
<tr><td>物流市场营销</td></tr>
<tr><td>跟单实务</td></tr>
<tr><td>拓展提升领域课程</td><td>物流管理学基础</td></tr>
<tr><td rowspan="5">仓储管理人员</td><td rowspan="5">商品接运前的准备，针对商品的特性进行装卸方案的规划设计，进货入库作业，保管作业，发货作业和盘点作业</td><td rowspan="2">基本学习领域课程</td><td>物流学概论</td></tr>
<tr><td>货物学</td></tr>
<tr><td rowspan="2">核心学习领域课程</td><td>仓储管理实务</td></tr>
<tr><td>配送中心运营管理</td></tr>
<tr><td>拓展提升领域课程</td><td>供应链管理</td></tr>
<tr><td rowspan="4">运输规划与调度员</td><td rowspan="4">运输车辆的调配、协调、指挥；运输计划的制订与装载的安排</td><td rowspan="2">基本学习领域课程</td><td>物流学概论</td></tr>
<tr><td>物流地理</td></tr>
<tr><td rowspan="2">核心学习领域课程</td><td>配送中心运营管理</td></tr>
<tr><td>运输管理实务</td></tr>
</table>

“订单班”模式培养，以目标岗位要求来设定人才培养方案，以目标岗位的知识结构来设置相关课程，以满足企业的需求为培养学生的根本目标。但如果一切教育与培养，都以企业标准为依据，就容易忽视学生的全面发展。从我国目前的经济发展和就业情况看，随着现代社会物质文明的不断发展，谋生——已不再是多数人自我发展的根本问题，职业结构的丰富变化、新兴职业的快速萌生，我们需要在一个更广阔自由、更完善系统的空间内进行学习、工作和生活。在这样的形势下，如果职业教育仅仅把办学目标局限在传授学生谋求一份工作，甚至是一个特定岗位所需的知识和技能上，显然，已经不能满足学生们日后自我发展的需求，更不能满足时代发展的需求。只有从学习态度、学习方法、职业素养、综合能力等更高的层面上为学生提供必要的帮助和支

① 宋旭丽．“订单式”人才培养模式的研究［D］．济南：山东师范大学，2008.

持，才能使现代职业教育培养出职业能力和综合素质均可持续发展的心理健康的个体。

“订单班”制度的完善主要集中在课程建设和考核机制的创新上。课程建设方面，目前，“订单班”人才培养模式尚处在一种零敲碎打式的起步阶段，由于每一个企业对用人数量和岗位需求都有一定的差异性和阶段性，因此，我们很难找到一劳永逸的合作企业，只有建立起校企合作的长效机制，才能使这一人才培养模式“永葆青春”。“订单班”教学课程设计应充分利用学校课堂教育教学和企业教学两个基地的特点和教学设施条件，学校应针对不同企业的不同要求，逐步形成并完善多层次、多形式的“订单班”人才培养模式，可以在不同年级开展“阶梯式”培养，也可以开展针对岗位要求、特殊技能或是选拔储备干部等多形式的“订单班”培养模式，以及针对企业员工再培训的“订单班”培养模式，以此来实现教育成果与企业岗位的充分融合。

“订单班”管理可以采用“2 +0. 5 +1 +0. 5”的模式，即大一大二采用学校课堂教育，进行基础知识和基本职业素养教育；然后是一个学期的企业学习，对企业基本流程和管理进行初步认识，之后是专业知识强化阶段，形成职业认知阶段的一学年；最后一个学期是结合岗位的毕业设计阶段，在企业实际工作中完成。

关于“订单班”的考核机制创新，需要打破传统思维模式，把培养目标建立在专业性技能型人才培养方面。学校就职单位适当施加压力。阶段性地进行考核以及进行就业难度系数的详解等方法会适当地提高学生的学习动力、学习热情。通过每次的测评，同学们更能找准自己的实际水平，并从中找到需要进步的项目，根据这些拟定出自己的目标。这样一来，学习氛围也会一步步地上升，学生学习质量也会增强。建立或是保持拓展额外兴趣，这一点也是至关重要的。对于学生自身来说，如果他的兴趣点不在订单专业上，那么在强化学习专业知识的基础上，要注重第二兴趣的培养。如果学生本身对于订单专业就很感兴趣，也要注意开发学生的各方面潜能，所谓技多不压身，兴趣和技能多样化更能充实学习生活，为适应企业发展需要做多手准备。退一步说，如果将来没有被录取，也能够从容不迫地进行第二兴趣的就业路，或是钻研最喜爱的专业；开设多样与实践性结合课程。学校应该针对订单班自身特殊的淘汰性更好更全面地开设课程。除此以外，还可以进行订单班的相关讲座，邀请就业岗位的现从业人员定期地进行就职企业及就职职责的相关知识介绍，这样一来，让学生更加清楚地了解所学习的专业以及就业情况。

订单班教育模式以及订单班学生自身养成能够为就业市场带来更专业更全面的人才目前需要解决的问题是：①学生短期就业利益与长远职业生涯发展之间的矛盾。根据职业生涯的“分阶段”理论，我国的学生正处于25周岁前的职业准备与探索期，很多学生对未来职业的规划和发展倍感茫然，只贪图眼前的蝇头小利，过分追求“薪资待遇”“员工福利”这些因素，以此来作为自己选择企业或岗位的标准，而往往忽略了更为重要的“深造培训”“个人发展”等因素。②学校培养数量的要求与企业需求量之间的矛盾。高职院校往往对“订单班”的订单数量会有一定要求。如果数量过少，规模过小，则不利于学院实现教育资源的合理配置。但现实的情况是，虽然我国技术型人才匮乏，但对技术人才有大批量需求的企业并不多。而且，对于企业来讲，每个企业或岗位对人才的能力和素质要求也存在一定的差异。

“订单班”的管理制度变革需要校企共同完成。建立“订单班”调研论证机制，努力克服订单关系中的信息不对称现象。

首先，学校要进行大量的调查研究，建立具有合作意向的企业信息库，尽量多地收集企业信息，在对比分析中初步确立可以合作的对象；第二，对于已初步确定了的合作对象进行详细深入地调查；第三，做出与此企业合作的可行性报告，并进行调研论证。这些调研论证工作，应主要围绕以下三个方面开展：一是企业发展潜力，应以企业所在地经济发展中的主导产业为主，围绕地方经济主导产业设立的企业往往具有更广阔的就业前景；二是企业经营能力，其衡量标准主要就是企业家的才能，包括市场开拓能力、资金运作能力、决策能力和风险化解能力等；三是企业进行校企合作的动机和出发点，应该选择真正具有人才培养需求愿望而不是一心只求获取廉价劳动力的企业。只有负责任的良心企业，才是学校合作的对象，才能真正促进“订单班”学生健康、可持续的发展。

其次，建立“选拔、淘汰”机制，实现“订单班”动态化管理。

学校要杜绝以整个专业或班级“一锅端”的做法来建立“订单班”，避免在实施过程中矛盾重重。同时，在培养过程中，可根据学生的学习能力和工作情况，建立“企业奖学金”和“末位淘汰”机制，鼓励表现突出的优秀“员工”，也及时淘汰不具备适应性的学生。在整个“订单班”实施过程中，校企双方应紧密结合，积极参与动态化监管，从真正意义上实现企业、学校和学生的“共赢”。

再次，建立人才培养长效机制，逐步形成多层次、多形式的“订单班”人才培养模式，实现教育成果与企业岗位的充分兼顾与融合。

综合以上问题，订单班制度应该是最接近应用型人才培养模式的制度，最关键的问题是政府和行业协会作用的发挥。

政府和行业协会的支持和制度安排，政府应出台相应的政策支持。一是解决和建立企业参与职业教育的补偿机制，加大扶持力度，维护企业参与职业教育的各项权益。二是行业协会要发挥桥梁作用，制定相关的人才标准，协调校企合作关系，降低企业负担，并提供技术和人才支持。

建立学校和企业的新型合作模式，积极探索集团制，真正体现双主体办学思想。首先把课程设置当中的理论基础部分由学校完成，仍然以课堂教学为主。实践教学环节交由企业完成，学校不再设实训室，较少实训环节投入。企业完成实训环节无需投入，学生直接进入真实情景，企业缺乏的师资问题由现有培训机构人员担任。为实现校企深度融合，需建立学校与企业沟通联络的长效机制。

三、课堂教学环节多种方法的教学实践探讨

（一）慕课及存在问题

MOOC 这个术语是 2008 年由加拿大爱德华王子岛大学网络传播与创新主任与国家人文教育技术应用研究院高级研究员联合提出来的。在由阿萨巴斯卡大学技术增强知识研究所副主任与国家研究委员会高级研究员设计和领导的一门在线课程中，为了响应号召，Dave Cormier 与 Bryan Alexander 提出了 MOOC 这个概念。George Siemens 与 Stephen Downes 设计和领导的这门课程名叫《连通注意与连通知识》，这门课程有 25 位来自曼尼托巴大学的付费学生，还有 2300 多位来自世界各地的免费学生在线参与了这门课程的学习。所有的课程内容都可以通过 RSS feed 订阅，学习者可以用他们自己选择的工具来参与学习：用 MOODLE 参加在线论坛讨论，发表博客文章，在第二人生中学习，以及参加同步在线会议。①

MOOC 课程在中国同样受到了很大关注。根据 Coursera 的数据显示，2013 年 Coursera 上注册的中国用户共有 13 万人，位居全球第九。而在 2014 年达到了 65 万人，增长幅度远超过其他国家。而 Coursera 的联合创始人和

---

① 易庆竑．基于慕课的翻转课堂及其教学结构研究［J］．现代教育技术，2015（4）．

董事长吴恩达（Andrew Ng）在参与果壳网 MOOC 学院 2014 年度的在线教育主题论坛时的发言中谈到，现在每 8 个新增的学习者中，就有一个人来自中国。果壳网 CEO、MOOC 学院创始人姬十三也重点指出，和一年前相比，越来越多的中学生开始利用 MOOC 提前学习大学课程。以 MOOC 为代表的新型在线教育模式，为那些有超强学习欲望的“90 后”“95 后”提供了前所未有的机会和帮助。①

Coursera 现在也逐步开始和国内的一些企业合作，让更多中国大学的课程出现在 Coursera 平台上。

慕课将多元化的网络学习方式与丰富的课程资源整合在一起，使知识的传播突破了校园围墙的限制。此外，优质教育的易得性与可选择性降低了大众接受教育的门槛，完整的课堂教学情景模拟也使慕课更加符合科学的教育规律。传统意义上的课堂教学模式正受到慕课的威胁与挑战，具体表现在：

1. 以“授”为主的教学方式受到以“学”为导的价值取向的冲击

在我国，一直以来课堂教学模式大多数是以教师为主体的，知识讲授以灌输的方式进行，学生受限于知识的强压和教室的束缚，缺乏理性的思考与交流，难以主动、自由地接受知识，甚至会形成呆板机械的思维习惯。而慕课则强调学生对学习的独立认知和体验。在突破时空限制的同时，慕课允许学生基于自己的兴趣和需要选择课程，对于课程学习的可控性与可重复性也为学生的温故知新与查漏补缺提供了可能。慕课提供的互动平台也让学生的自主性得到了极大的发挥。实践充分证明，以“学”为本的教育价值取向更能够充分调动学生的积极性，在最大程度上满足不同学生的多样化学习需求，给课堂带来焕然一新的面容。

2. 照本宣科的课堂讲解受到精练生动的微课程的挑战

当前，有许多教师的思想太过于保守僵化，对于教材和知识的理解局限于表面，忽视与实际生活的联系，以至于课堂教学难以与学生的认知能力和水平相联系，往往会出现教、学、用不相协调的问题，出现满堂灌的现象。而慕课尊重每一位学生的认知需求和记忆规律，把课程内容分割成 15 分钟左右的微视频，每段微视频后都带有相关的习题，学生只有在完成该习题后才能进入下一微课程的学习。这种带有挑战性的类似游戏通关的渐进模式使学习充满趣味和成就感，能在最有效的注意时间内抓住学生的兴趣，高效地传达信息。课堂

① 顾永超．谈慕课为高校带来的机遇和挑战［J］．亚太教育，2015（25）．

不再沉闷枯燥，也会最大限度地调动起学生学习的积极性，取得较好的学习效果。

3. 机械的知识强化受到多元的知识创新的挑战

传统课堂对于学生学习结果的评价往往通过考试的方式来进行，考试内容大多依据课程标准编制，以分数来评判学生掌握知识的程度，大多属于终结性评价，缺乏过程关照。而慕课对于学生的评价则是通过讨论、习题等多元的评价方式贯穿在整个课程学习中的，并通过 wiki 等交互平台进行实时的交流互动，鼓励学生发表自己的观点，将外化的知识学习内构为主观、自发的知识探究，充分挖掘学生的创新潜能。知识的学习不是唯一目的，养成独立的思维方式才是关键。知识不再死板僵化，学生的学习过程转变为对知识的主动建构与自主探索的过程，慕课将学生对于知识的学习提升到了一个更高的境界。

慕课作为一种新兴的学习方式，在我国教育界掀起了一场风暴，它虽然具有高校实体课堂所无法比拟的优势，但高校课堂所具有的便捷的师生互动与情感交流仍是其难以超越的。那么如何应对慕课对于高校实体课堂的影响和变革是我们目前应面对的首要问题。

4. 慕课在我国推广需要重视的环节

（1）提升教师素质，改革教师评价机制。慕课的到来对教师的教学水平与能力有了新的要求，教师成为学生学习的激励者和引导者。因此，在慕课的教学模式下，教师在具备专业的教育教学能力和知识的同时也必须具备扎实的教育信息技术素质。这就要求教师具有与时俱进的工作精神，扩宽教学实践路径，提升自己的专业广度和深度。同时高校也应该改革教师的评价机制，将教师的信息素养能力纳入绩效考核的标准，培养教师参与慕课的积极性与主动性。

（2）加强信息化建设，实行混合式教学。混合式教学是一种兼融慕课教学与实体课堂教学的一种教学方式，将传统教学与在线教学的优势相结合。教师事先将设计好的课程资源或视频上传到慕课平台，并让学生在课下空余时间自主学习。学生在自主学习中遇到的疑难问题既可以在课堂上由教师集中解惑，也可以在慕课的课程讨论区与同学交流。这样，课堂成为了检验学生学习成果的舞台，课堂教学的任务就是帮助学生进行知识的内化。教师不再是单纯的知识传授者，更多的是学生学习的推动者和助力者。学生成为了学习的主体，对知识的主观体验与构建更容易在交互的过程中获得。

（3）加强高校联盟，努力研发精品课程。受教育经费及核心技术开发问题的制约，高校应加强校际合作，通过组建高校慕课平台，努力研发具有本校办学特色的精品课程，并与他校进行课程交流与资源共享。鼓励教师提升信息文化素质，创新课堂评价方式，实行学分互评制度，将线上学分与线下学分，我校学分与他校对应学分相结合，以实现线上线下的取长补短和校内校外资源的有机结合。

（二）翻转课堂及存在问题

翻转课堂译自“Flipped Classroom”或“Inverted Classroom”，也可译为“颠倒课堂”，是指重新调整课堂内外的时间，将学习的决定权从教师转移给学生。在这种教学模式下，课堂内的宝贵时间，学生能够更专注于主动的基于项目的学习，共同研究解决本地化或全球化的挑战以及其他现实世界面临的问题，从而获得更深层次的理解。教师不再占用课堂的时间来讲授信息，这些信息需要学生在课前完成自主学习，他们可以看视频讲座、听播客、阅读功能增强的电子书，还能在网络上与别的同学讨论，能在任何时候去查阅需要的材料。教师也能有更多的时间与每个人交流。在课后，学生自主规划学习内容、学习节奏、风格和呈现知识的方式，教师则采用讲授法和协作法来满足学生的需要和促成他们的个性化学习，其目标是为了让学生通过实践获得更真实的学习。翻转课堂模式是大教育运动的一部分，它与混合式学习、探究性学习、其他教学方法和工具在含义上有所重叠，都是为了让学习更加灵活、主动，让学生的参与度更强。互联网时代，学生通过互联网学习丰富的在线课程，不必一定要到学校接受教师讲授。互联网尤其是移动互联网催生“翻转课堂式”教学模式。“翻转课堂式”是对基于印刷术的传统课堂教学结构与教学流程的彻底颠覆，由此将引发教师角色、课程模式、管理模式等一系列变革。①

从学生角度说，翻转课堂的模式是否真正解决了因材施教的问题？对于传统教育的诟病在于，对待不同的孩子搞“一刀切”，不仅在教学上是如此，考试时更是如此，这也就使很多成绩一般的孩子只能在班级中“跟着跑”，而不能按照自己的学习能力和消化水平制订符合自己的学习计划。

翻转课堂虽然将学习的掌控权给了学生，但是我们应该看清目前国内学生的情况：不擅于提问和主动性不强，这两点直接影响了翻转课堂的效果。

---

① 李晋红．翻转课堂中存在的问题及其解决策略［J］．新课程（中），2017（10）：12.

从教师的角度看，国内的教师是否具备引导学习的职业素质？翻转课堂很重要的一点，是通过教师的引导和答疑来检查学生学习的效果，在翻转课堂中，教师的角色其实不是被淡化了，而是从另一个侧面有所加强，它要求老师能够通过设问、通过学生之间的讨论和完成作业、项目的情况来分析和把握学生的学习效果，相较于传统的教学模式，老师从主动变为被动，从主导变为引导，这对其职业素质有着更高的要求，而与学生一样习惯了传统教育模式的老师群体，也很难在短时间内完成自身的转变。

从家长的角度看，翻转课堂的教学效果如何去量化？中国的家长对于教育非常的关注，“望子成龙，望女成凤”是家长们的心愿，虽然年轻的家长对于孩子的教育有了更加新潮的观念和更为开放的思想，但是有一点始终不变，就是如何量化老师的教学效果和学生的学习情况？过去通过考试来为学生排名次，为老师测评，但在素质教育观念影响下，家长更看重孩子的全面发展。对于翻转课堂来说，要翻转的不仅仅是教与学过程中的顺序，相对应的还要有最终的效果评估机制。

1. 教学实践中运用翻转课堂面临的几个问题

（1）学生课堂外看视频效果如何把握。课堂外看视频学新知识点，上课则不讲新课直接讨论，翻转课堂将教学由“教—学”模式变成了“学—教”模式，这对中国式课堂来说，可谓是“本末倒置”，因此也有一些一线教师提出质疑。比如，学生的自觉性和自主能力有差别，学生做作业可以有书面显示，教师比较能把握学情，而看视频学习的效果究竟如何呢？可以说翻转课堂不仅提高了课堂效率，更加减轻了学生的负担，很多学生在课堂上就可以把作业完成。回家后就可以做自己喜欢的事。学生也不是看完视频就算，学校有个平台可以让老师知道学生看视频的情况，老师会及时地与孩子们进行沟通。由于课堂学习的前提是学生课前的深度预习，这对学习习惯好的一些学生也许能做到，但是对于学困生，有视频不想看，有学案不想做，第二天来了抄作业应付检查，所以有一些老师甚至不敢将预习学案下发给学生，有一些老师虽然将预习学案下发给学生，但是由于学生完成的情况参差不齐，课堂上又把预习过的知识讲了一次，使得课前学习形同虚设，课上的深度交流更无从谈起了。

（2）大量视频制作考验老师能力。翻转课堂的第一步就是要求老师创建教学视频，这对老师借用科技手段进行教学的能力是一大考验。“我做一个视频至少要花 2 个小时。”金陵中学王守明老师表示，做视频是对老师来说十分耗费精力的一件事。

（3）翻转课堂是否降低老师上课作用。有些老师误以为，在翻转课堂中，教师的角色被淡化了，实际上并非如此，它要求老师能够通过设问、通过学生之间的讨论和完成作业、项目的情况来分析和把握学生的学习效果，相较于传统的教学模式，老师从主动变为被动，从主导变为引导，这对其职业素质有着更高的要求。作为老师，必须能够准确提炼哪些知识学生课前会了，哪些不会，会的不讲，把时间放在有效组织学生解决重难点知识上，这样才能真正提高课堂效率。新课老师不讲，课上主要讨论，这种课堂是不是降低了老师的作用？对于这个疑问，华东师范大学教授、中国慕课专家吴志宏教授说，慕课强调的是课前的学习和课堂教学的结合，它能够充分发挥现代信息技术的优势，并不是降低老师的作用，而是对老师提出更高的要求。

在线学习主要体现的是一种微视频，老师把讲的内容、知识点编制成微视频让学生在家里自己看，这种自行观看微视频的最大好处就是形象生动、方便记忆。并且，学生在家里看的时候可以自己掌控节奏，不断地看、反复看。每个学生的学习能力和接受能力是不一样的，有的学生接受知识接受得快，有的学生则相对来说慢一些，在课堂上直接教学，老师需统一教学进度与要求，所以不能兼顾到每一个学生。用视频的形式在课前让学生先去看能很好地弥补这一缺陷，充分起到了预习的效果，是个性化教学的体现。让学生带着问题进课堂，可以使老师能够针对性地对学生进行讲解，让学生展开充分的互动交流，进行自主思考。老师在其中起到的是一种助教、助导的作用，而不是像一般的课堂上所处的一个以老师为中心的地位。课堂上会将更多的时间和精力留给学生，体现学生课堂上的主体地位。翻转课堂的形式最成功的是在理科方面，如数学、物理、化学等，因为理科相对来说知识点比较集中，老师在编制微视频的时候可以将问题带入，但是通过半年对翻转课堂的探讨发现，其实每一门学科都可以用翻转课堂的形式教学，只是各个学科有自己的教学特点和方式方法。

2. 翻转课堂的优势

（1）课前实现了学生个性化的学习。在传统课堂上，学生白天在学校“齐步走”，教师只能照顾三分之一的学生，想因材施教谈何容易。学生晚上回家做作业遇到困难也难以及时解决。在翻转课堂上，课前学生可以按自己的步调学习，有导学案的引导，微视频的帮助，满足了学生的个性化学习需求。微视频短小精悍，针对重难点，可暂停，可回放，一次看不懂可以看两次，甚至三次，直到看懂为止；随时在线与同学互动，解决了自己存在的困惑。

（2）课堂实现了学生的深度学习。课堂上学生带着课前吸收的知识，带着课前学习中遇到的问题交流、展示，生生互动，师生互动，答疑解惑，精彩纷呈的课堂实现了学生的深度学习，使学生对知识的应用得到升华，知识体系重新得到构建，探究能力、协作能力、创新能力得到进一步的发展。

总之，翻转课堂的支点，是课外、课内两个教学和学习时空的差异。前者是个性学习空间，适合完成接受知识的过程；后者是集体学习空间，适合探究学习，它将接受式学习和建构式学习的优点有机整合在一起，完成了学生自主、深度的学习，真正提高了学生的学习效率。

3. 翻转课堂的教学效果需要采取以下策略

（1）建立激励评价制度。以展示预习成果或进行预习检测的形式检查学生的预习成果，并对每个学生的展示结果和检测成绩进行评分量化，以此鼓励先进，鞭策后进，营造一种抢前争先的氛围，调动学生课前学习的热情和积极性。

（2）充分利用小组交流。小组交流是促进学生有效学习的一种手段。学生建立了小组合作学习制度，按学习水平和能力划分 4 人或 6 人合作小组，并安排座位。组内成员明确分工，建立结对帮教制度和组内讨论交流制度，确保中等生和学困生都有参与合作学习和交流展示的机会；班内交流展示时，按问题难易程度，安排中等生和学困生进行汇报，优等生进行点评总结。建立小组竞争机制，从小组交流、回答问题、作业完成、改错等诸方面对小组合作学习情况进行评分量化，开展合作小组星级评价，以小组间的竞争促进小组内的合作，达到了面向每一个学生，人人主动学习有发展的目标。

翻转课堂目前在各类学校各个层次的教育教学均在实践探索，可能短时间内看不到翻转课堂对教学成绩提升的效果，甚至可能出现暂时的下降，但是我们相信，经历了这样的过程，学生具备了较强的自主学习能力，学习成绩的提升自然是水到渠成的事。只要一步一步踏实地走过，学生将由被动学习变为主动学习，由追求学会转向会学、乐学。“教是为了不教”，这不正是我们教学所追求的最高境界吗？教学研究的过程就是解决教学实际问题的过程。面对翻转课堂实施中的问题与困惑，需要我们的坚持、智慧和努力，更需要团队的合作。“翻转”我们的理念，“翻转”我们的课堂，让我们在探索中不断发现、成长、成功。

（三）对分课堂及存在问题

19世纪90年代曾创立同侪互助教学（Peer Instruction）的哈佛大学物理教授埃里克·马祖尔把学习分为“知识传递”和“吸收内化”两个步骤，指出传统教学只重视“知识传递”但忽略了“吸收内化”。这个观点提示我们，教学改革要特别关注学生对传授知识的吸收过程。内化作为一个认知过程，具有一个非常重要的特点：不同学生的内化速度和内化方式不同，学生要有充分的时间根据自己的节奏去完成内化过程。循此思路，我们设计了一种新的课堂模式，称为“对分课堂”。①

大学课堂常常连续两节或三节，对于在信息碎片化时代长大的学生，长时间保持对教师的注意比较困难。有些教师因此提倡课堂教学要幽默、风趣，富于表演性。但善于表演的教师可能总是少数，这样的做法对多数教师未必具备现实意义。此外，网络时代娱乐资源丰富，教师不可能、也没有必要去用娱乐的方式来保证教学质量。因此，让学生积极参与，增加互动性，成为大学课堂提高趣味性和培养学生主动性的一个行之有效的方法。

1. 对分课堂的优势

（1）增加学生主动性。对学生来说，传统课堂没有专门的时间留给学生去质疑、去解惑，学生的困惑与问题日积月累、与日俱增，久而久之，学过的知识都成“夹生饭”，自己难以消化，最后消极学习，失去了学习兴趣。对分课堂的引入，给每位学生提供了与同学和老师平等交流的机会，充分尊重了学生的学习意愿，很大程度上消除了学生不想问、不敢问的困惑。学生把课后学习中遇到的困难带到课堂，以自己更加能接受的方式得到解决。通过小组讨论，同学之间相互交流，共性问题请老师解答，师生互动，教学相长，增进了师生友谊，增强了班级凝聚力。怎样学习、学到什么程度，学生可以自己安排，自我控制感强。碰到疑点，可以记录下来，随后讨论时有机会向同学和教师询问。没有时间或能力不足的学生，可以只覆盖课本的基本内容，完成一个综述性的读书笔记，有时间、有能力的学生，可以超越课本、阅读更多材料，完成一个反映深入思考的读书笔记。学生需要带着课下学习的成果来参加随后一周的讨论，朋辈压力会使得他们的课下学习更有动力、更认真。作业要计分，优秀的作业会在全班展示，这都会促使学生更主动地把自己的学习成果外化为高质量的作业（阅读笔记）。教学过程出现良性循环，学生作业越来越

① 张学新．对分课堂：大学课堂教学模式的一个新探索［EB/OL］．中国科技论文在线．

好，得到点评表扬的作业也越来越多。

从根本上，传统课堂上，教师把内容讲得很充实，学生没有多少发挥余地，逐渐趋向被动接受。而对分课堂，教师有引导，但没有穷尽内容，这就留给学生进一步主动探索的空间，有利于引发学生的主动性学习。

（2）减轻教师负担、实现教师角色转型。对教师来说，对分课堂教学中，教师不需要对每个知识点“事无巨细”去讲解，只需要精心备课，给学生讲授整体框架和重难点就好，减少了课堂“讲”的环节和检查作业的时间，减轻了教师的负担，同时对分课堂对教师的专业知识和课堂的整体把握提出了更高要求，对于教师自身的发展也是助益颇多。对每一章节的新内容，对分课堂让教师先讲解，发挥教师的指导作用，给学生进一步的学习提供了基础。重点、难点采用讲授方法，在根本意义上保留了传统教学的精华，保证了知识传递的准确性、有效性。在传统模式下，教师每次课要讲满2—3节课，负责所有讲课内容的组织、呈示、解释、总结，常常要制作大量幻灯片，备课工作量大。对分课堂中，授课时间减少一半，教师只需把握知识系统的主干，讲授学习内容的重点、难点，把简单但枯燥、单调、不适合讲解的内容留给学生自己阅读，备课量减少。授课时间短，降低了对学生长时间集中注意力的要求，减少了教师吸引眼球“表演能力”不够的担心，更关注核心知识的传递。教师讲授部分主要是学生觉得困难、看书不易看懂的，学生对教师的学识会更尊重、评价更好。无论班级规模，分组数量多少，分组讨论时，教师只需在各组间巡回，督促学生进行与课程相关的讨论，并不需要介入讨论，这也降低了讲课负担。课后教师批改学生作业并给予反馈，看起来增加了负担，但用学生作业在课堂上做展示，减少了教师自己准备教学材料的时间，降低了总体负担。

在对分课堂中，教师的角色从覆盖内容、灌输知识，变为学生学习的引导者，教学过程中的机械性成分降低，指导性成分提升，学生学习动机增强，对教师评价更积极，这些都会提升教师的职业成就感。

（3）增加生生交互和师生交互。教育是以人为对象的活动。丰富的人际交互是培养思维活跃性的良好方法。传统课堂下，教师讲授后，学生各自学习，没有系统的机会进行交流。学生自己学习，比较枯燥，碰到问题，很难找到教师答疑，也不易找到同学讨论，容易受挫。即使教师指定小组作业，学生们课下也很难聚齐，聚齐了也会因为环境不够好、干扰多，导致效果不好。学生常常采用每人分担一块，然后拼合汇报的方式完成小组项目，并没有达到合作学习的目的。对分课堂把交互学习放到课堂上，保证学生在良好的环境中，在有充分准备的情况下进行交流。在课堂上，学生带着问题来，目标明确地提出质疑和难点，并相互协作共同解答。学生在交流中锻炼表达、学会借鉴他人视角、互相启发、互相促进，增加了掌握知识的深度。鉴于朋辈压力，完全不复习很难参与讨论、对话，缺课也会影响整组讨论。团队合作意识增强，同学之间也增加了交流、了解彼此的机会，促进了友谊。课堂讨论过程中，个别学生有问题，无法通过组内讨论解决，也有充裕的机会同教师交流。教师聆听对话，偶尔参与到需要的个人和小组讨论中。总体说来，生生交互、师生交互的幅度都大大提升。

（4）提高总体学习效果。学生在教师讲授后需要完成内化，并以作业形式体现自己的学习成果，看起来是增加了学习负担，其实是过程性学习希望达到的理想状态。传统课堂中普遍出现的学生考前高度紧张、临时抱佛脚的现象其实是教学失败的一个标志。对分课堂把有效学习应该付出的努力分散到整个学期。在临考前，学生只需要把一些需要背诵的基本概念复习一下即可，更为深层的学习已经有效体现在学期中间的过程中。一周内经过教师讲授、课后复习、分组讨论三次学习同一内容，符合记忆规律，可以有效减缓遗忘速度。

2. 对分课堂的实践方法的要点

（1）读书笔记强调体现学生个人特色。学生在完成读书笔记的过程中，既有对书本内容的整理、归纳和总结，也有深入理解和发散思考，不仅仅培养了基本的学习技能，还能培养一些长期受益的技能。例如，口语课中，学生在课后对某一原版视频做有针对性的模仿练习时，提升了对语音和音调的敏感性，还养成了回听自己录音的习惯，能够自主自觉地发现自己存在的问题。

（2）教师对学生作业及时批改、逐一反馈，让学生看到了教师的关注。在课堂上对优秀作业的点评和表扬，激发了学生的学习积极性。对分课堂以学生的分组讨论做开端，是高效的热身，学生温习上次内容，并主动、自然进入后续内容，比使用导入技巧，能更好地让学生进入状态。分组讨论时，教师在各组间巡回，可以了解学生的掌握程度和困惑之处，对教学的深度有更好的把握。

注重提升考评准确度。传统课堂下，学生通过少量的几次评估，如期中、期末考试或学期论文获得分数。取决于考题内容和临场发挥，分数偶然性高，评价准确度低。考试更多侧重死记硬背，对学生的独立思考能力考查不够。考试形式统一，没有考虑不同学生的不同需求。比如，一个班级，并不是每个学生都想获得好成绩，有些学生自知能力不够，有些学生不喜欢课程，只要求一个及格分。如能对不同需求做不同处理，避免被迫性学习，能减少学生不必要的焦虑。

四、多种教学方法在冷链物流专业课教学中的应用问题

翻转课堂、慕课和对分课堂三种方法在课堂实践中均处于探索阶段，在义务教育和高等教育各个阶段都在尝试和探讨，也取得了一致的肯定，改善了课堂的教学思维，打破了传统教学模式，存在的问题也需要在实践中完善和提高，使中国学生改变思维模式，提高创新思维能力。就冷链物流本科的专业教育而言，三种方法也在不断试验阶段，很多一线教师也把他们的经验进行了总结和交流。冷链物流人才课堂教学方法的应用主要包含以下问题：

（一）三种教学方法实施的条件

1. 教学资源

2018 年，教育部正式推出 490 门“国家精品在线开放课程”，这是国内首批、国际首次推出的国家精品慕课，助力高等教育教学质量的不断提高。各个高校也在不断利用各种渠道和资源进行线上资源的建设，但是针对冷链物流这样专业性强的课程，这些资源仍然有限。因此，现在的专业课堂只能以讲授为主，辅之以其他教学方法。

2. 生源条件

学生的总体学习习惯需要逐步培养。学生来自于高考招生，他们是经过应试教育选拔的，尽管我国的中学教育也一直在逐步改进，但是受升学率的限制仍然以传统灌输式教育为主，学生思维习惯和学习方法不可能一下子适应自主学习的氛围。因此，翻转课堂、对分课堂这种需要自主学习的模式不能一蹴而就，需要逐步培养培训，需要因材施教，教会学习方法之后加以引导。另外，建议冷链物流管理专业招收理科学生或者文理混合，以适应未来智能化、系统化的物流企业发展需要。

3. 师资队伍

高校师资来源有三：新毕业的大学生、企业人士以及高校退休人员。这三类师资中，企业人士有一定的企业管理经验（企业人士掌控课堂能力需要培养），另外两类主要进行培养培训。培训的内容包括适应“互联网 +”的现代教学手段，包括微课的运用和制作能力等；以下企业培训顶岗方式通晓企业运营的基本程序和管理理念，适应校企融合背景下的教学需要。新型教学方法是

要适应“互联网+”的需要，能够利用现代信息化的资源，有一定的理论体系和实践化应用思维。

（二）三种教学方法的融和应用

应该说三种教学方法对实践环节和理论教学的课堂都是适用的。教学过程中，首先要把每门课程教学内容进行区分，如课程导入内容、课程基本理论原理部分、课程操作演示部分和学生动手练习部分。其中基本理论原理部分可以讲深讲透，传统讲授法、案例法的效果都不错。其余三个部分可以根据教学资源情况引导学生自主归纳总结，也就是说方法是为课程服务的，一门课程的教学方法可以灵活运用。另外，对课程体系中的不同课程也可以相应变通不同方法。理论性较强的课程，如物流管理、供应链管理等课程，可以讲授，加上翻转课堂；对于拓展类课程，如运输管理等可以采用对分课堂，分组教学；实训类课程鼓励任课教师进行微课建设，并加强与其他院校的合作，逐步形成专业特色。

综上所述，我们把冷链物流人才培养方法分为实践教学环节和理论教学环节分别阐述。实践教学环节的课程实训、顶岗实习和毕业设计等以企业为主体完成，专业基础课程和拓展课程采用灵活的教学方法。改革的根本目的就是提升毕业生质量，使学校教育和就业衔接，为应用型大学的可持续发展提供保障。

第五章 冷链物流产学研一体化培养模式

第一节 冷链物流人才培养模式

一、传统高校冷链物流专业人才培养模式

冷链物流（Cold Chain Logistics）泛指冷藏冷冻类食品、药品在生产、贮藏运输、销售，到消费前的各个环节中始终处于规定的低温环境下，以保证食品、药品质量，减少损耗的一项系统工程。它是随着科学技术的进步、制冷技术的发展而建立起来的，是以冷冻工艺学为基础、以制冷技术为手段的低温物流过程。它是物流行业的重要分支，随着社会经济结构与物流行业发展以及人民群众对于更高生活品质的持续追求，冷链物流成为物流产业链中异军突起的特殊板块，开设物流管理专业的各应用型本科高校也将其作为主要的人才培养与科学研究方向。

从一般意义上讲，冷链物流人才应分为三大类：科研型人才、管理型人才和操作型人才。科研型人才主要是指在高校物流管理等相关专业或专业科研院所从事冷链物流专业理论研究和前沿技术研发的人才，这类人才应具有较高的理论水平和技术研发能力，同时对于技术应用具备指导能力；管理型人才主要是指在政府行业主管部门、行业协会、冷链物流企业从事具体专业计划、组织、协调、控制等管理工作的人才，其除具备一定的理论基础以外，对其理论与实际结合的能力以及管理协调工作能力均有较高要求；操作型人才主要是指在冷链物流企业一线现场从事冷链物流技术操作的现场作业人员和基层运营调

度管理人员，操作型人才需掌握基本的冷链物流知识，其应具备较强的冷链物流设施设备的使用能力、具体作业的实际操作能力以及基层运营调度管理能力。本书主要研究范围是管理型冷链物流人才和操作型冷链物流人才的培养。

传统高校的人才培养模式及实施过程中，冷链物流并不在高等教育专业体系序列中，主要的培养方式一般是在本科教育的物流管理专业中内设冷链物流管理的专业方向，或在高等职业教育中的物流管理或制冷技术专业中突出冷链物流方向培养。作为物流产业的重要分支，冷链物流人才培养在高校人才培养体系中的定位并不清晰，其产业人才需求分析、重点岗位工作分析、针对性的教学内容与教学方法设计等均无法明确，产业岗位分析流于形式简单笼统，重理论轻实操的特点明显，虽能够打下一定的理论基础，但与冷链物流的专业要求契合程度不高。课程体系的设计缺乏对于冷链物流行业理解的系统性，一般以设置数门与制冷技术、食品质量与安全专业相关的专业课程来突出冷链物流特色，在培养过程中难以深入企业运营一线，故此，最终的毕业学生不能完全满足冷链物流行业的基础人才需要。

二、传统人才培养模式的弊端

近年来，伴随冷链物流行业的飞速发展，传统高等院校与职业院校的物流管理专业人才培养方式也不断变革，人才培养质量有了一定提升，但是由于国内物流管理专业建设起步较晚，人才技能与素质结构难以与行业企业实现无缝对接的现象较为突出。传统高校冷链物流专业人才培养模式存在以下弊端。

（一）封闭式办学的思维并未完全打破

时至今日，受传统教育理念的影响，“重基础理论轻实践应用”的思维在诸多高校存在，使得教学和科研工作与社会、行业及市场需求相脱节，高校的工作方法仍然习惯于闭门造车、坐而论道，进行封闭式教学与办学，致使学生获取专业知识技能的途径仅限于课堂教学与书本教材，无法真正与行业实践相结合，学到的知识技能难以得到实践检验与生产作业现场运用的机会。推而论之，高校的科研管理体制、师资团队建设、专业发展规划均受到相应的影响。

（二）教学对象专业意识匮乏

当代大学生进入该专业学习后，并未在人才培养起始端培养对于专业的认识与熟悉，甚至连基本的感性认识环节也未能设置，导致相当多的学生升至高年级仍然认为物流管理专业的大学学习只要保证会背书成绩高即可，面对当代飞速发展的行业实际，在受教育过程中并未建立起面对行业人才需要的主动意识，在专业课程学习与实践结合方面显得懵懂被动，缺乏主动性。

（三）授课深度与广度无法达到行业发展要求

课堂教学的深度在知识点教学纵向上的深化与探索，课堂教学的广度是指教学内容在横向上的容量和范围。目前，相当多的高校物流管理专业教学中仍然满足于教材内容的基本讲授，缺乏对于讲授内容的深度理解与讲解，也缺乏对于行业技术与管理前沿的适当延伸，导致学生掌握的知识与技能浮于表面，不够深入，同时学识与能力范围狭窄，不能灵活地与相关知识融会贯通实现理论与实践的结合，这都无法满足冷链物流行业对于全面素质人才的需求。

（四）实践类型课程与教学设计不合理

在高校冷链物流管理专业教学中，不论是阶段性的实践教学还是总结性的实践教学（毕业论文、设计等），其设置均不是非常合理，其中较为突出的问题是教学缺乏冷链物流行业的实践性，实践型的课程项目仿真性较差，与行业现场实际脱节较为严重，无法真正培养或考查学生综合运用专业知识解决实际运营管理问题的能力。实践类型课程与教学环节仅被当成一个例行阶段，重在通过，而不在于解决某个实际管理或操作问题，其与专业实际结合的可能性并未得到重视，逐渐退化成为形式甚至过场，其存在没有实现初衷，不能使学生得到实践能力的真实训练。

（五）专业课程体系单一

由于物流行业的跨专业特性，加上科技水平与管理模式的迅速发展进步，其知识总量与技能要求也在不断增强，对于课程体系的要求也日益综合化，物流管理专业建设也相应表现出高度综合化的特点，但课程体系的设置单一造成专业知识传递的狭隘和僵化，最终造成人才培养的技能过时与知识陈旧。

（六）专业师资队伍缺乏综合性

当前的高校或高职院校中进行冷链物流管理专业人才培养的师资队伍来源较为单一，鉴于物流管理专业设置时间较短，资深教师基本来自其他管理学类相关专业，青年教师大部分接受过物流管理及相关专业的系统教育，但在冷链物流专业教学中师资队伍仍普遍存在力有不逮的现象。究其主要原因有三：其一，师资队伍中的教师虽普遍具有相应的冷链物流专业理论基础，但也普遍缺乏从基层至中高层的专业管理经验，因自身也缺乏积累，便难以指导培养学生的实践能力；其二，专业教师由于受自身学习的专业限制，难以适应冷链物流较大幅度的跨界特点，一旦涉及工学（制冷技术、制冷工艺与设备等）或食品科学（食品质量与安全、食品科学与工程等）的专业知识与技能便会捉襟见肘，难以充分讲授；其三，专业教师即使是物流管理专业出身，由于受自己学习时专业课程体系的限制与偏颇，导致产生叠加效应，培养学生时也会受到自身专业欠缺的限制。

除此以外，校企合作深度不足、“课赛融合”难以落实等问题均不同程度存在于传统高校及高职院校冷链物流管理专业人才培养模式设计与实施过程中，传统模式已不能完全适应社会经济的发展要求、行业发展的人才需求以及当前高校人才培养质量提升的具体情况，应逐步加以修订与改进。

三、冷链物流人才培养模式创新

当前，我国冷链物流行业不断摆脱经验管理的格局，正在向深度专业化的方向发展。基于这样的发展要求，培养更多适应冷链物流行业人才需求的专业人员成为传统高校及高职院校的主要任务，大量综合性或工科类高等院校也开始设立物流管理专业，鉴于其较强的运营实践性要求及人才培养模式改革的迫切需要，从传统的校企合作模式演进至产学研一体化培养模式是其必由之路。

（一）传统校企合作模式的合理性

第一，物流专业具有较强的实践性和跨学科要求，该专业在行业实际运作中包含的环节多、内容繁复、细节要求高，仅依靠理论学习与有限的实验实训学习是难以达到专业培养的目标的，仅以某企业的内部物流运作为例，其中就包含相关物料物资的采购管理、供应商管理、长短途运输管理、包装环节、仓储管理、分拨集散管理、配送管理等环节，需要进行系统地计划控制和实施协调，根据物流运作的特殊性，往往一个环节的误差或错漏都会直接影响最终的整体运营效果，这一切都需要在现实的运作环境中实施教学以谋求最佳的学习效果。

第二，以传统的职业院校为例，培育实践应用型人才一直以来均为其主要的教学目标，在过往大规模扩招的背景下，职业院校为加强理论教学之外的实践教学环节，需要采取校企合作这一有效方式。

第三，物流行业的快速发展倒逼人才培养专业化实践化程度的提升，物流运作已不仅仅是简单的运输问题的解决，而是逐渐发展成为全方位全过程物流解决方案的编制与实施服务，其中包含了服务质量与效率的提升以及运营成本控制的均衡把握，具备这一能力的专业人才必须在培养阶段就开始接触行业现场的实际管理工作，这一点也催生了校企合作模式的产生，同时在专业要求的大环境下不断完善。

由于以上因素，合作培养、早期的横向合作项目、订单班模式等行之有效的校企合作模式应运而生并得到了较好的发展。

（二）传统校企合作模式的不足

在校企合作模式的深度发展过程中，我们逐步发现，传统高校的冷链物流管理专业人才培养的校企合作模式并不能完全适应行业人才培养的需求，在发展过程中开始不断显现其不足之处。

首先，在体制和机制上的管理仍显松散，存在制约因素，对于合作模式的整体控制力较弱，合作行为的短期化和形式化现象突出。在校企合作模式初创时期，个人行为占较大比重，组织（以中小型企业为主）多采取与院校或科研院所的个人签订合作协议的方式，约束力较差，科研项目的开展效果得不到保障，企业组织对于高等院校的教育目标的达成缺乏关注，只关注单项项目的完成与其经济效益，短期行为的影响严重。其次，即使在科研合作的过程中，合作双方的研究理念亦存在明显差异，从而导致技术创新动力分散，无法形成合力。高等院校在科研工作中将技术突破放在重点位置，研发的主要目的就是推动学科建设与发展，提升教师科研能力水平，故而更加关注原创性成果的产生，在研究过程中单纯追求技术指标，缺乏市场观念，甚至忽略成本价格因素的影响；企业在研究过程中，将经济效益放在首位，技术突破是其开拓市场与维护竞争地位的手段与途径，因此，企业更加关注技术成本压力，双方在理念上的差异无法中和，将产生“同床异梦”的效果，难以进一步深化双方的合作关系，更遑论在专业人才培养上的进一步合作。

除此之外，高等院校工作评价机制的保守僵化、利益分配体系的粗糙与缺失、政府有关部门及行业协会的参与指导不足等均对传统高校物流管理（冷链物流）专业的校企合作模式发展构成影响。

（三）产学研一体化培养模式在冷链物流专业人才培养上的创新应用

鉴于专业人才模式的培养探索在各个层次和侧重的高等院校、职业院校均有涉及，为聚焦问题，在此仅讨论应用型本科院校在冷链物流管理专业人才培养上应用产学研一体化培养模式的过程。

1. 应用型本科院校的特点

2014 年 3 月，教育部改革方向得以明确，全国范围内的半数高校将改革成为应用型本科高校。应用型本科重在应用，应更加体现现代社会经济发展的人力资源需求在高等教育体系上的切实反映，重塑更加务实的教育观与人才观，突破原有的专业设置壁垒，设置适应社会及行业发展需要的新的学科方向、专业设置以及课程体系，设计更加切合实际运营管理工作需求的教学方法、教学手段和现代教育技术，以培养具备较强工作适应能力的高素质综合应用型人才。其具备以下特点：

（1）强化实践教学成为应用型本科高校改革的一致认识。既然重在应用，实践教学的改革与提升就成为应用型本科高校改革的应有之意。以往脱离实际运营工作的实践教学项目将逐步被改进或取代，直接来源于相关行业的企业实际运营管理现场，实践实训基地亦将不断被加强，当然，囿于环境、条件、资源等的限制，这样的改革需要过程和时间。

（2）教学体系的应用型改革。教学体系中的教学计划、课程设置、教材体系、教学技术与手段、教学评价等主体环节均应向“应用”倾斜，在保证专业理论基础框架的完整搭建后，实践能力的培养应突出于日常教学的各个细节中。

（3）师资等教学资源的应用型改革。全面提升师资队伍的实践教学能力是实施应用型本科院校教学改革的基础之一。除此以外，其他教学资源例如教学或实验实训设备的设置、实训室的改造、校外实训基地的设置等资源准备都将发生较大范围的转变。

2. 应用型本科院校冷链物流管理产学研一体化培养模式

在应用型本科院校的产学研一体化培养模式构建过程中，除了继续关注以往传统高校及高职教育的教育性、职业性、互利性等特性外，还应该关注新模式的特性要求。

（1）技术性。应用型本科教育必须符合区域经济和社会发展的总体趋势与产业发展需要，衡量服务产业及对应的技术领域，充分体现地方性、应用性和特色性，冷链物流管理专业尤为如此。作为人才培育深度广度高于普通高职教育的应用型本科教育，其人才培养的全过程均应贯穿技术应用能力的培养，这种技术应用能力不仅指物流行业企业现场运用基本技术手段的能力，还包括基层运营管理能力的要求。除考虑基本的日常教学因素外，师资队伍的实践能力培养、实验实训环境的拟实性改进、企业核心前沿技术的演示乃至院校专业服务产业的能力都将影响培养技术应用型人才的手段和资源转换。

（2）耦合性。从博弈理论角度分析，可以将校企合作双方看作“互补性竞争”的合作博弈关系，只有找准其合作关系的“最大公约数”，才能真正实现双方利益的整合和兑现。从长远来看，殊途同归，人才培育和人力资源需求的满足是高校愿景与企业利益兑现的主要方式；但从短期来看，人才需求并不能满足企业的全部博弈收益，企业还有许多现实和功利的考量。这就使得校企合作基础脆弱，合作行为复杂多变，在一定程度上威胁或稀释了校企合作的“基础黏性”。应用型本科院校集聚了一批高水平的师资和良好的实验实训资源，具备较强的服务产业链的内部动因和服务能力，通过准确定位，积极作为，资源互通与共享，不论是中长期战略关注，还是短期战术动作，均可以对企业发展实施“反哺”，可以形成良好的校企合作生态圈，最终实现与行业企业的精准对接。从系统视角看，应用型本科教育与行业企业深度合作的目标是实现产业链与专业链、行业发展与人才培育的全面耦合。

（3）引领性。当前的应用型本科专业建设普遍以原高职院校现有优势专业发展平台为基础，在基于利益共同体的校企深度合作模式、运行机制和保障制度等方面，能够基于新的视角，采取创新举措，具有很强的引领作用。应用型本科专业通过校企融合模式创新的先行先试，既可以为校企合作实施提供方法借鉴，也可以通过管理集约实现资源集成应用，将合作中生成的优质教学案例共享，还可以以重点专业为核心，以相关专业为骨干形成优势专业群，聚集不同专业研发力量打造科研团队，共同围绕服务产业的核心技术领域开展一系列技术服务，形成专业技术研发优势，同时进一步提升人才实践技术能力的培养。

当前的应用型本科冷链物流专业培养工作具有其自身的特点：第一，依托于物流管理专业的知识与技能结构，冷链物流专业人才培养具备更强的行业实践性。现场生产运营管理、采购体系管理、专业仓储管理、整体冷链物流系统仿真等均从实践性的角度出发，更为强调理论框架与实践技能的结合；第二，现代冷链物流专业知识技能体系具备非常明显的跨学科跨专业特点，专业知识涵盖经济学、管理学、运筹学、统计学、计算机科学与技术、制冷技术、食品科学与工程等多个基础及应用领域，随着电子商务及移动电子商务的发展，相应的冷链物流、保险运输运作要求也不断提升，信息技术和物流设施设备的更新速度加快，传统的知识技能结构与院校教学体系难以及时给以应对，此时，企业平台的全面合作就显得非常重要了。第三，与以往的传统高校和高职院校冷链物流管理专业人才培养模式不同，应用型本科的实践教学模块以系统规划、模拟仿真为主，以往较为简单分散的实验室实践教学缺乏系统性，且难以满足实践教学的动态性，深度的产学研一体化模式正是解决这一需求的必然发展趋势。

应用型本科院校将是行业应用型人才的重要培养基地，其建设与转型是一项系统工程，单独依靠高校自身的探索显然不够，其发展应该置于行业和社会的大环境中综合推进，这样的推进过程需要在宏观层面由政府主管部门进行行业指导，也需要在中观层面结合行业协会、主管部门、骨干企业对高等院校的工作进行引导和推动，同时在微观层面落实执行建设举措。

在宏观层面，应用型本科院校转型发展是高校建设需要，同时也是国家经济社会发展的需要。从顶层设计和制度体系建设的角度出发，产学研一体化的政策与相关的法律法规尚不完备，对相关培养模式的深化改革造成一定的影响，在借鉴国外相关先进经验的基础上，结合我国应用型本科教育的实际情况，政府应在宏观层面对产学研一体化的实际运作给予方向性的指导，出台系统性较强的法律法规及制度体系，规范相关参与方的主要权责，同时配以系列的激励性和保障性政策，自上而下地推动应用型本科院校的产学研一体化培养模式构建进程。

在中观层面，构建具备地方特色行业特色的产学研一体化培养模式需要地方政府、相关高校、地方及行业骨干企业的共同参与。其一，应该切实契合地方冷链物流行业的发展，具体进行主要基层岗位工作分析，确定务实理性的人才培养目标，保证人才供给的“实用性”和“地方性”。物流产业是支持国民经济发展的基础性和战略性产业，冷链物流是其重要分支，目前正处于快速发展时期，但其发展速度与质量仍然无法完全满足消费者因更高生活品质的需求而对冷链物流行业提出的运营及服务要求。国务院已于 2014 年制定并实施《物流业发展中长期规划（2014—2020 年）》，明确了物流产业在“十三五”期间的发展与主要工作方向。因应产业发展方向的要求，冷链物流人才培养应高标准地定位为培养满足专业化、信息化、一体化、国际化需求的现代冷链物流运营管理人才。地方经济与地方冷链物流行业发展的差异性决定了各应用型本科院校应将人才培养融入适应当地冷链物流行业发展的环境中，使其具有鲜明的地方特色，并能切实解决地方行业人才需求的问题。其二，在重点骨干企业的配合下，衔接职业标准和具体的岗位需求不断完善教学内容体系。教学内容应该充分体现务实的人才培养目标，以符合行业需要的“能力”为导向，一方面，从行业整体角度来讲，教学内容体系应建立在行业职业标准的基础上，同时又推动职业标准体系的构建；另一方面，在产学研一体化具体运作的角度上，教学内容体系除了涵盖职业标准要求的“共性能力”外，还要强化满足更为具体的冷链物流行业分支、具体合作企业岗位工作需求的“专项能力”，使人才培养更加具体地为地方经济和骨干企业服务，同时促进专业就业的提升。

在微观层面，应该创新性地建立多渠道、系统性的产学研一体化实践教学平台，在以往“订单班”、工读结合、工学交替等实践教学模式的基础上，推动产学研一体化模式的深层构建。例如，突破原有的主体界限和制度藩篱，将冷链物流企业主体引入高校。在校内建立具有独立主体资格的“教学企业”，产学研合作参与方共同出资、共同管理，使冷链物流专业师生可以在现实市场竞争环境下直接参与实体企业的运营管理，将理论学习在最短的时间内应用于运营实践，借用企业的社会资源，在真实的经营环境中实施教学和实训，承担真实的运营压力，有效提升学生解决实际管理问题的实战能力。当然，其落实受制于场地、设备、经营范围、风险分担等条件的限制，但可以从作业场地要求不大、作业内容相对简单、运营成本相对较低的冷链物流专业配送站点开始尝试。再如，可以尝试校企共建冷链物流实训基地的模式。共建实训基地可以有效实现校企双方相互支持、工作特点相互渗透，实现资源与能力的优势互补以及风险、收益的分摊，除了提供更加逼真的学生实训教学场所外，同时也是新技术开发试用、科研成果转化、项目合作以及科技资源共享的重要平台。以冷链物流技术开发为例，这种模式可以针对冷链物流系统规划与仿真、供应链运营管理、冷链物流 VR/AR（虚拟现实/增强现实）技术、冷链物流大数据处理与应用等前沿技术开展合作，是企业的产业背景与高校的科研资源有机结合，使冷链物流专业人才培养工作更加具有技术前瞻性。此外，在冷链物流专业毕业论文（设计）工作中也可以凸显产学研一体化特点。毕业论文（设计）是实践教学的最后环节，也是产学研一体化培养模式的实践检验核心环节。从内容上把握，应用型本科毕业生的毕业论文（设计）不能仅仅停留在理论梳理与探讨的环节，而应该尝试思考解决冷链物流企业的基层实际管理或运作问题，因此，相关企业的全程参与显得尤为重要。首先，其选题应该来源于企业管理实践细节，有现实基础和真实数据；其次，论文（设计）导师应实行“双导师制”，既有高校的专业教师，也有选题来源企业的管理人员，指导论文（设计）的过程就是解决管理问题的过程；最后，共同探讨的解决方案应放置于企业实际管理环境加以实施和验证。除此以外，还有多种产学研一体化创新模式的微观举措，在此不再一一赘述。

在应用型本科冷链物流专业的建设中，产学研一体化模式不断发展，除上述阐述外，构建多元化考核评价体系、建立健全政府行业的指导监管机制、完善复合型师资队伍建设等工作也很重要，在此发展路径上，产学研一体化培养模式不断得以丰富和完善。

第二节 产学研一体化培养模式的内涵

产学研一体化的培养模式在高等教育人才培养中占据越来越重要的地位，尤其是在应用型本科与高等职业教育的专业人才培养方面，其作用日益重要，在一定的教育行政管理、教育技术手段的作用下，发挥不同途径的优势，集成不同领域的力量，通过产业发展、院校教育、科学研究等工作的有机结合，提升某一产业领域的发展水平，从而共同促进国家经济社会的高效协调发展。事实证明，在人才培养尤其是应用型本科及高等职业教育的人才培养模式的构建中，均应遵循产学研一体化的思考路径，相关院校应不断增强与企业、科研院所、政府、行业协会组织的合作，在提供高质量科技服务的同时，从本质职能出发，不断促进高等级、应用能力及综合能力较强的基层实际操作与运营管理人才的培养。

一、产学研一体化的产生与发展

产学研一体化概念的产生不是一蹴而就的，其来源于长期的产业实践人才培养过程探索，其理念的理论框架与实践应用伴随国家经济社会与产业发展而不断提升变迁，从工学结合的职业实践教育发端，逐步发展成为今天的产学研一体化人才培养模式，期间，工学结合、校企合作、产学研结合等理念与实践不断充实其发展过程。

时至今日，国外高等及职业教育领域并没有出现严格意义上的“产学研合作”或“产学研一体化”概念，但相关的实践活动及理论研究则较早时期就已经出现。追溯至19世纪中叶，德国在职业教育领域中的工学结合活动得以产生并不断发展，其主要动力是资本主义国家之间的以经济实力为主的综合实力竞争及战争需要形成的推动力，其一，政府不断加大对于职业教育、科学研究的支持与投入力度；其二，高等及职业院校对于科学研究的重视程度不断提升；其三，制造业与科学研究的紧密结合，成果转化与人才培养的效率不断提升。这三方面的有利条件创造出德国早期产学研合作的良好态势，为其卓有成效的职业教育奠定了良好基础，推动其综合国力不断提升。在此期间，柏林大学创建者威廉·冯·洪堡“教学与科研相统一”的理念成为代表性理念之一。

第一次世界大战爆发后，协约国通过与德国的对比，深切感受到原有的科学管理、人才培养模式的松散、脆弱与低效，从而决定向德国学习，构建与工业部门紧密联系的科学研究与人才培养组织管理模式。其中，英国于1917年成立科学与工程研究部，其他国家也采取了相应的变革措施。科学技术在工业领域的大规模应用，促进大学教学与科研活动逐步纳入社会发展建制模式的轨道上，而在战争时期涌现的许多应急措施与革新方法通过科学的归纳总结与系统化，在和平时期得以保留，从而促进了院校教学科研活动与社会产业发展实践的高效结合。随着工业革命不同时代的迅速发展，国际市场的竞争压力与日俱增，逐步演变成为以科技和人才为核心的综合国力的竞争，产学研结合的发展模式自此发端不断发展，成为提升综合国力的重要手段，柏林大学、斯坦福大学等一批比较有代表性的高等院校得以涌现，其运作模式不断得到重视、借鉴和发展。

就国内的情况来看，新中国成立伊始，已经提出“教学、生产、科研三结合”这样的早期产学研结合的理念。20世纪70年代末，在“科学技术必须面向经济建设、经济建设必须依靠科学技术”的方针指引下，我国高等院校教学科研双中心的模式得以建立并不断加强，高等院校、职业院校、行业企业的横向合作不断展开，全方位的产学研合作初具规模并逐渐发展成为改革开放后的第一次产学研合作高潮。1991年，由国务院生产办提议，经国家经委、国家教委、中科院批准，“产学研联合开发工程”肇始，其工作宗旨主要是构建国营大中型企业与高等院校及科研院所之间的紧密稳定联系，打造交流合作平台，探索产学研共同发展机制，加快科技成果转化步伐，从科技水平和专业人才培养的角度增强国营大中型企业的市场竞争能力，振兴国家经济，构建适合中国国情的科技与经济密切结合的发展道路。其入选的项目大部分是高新技术在企业中的应用转化，或者利用当前的高新技术改造传统产业，在国家层面主导下，各地区相继开展产学研合作活动，从而形成全国范围内的产学研合作的第二次高潮。1997年，党的十五大提出“科教兴国和可持续发展战略”，加速科技进步开始处于经济社会发展的关键地位，经济建设转到依靠科技进步和提高劳动者素质的轨道上，要求有条件的科研机构和大专院校要以不同形式进入企业或与企业合作，走产学研结合的道路，从而尝试解决科技和教育体制存在的条块分割、力量分散的问题。此时，产学研三者之间的相互依存共同发展的关系，产学研合作成为经济社会发展的主要手段的观点得以进一步确立，至此出现产学研结合的第三次高潮。

回顾相关历史发展脉络，我们可以清楚地发现，教学与科研相结合是高等教育及职业教育的基本规律之一，提高学校科研水平与不断改进人才培养模式是高等院校的基础性工作之一，两者互为条件、相辅相成，高等院校与职业院校如果想要培养出经济社会发展需要的合格人才，就一定要采用各种方式与相关行业的企业合作开展科学研究与科技成果转化工作，并在这样的过程中研究高效的人才培养模式，把教学与科研有机地结合起来，这是高等教育与职业教育的基本特征，也是其基本的运作规律。

长期以来，学界一直对产学研合作的概念进行探讨与梳理，目前虽未有定论，但角度不同，殊途同归。基本上均认为，产学研合作是以企业、高校（及职业院校）、科研机构为核心，在政府、行业协会、科技中介服务机构、金融机构等的指导、支持和协同下，以优势互补、风险共担、利益共享、责权利均衡为基本原则，按照一定的机制和规则进行合作，形成单一合作关系、松散联盟、紧密联盟直至独立实体，合作开展仪器设备共用、信息共享、新技术新理论研发与应用、专业人才培养等活动，以推动科技进步、资源开发与共享、高等教育与职业教育，以及经济社会高质量全面发展的过程。

随着产学研合作理论与实践的不断发展，学界与相关各方及参与主体在合作活动运行的宽度与深度上不断探索，随着科学技术与经济社会的不断发展，产学研合作的运行方式也不断更新，在网络化、动态化、全局化的思考触动下，从初期的技术协作发展过度到契约式合作模式，再进一步，产学研一体化的理念开始初露端倪。在产学研合作的概念内涵基础上，简单而言，产学研一体化即产业、学校、科研机构（或产业实践、教学、科研等工作板块）等相互配合，发挥各自优势，形成强大的研究、开发、生产一体化的先进系统并在运行过程中体现出综合优势，是科技创新、高等及职业教育、行业生产不同社会分工在功能与资源角度优势上的互补、协同与集成，是社会层面上技术创新上、中、下游的广泛深入对接与耦合。

从早期实际运营的角度来说，产学研一体化模式可以分为产学研内部一体化和产学研外部一体化两种模式。

产学研内部一体化的基本特点是参与方中的高等院校、职业院校或科研院所自主创办经营相关企业。资料显示，早在 1998 年，全国的 700 余所高校中的 2000 多个科技型企业的销售收入就已超过 210 亿元，其销售额和利税增长幅度都远超同时期的国内其他同行企业，尤其是当时涌现出的如北大方正、清华同方、江中制药、复旦复华等企业，时至今日，其中的部分优秀代表仍是相关产业的个中翘楚。

产学研外部一体化的基本特点是：其一，进入企业的独立科研、设计单位将与企业合并或被兼并，或以技术入股的方式进入企业，从而失去自己独立的法人资格，成为企业的一员；其二，这样的合作模式的良性结果是最终结成互惠互利、平等独立、共同对外的企业集团或联合公司；其三，科研单位或科技人员个人进入企业后，保持一定的独立性，享有一定的自主权，尤其是保留其技术主导权，其仍可以实行独立的经济核算，同时承担国家相关单位委托的科研任务以及行业技术管理任务；其四，在完成国家计划和企业技术开发任务的条件下，可以对外承担科研、技术应用、设计及咨询任务，这部分收入的分配方式可以通过双方协商解决。其产生伊始，仍然是以企业为主体，通过科研及技术应用合作发挥高等院校和科研院所的作用，对于提升专业人才培养效能所涉不多，但毋庸讳言，一体化模式仍是当时产学研合作模式中最高级、最紧密、最有成效的模式，一般情况下适合于大型企业集团以及规模、教科研水平较强的高校与科研院所。

时至今日，产学研一体化模式不论从理论研究还是实践应用上均已有了更大的发展。产学研一体化已经成为国家提升综合国力、整合智力资源、推动创新创业体系构建的重要内容。从国家发展与社会进步的视角，分工协作机制的不断优化提升，促进产学研综合体的运作效率提升，从而不断改善技术与市场的良性互动。产学研各方的运作优势互补，不断良性互动，改善产业集群的运作效率，在上下游之间延长技术链与产业链，对教学环节进行反哺和逆向思考，从需求的角度全面反思人才培养的出发点与体系构建，在产学研一体化的思考路径与创新创业大环境下全面重构人才培养模式。

二、产学研一体化培养模式的概念

传统意义上的“人才培养模式”是指在一定的社会经济条件下，以一定的现代教育理论与思想为指导，以特定的培养目标，构建相应的人才范式，建立相对稳定的教学内容和课程体系，通过课堂讲授、实验实训等教学方式，打造教育行政管理制度和评估方式，实施人才教育的过程的总和。解析以上概念发现其一般包括四个层面的内容：① 培养目标和人才范式；② 实现目标达成范式的教育过程；③ 伴随教育过程运行的管理和评估制度；④ 与过程及制度实施相匹配的科学的教学方式、方法和手段。

在新时代专业人才培养教育的探索过程中，人才培养的针对性与教育质量的稳定性始终是应用型本科以及高等职业教育生存与发展的核心问题，不能够仅用教育视域去审视问题，应尝试以“产”“学”“研”一体化思维研究应用型本科教育的主体性教育活动，研究应用型本科院校的办学特色以及人才培养等问题，产学研一体化培养模式的内涵凝结就是基本问题之一。

我国最早的产学研一体化培养模式的概念，要追溯到 1991 年的产学研合作教育协会成立初期，时任教育部高教司副司长王冀生提出，产学研一体化人才培养模式的实质在于学校与产业部门共同实施的人才培养过程，其理论基础是教育与劳动生产相结合，其基本形式是学生既在校学习，又有一定比例的时间到产业部门通过参加生产实践进行学习；关键是实现政治与业务、知识分子与工农、脑体实践相结合。其后多位专家亦有相关的论述，其认为广义的产学合作教育是指高等院校与企业在人才培养、科学研究、技术开发与应用、生产经营管理以及人力资源开发、信息开发与共享等资源共享方面所结成的互利互惠、互补促进的联合与协作关系。产学研合作教育的概念在实践中不仅仅要重视学校与企业科研的生产与开发，更重要的是要把人才培养教育的内容纳入产学研合作的每一个环节，它是一种双向参与的培养应用型人才的教育模式。

回顾产学研一体化模式的理论及实践发展进程以及产学研一体化培养模式的概念演进过程，尝试对其基本概念做如下归纳：

在一定的社会经济条件下，以现代教育理论及产学研系统结合的思想为指导，以特定产业的人才需求为培养目标，构建相应的人才范式，建立有产业针对性的教学内容和课程体系，在教育过程中，除传统的教育及培养方式外，重点构造深入产业实际运营管理现场的实验、试验、实习、实训教学方法与手段，建立院校与企业的横向合作科研项目，谋求实际提升学生的企业基层操作及运作管理能力，并使之具备一定的专业创新能力，尽量缩短专业人才进入产业基层岗位的角色转换时间，全面适应产业发展对于专业人才培养的综合性要求。

三、产学研一体化培养模式的特点与作用

（一）产学研一体化培养模式的特点

著名教育学家潘懋元教授指出：“应用型人才主要是在一定的理论规范指

导下，从事非学术研究工作，其任务是将抽象的理论符号转换成具体的操作构思或产品构型，将知识应用于实践。”应用型本科学生的培养方向重点不在于使其能够探索和发现新知识，其重点是能够运用已有的知识、原理与技术技能体系进行应用与改进，以此来满足社会与人民的需求。因此，应用型人才知识与技能体系的构建首先应有坚实的基础理论学习作为支撑，在基础理论支撑的基础上掌握基础性的技术与技能，最后在两者结合的基础上发展个人的基层技术与运营管理能力。在此认识的前提下，产学研一体化以其自身特点在创新人才培养模式的构建中发挥有效作用。

1. 从产业实践的角度实施人才培养

在冷链物流专业教学中，学生对于基础管理技术技能的学习主要来自于教材的系统化知识结构的学习、专业教师的讲授以及实训环境的基础操作。一方面，其传播手段主要是基于文字、图表及语言的二次加工与表达，学生再行分析、判断与记忆，因此不可避免地造成一定程度上的理解偏差甚至失真。另一方面，教材知识难以避免相对于行业现场实践的滞后，基础教学实验均在较为理想化与简单化的实训环境中进行，现场管理环境远比其复杂，参考因素与限制因素业更多。因此，课堂教学、实训教学乃至一部分学生参与的课题研究均不能替代物流一线的实践学习与训练。产学研一体化的培养模式要求学生在学习过程中要有充足适当的机会与时间参与到物流操作一线的实际生产活动中，或者至少将逼真程度作为实践教学的主要考虑方向，从而尽量摆脱院校教育的局限性，以提升学生的真实实践能力与综合素质。

2. 从知识学习的角度实施人才培养

从概念来看，产学研一体化的“学”仍是以课堂学习为主的理论学习，虽然它是学生专业理论知识框架的主要来源，同时也是“产”与“研”的坚实基础与重要保障，但其并不是将理论学习禁锢于书本之中，而是与“产、研”一线实际相结合。其一，课堂教学应与“产、研”一线的反馈相结合，紧密跟随冷链物流行业生产一线与实用技术前沿。在课堂的教学互动中，理论知识要与国内外冷链物流行业的最新研究成果的应用阶段以及当前的企业主流生产应用有机结合，此举将使学生从僵化、单调、过度抽象的概念、特点等理论表述中解脱出来，使课堂教学鲜活起来。其二，产学研一体化模式鼓励学生将企业生产与教学课题研究结合起来，对实践经验与理论框架实施吸收与融合，转化成为基层运营管理能力，纳入自身的知识技能体系中。

3. 从科研的角度实施人才培养

高等院校与科研院所开展科研活动的一个目的就是为社会发展培养合格人才，从而推动社会与行业进步。以“研”促“产”，以“研”促“学”，“研”不仅是“学”与“产”的纽带，更是“学”与“产”高效发展的催化剂。“研”是冷链物流应用型人才能力体系构建的重要一环，其性质与水平往往决定产学研一体化的性质与水平。应用型人才做科研不是为了研究科学而研究科学，而是为了研究科学与实际应用之间的关系，即为了切实有效地提高实际运营能力而研究科学，因而应用型人才绝不可脱离应用而进行纯理论的研究，必须以市场与行业发展需要为导向，走实用化的科研道路。

（二）产学研一体化培养模式的作用

随着现代科学技术与经济的联系日益加强，市场变化频率和产业升级等关键性因素对于国家、社会发展直至冷链物流行业的快速影响力急剧显现，要求企业形成适应市场快速变化的核心能力，更要求企业在人才调配和技术创新活动中投入更多的要素，同时面临更大的市场风险。另一方面，面对产业升级和社会职业岗位的急速变更，应用型本科人才培养面临极大挑战。在此种发展趋势下，经济组织和职业教育组织都需要严峻的独立承受强度，产学研一体化培养模式成为双方生存发展的必然路径和战略选择，发挥着重要作用。

1. 产学研一体化培养模式在战略层面的重要作用

产学研一体化培养模式的战略层面作用主要体现在其有利于引领国家产业结构调整/战略产业技术进步，增强国家的自主创新能力；有利于促进政府对于企业形成新的更为有效的创新支持方式，是改革完善国家科技计划实施机制的需要；有利于深化科技体制改革，充分发挥企业、高校、科研院所在行业技术创新中的支持和引领作用及“三驾马车”的作用。

2. 产学研一体化培养模式在人才培养模式创新中的作用

目前来看，我国的高等教育由精英教育向大众化教育的转变过程尚未结束，高等职业教育改革也在不断推进过程中，两者之间既有联系也相互独立，尤其是应用型本科教育的改革尚处于肇始及攻坚阶段，较多的理念、实践环节并未明确，这样的改革过程早已不仅仅停留在扩大招生规模的层面，而是高等教育、职业教育在教育价值观、质量观、目标体系、办学层次、办学主体、管理与评价机制等方面由以往的单一化现象向如今的多元化现象转变，以往的问题尚未完全得以解决，诸如结构失衡这样的新的问题又浮出水面。在大众化高等教育设计阶段，培养理念和方法未能跟进变化，职业教育弱化，高分低能的现象大量存在，教育层次感不清，综合型、应用型的人才极度缺乏，产学研一体化培养模式将成为这一阶段教育模式改革的有益探索手段之一。

3. 产学研一体化培养模式是促进产业发展的有效手段

产学研合作一直被认为是促进科技、教育与经济紧密结合协调发展的重要手段之一，企业在产学研合作模式下不再以单项科研成果的转化作为主要关切，而是从长远角度出发，关注人才综合培养目标的达成。培养学生的基层运营能力可以使其尽快适应企业基层岗位的工作职责要求，参与企业横向科研项目可以有效提升学生的实际应用能力和企业一线的工作创新能力，同时增强学生的职业荣誉感和社会责任感，有利于学生脱离与社会脱节的状态，加快成长为区域经济和社会发展需要的高素质应用型专业人才，满足相关产业的人力资源需求。同时，卓有成效的横向科研项目可以充分发挥高等院校的智力优势，有效结合产业前沿理论与具体一线运营实际，推动产业科技应用的发展。在应用型本科建设和高等职业教育改革的大背景下，院校与企业构建有机结合、良性互动的运作机制，可以有效地促进相关产业的协调发展。

第三节 冷链物流产学研一体化培养模式的参与主体

冷链物流专业人才的稀缺构成应用型本科院校物流管理专业倾向性人才培养的主要动因，但需要注意的是，尽管校企合作日益活跃，但高校冷链物流人才培养仍滞后于时代与行业要求，科技创新与产业发展之间的断层呈扩大趋势。如何突破碎片化的粗放发展，是产学研合作极其重要的发展性议题，此时，产学研一体化培养模式成为人才培养模式改革的主要方向与主要范式，而参与主体的具体分析成为模式构建中的重要环节。

一、高等院校的主体地位

（一）产学研一体化培养模式是高等院校冷链物流专业人才培养的内在要求

高等院校（含应用型本科院校及高等职业院校）要培养适应区域经济和冷链物流产业发展需要的高素质应用型人才，提升科技创新服务经济及产业发展能力，必须改变简单松散的产学研合作，而应该把产学研一体化作为重要的突破口和实现路径。因为，针对冷链物流专业人才培养的需求，高素质应用型本科人才区别于岗位技能型人才，具有更为突出的实践创新能力、技术应用能力、人际沟通能力以及工程素养；而这些能力与素质培养的重要途径是基于真实环境的实践训练，其要求高校在人才培养过程中必须与冷链物流行业、骨干企业紧密合作，引入企业的实际项目和生产场景，并把企业生产一线的实际问题转化为教师的科研项目和学生的学习内容，以解决高素质应用型人才的成长对实践创新的需求。另外，在知识经济时代，冷链物流企业和行业自身不仅在发展中积聚了大量生产性知识和技术，也需要更多动态的、前沿的、创新的、可迅速转化为生产力的知识和技术来引领和推动发展。高校的教学和科研以学科知识为基础，虽然学科知识是在长期积累中形成的具有一定逻辑的、系统化的、相对静态的知识体系，在知识更新换代极为缓慢的时代与社会需求之间并不存在严重的矛盾，但是随着信息技术的发展，冷链物流生产性知识正在迅速地更新换代，在这种背景下，如果高校不同步进行冷链物流学科知识体系的更新，学科知识相对生产性知识的滞后性就会越来越大，从而造成人才培养与社会需求的脱节。

为解决应用型人才培养供给侧与需求侧不相适应的矛盾，推进冷链物流学科性知识与生产性知识的融合，就需要突破以往依靠高校自身力量在内部进行改革的习惯，在高等院校与冷链物流产业之间构建一种新型的知识保存—传播—创新—转化的机制，推进产学研一体化，促进学科、专业、产业等知识相互渗透与交流融合，使高等教育的学科专业结构与产业结构之间实现有效互动，从而解决专业人才培养供给侧与冷链物流产业需求侧之间脱节的问题。

（二）高等院校冷链物流专业产学研一体化培养模式的发展策略

高等院校冷链物流专业产学研一体化一般发展策略应是：以国家政策为引领，以地方冷链物流产业为导向，在明确高水平应用型本科院校办学定位基础上，立足区域经济现状，适应未来发展趋势，以人才培养和科研创新为目标，以市场为导向，以协同、合作、跨界、融合为特征，以联合政府部门、社会组织、行业企业为抓手，引入更多的创新创业资源和智力要素，开展人才培养、科技服务、创新创业的深度合作；向内积极调动冷链物流专业教学单位的积极性，向外进一步发挥科技转化与人力资源的杠杆作用，吸引政府、企业共同参与，融合行业企业供需要素，创新管理理念和体制机制，优化课程设计，开展“四技”服务（技术开发、技术转让、技术咨询、技术服务）、合作创办衍生公司、进行人员互动交流、建立产学研联盟、共建创新平台等，发展路径既要考虑企业经济利益的实现，更要引导各相关方投入应用型本科冷链物流专业的人才培养工作中。

二、行业骨干企业的主体地位

李克强总理在 2019 年的《政府工作报告》中提出，“健全以企业为主体的产学研一体化创新机制”。冷链物流行业发展中，尚未出现垄断或半垄断企业，在行业集聚整合的大背景下，骨干企业在行业发展中发挥主干作用，在冷链物流专业人才培养中也同样发挥着重要作用。

在冷链物流产学研一体化培养模式中，多元主体不断互动合作，可以结合冷链物流企业的丰富资源优势来彰显人才培养特色，企业参与职业教育、加强校企合作也是近几年来高校人才培养的主要趋势。冷链物流企业可以将高校的发展纳入企业发展的战略规划中，为应用型人才的培养提供广阔平台。校企合作之后，可以引进企业的工程人员到学校进行授课，带领学生及教师走进企业，使学生们真正了解社会发展需求，有针对性地进行自身能力的完善，这种更加直观的教育模式相比课堂理论教学具有更加鲜明的效果。通过校企合作能够改变高校传统的教学模式，学校可以利用企业资源来提升办学优势，通过建立冷链物流企业上岗实习制度，来尝试工学结合的教学模式，将课堂教学与社会实践相结合，在实践中，学生可以多观察、多动手，通过新奇感来激发学生的探索欲望，了解从事该行业需要掌握的知识与技能，在遵循教学规律的基础上提高学生的实践能力，为其毕业走向工作岗位打下基础。对于企业来讲，可以利用高校的人才资源来降低自身在寻找资源方面的投入，降低招聘及培养成本，提高企业战略发展的灵活性，实现校企双赢的最终目标。

德国的双元制职业教育模式运行多年，卓有成效，期间有很多做法值得我国在应用型本科院校产学研一体化培养模式构建中的企业主体地位的度量与保障研究与实践环节加以思考和借鉴。

第一，通过长期实践，企业对于其在产学研一体化培养模式中的主体地位及其长期收益的保障有了正确的认识。对于参与职业教育对长期收益的保证一直以来都能够得到德国企业的高度认同，虽然随着企业规模的扩大其学徒培训的净成本会逐步上涨，但企业参与职业教育，争取成为教育企业的积极性仍然较高，除了文化传统背景、政府支持力度和相关法律制度要求以外，持续稳定的长期收益是根本性的经济性因素。这些长期收益包含外部招聘成本的节约、企业形象与认可度、商业价值、生产效率的提高、新员工适应期的缩短和忠诚度的提升等。例如，学徒毕业后被培训企业录用的比例超过 80%，企业由此节约的外部招聘成本就已抵扣企业参与培训承担的净成本。

第二，企业主体地位具备较为充分的法律保障。以《联邦职业教育法》为主体的职业教育立法体系对于企业的主体地位的保障完整全面，为企业发挥主体作用、全面参与职业教育过程提供有力后盾。其职业教育立法原则之一就是强调职业教育是校企合作的教育模式，强调企业是双元制中的两大基本支柱之一，应该在保证企业权益的基础上巩固职业教育参与主体的伙伴关系。《联邦职业教育法》从职业教育全过程及其相关的工作范畴的角度均涉及企业主体地位的明确与保障。同时，对企业教师的资质进行规范来保障企业职业教育的质量，对企业参与职业教育各方的权利义务均做出详细的立法规范。

第三，为进一步保证企业的主体地位，德国专门制定了系统完整的相关行政规范，既关注教育目标的达成，也关注教育过程的顺畅。通过专业资格证书体系对企业参与职业教育提供具体的目标，通过提供各种补贴、津贴实现经济保障。德国企业参与教育教学的过程主要由"企业职业教育框架教学计划"进行规范，而企业教学计划通过严密而高效的行政协调，由教育行政管理机关掌握并定期修订调整，由此实现对企业参与职业教育的过程管理、协调和保障。

三、产学研一体化培养模式中的多元主体关系

产学研一体化培养模式中参与方较多，例如冷链物流企业、应用型本科院校、科研院所、政府、行业协会等，如何确定模式主体以及各参与方之间的关系是推行产学研一体化模式的前提条件之一。我们尝试使用社会学中的场域理论进行初步的分析。

场域理论作为社会学理论中极其重要的分析单元，不但带动了社会学研究的新取向，并不断向管理学、经济学、政治学、文艺学、传播学等领域分化和渗透，形成了在不同语境中嫁接及交流的开放之势。该理论认为：场域是诸种客观力量被调整定型的一个流变空间，是某种被赋予了特定引力的关系构型，同时，该空间充满斗争和冲突。场域并非仅仅是地理性的空间，其中的"场"在一定程度上保留了物理学电场所承载的核心语境，行为主体一旦真正进入某场域，就会对他产生较大的引力制约，心理、思想以及行为被磁化，诸如意识运作、举止形态乃至语言风格等。以此分析，对于企业，作为从事市场活动最主要的参与者，与消费者、竞争对手、供求关系、行业政策等各种市场因素发生直接关联。任何组织活动都热衷于对利润增长、发展规模的追逐，主要体现在采购、生产、制造、销售等环节，涉及组织中多个部门不同岗位；对于高等

院校与科研院所，其承担着人才培养、科学研究、社会服务等多项重要职责和使命，是国家创新体系建设的策源地，注重文化权力在发展过程中的根植性，行为方式具备特有的文化气质和学术思维方式，但日常关注主要停留在知识层面，缺乏与市场需求的对接，技术的应用价值明显不足；对于政府相关部门与行业协会等组织，其作用是提供政策环境和执行环境，维护行业稳定健康高效发展，所以其不可能成为合作结合的主要执行者，因为政府只能是社会所有活动的“守夜者”，尽管政府提供了政策性的导向，舆论性的协助，但不能成为社会活动的“游戏者”，这是与其基本职能相联系的。

产、学、研各方之间是相对平等的协作地位，各参与者携带自身积累的各种资本（不单指经济资本）进入场域。但由于发展诉求的冲突，产学研场域渗透着不同资本的争夺和较量，使产学研合作中充斥着一定的竞争或制约关系。企业想追求更多生产效益和市场份额，高校在学术水平、学科建设以及人才培养上比较重视，科研机构则注重研发能力的提升，导致彼此需求无法匹配。由于利益导向不同，经济资本与文化资本之间不仅相互依存，而且相互掣肘。经济资本与文化资本之间的激荡就构成了产学研合作的基本脉络，在经济资本与文化资本之间的冲突和斗争中，拉开了一个张力空间，成为产学研场域辩证均衡的内在支撑。需要注意的是，如果脱离对于人才培养的关注研究产学研一体化模式，以市场化需求的满足作为主要目标，企业无疑将成为产学研一体化模式的唯一主体，但放在人才培养的条件下进行研究，高校与企业应均衡地成为产学研一体化培养模式的主体，政府、科研院所与行业协会则成为重要的中介桥梁与环境背景。

第四节　冷链物流产学研一体化培养模式的发展

一、冷链物流应用型专业及课程体系建设

（一）把握新时代应用型本科冷链物流专业建设与课程体系开发的要求

根据教育部《关于加快建设高水平本科教育　全面提高人才培养能力的意见》（2018 年）的相关要求，结合对应用型本科专业建设与课程体系特点的摸索，结合德育培养的具体要求，坚持“以本为本”，立德树人，以培养有理想、有本领、有担当的高素质专业管理人才为方案的总目标。

（二）立足国标，利用空间，突出特色

根据《本科专业类教学质量国家标准》（2018 年）对于相关物流管理专业的具体规定，遵循其“定大类、保底线、留空间、有定量”的四大特点，落实基本要求，保证专业知识领域及知识单元（核心及选修）的达成，同时充分利用标准空间，充实特色课程与教学方案，力求突出应用型本科与冷链物流特定专业方向的办学特色。

（三）专业为基，方向为干

为不和当前已有的传统本科专业在人才培养方式上相混淆，在保证专业基础理论知识架构构建实现的同时，重点在专业特色方向上做文章。充分发挥学校建设优势与特点，以传统专业设置为基石，利用区域经济已有的特色资源与冷链物流行业优势，结合前沿技术与管理特点，突出不同的培养方向，以适应一线企业岗位的要求。

（四）保证地方特色的实现

认真解读地方社会经济发展规划对探索发展应用型本科教育与产教融合模式的指导意义，发挥地域优势，发挥冷链物流相关行业协会的指导与协作作用，有力吸纳湾区骨干企业参与，实现教学资源、学生学习与实训、师资建设等方面的全局整合，并通过课程体系构建与教学过程设计加以体现。

（五）探索产教融合模式的构建

立足传统产教融合模式积累的丰富经验，在建设上进行有益探索，进一步深化行业企业在人才培养过程中的参与程度，逐渐修订以往传统的校企合作方式，不但要请企业领导、专家走进校园走上讲台，请师生走出校园实训实习，更要在体系构建上力求汇集人才源、创新源、技术源与信息源为一体，请求政府相关部门的指导、行业协会的协助，形成“政校行企四方联动、人才供需精准对接、资源集聚融合发展”的局面。

（六）从能力解构入手构建课程体系，实践贯穿始终

在编制中试图避免当前部分高校人才培养方案能力需求达成与课程体系构建脱节的现象，以中办国办《关于深化教育体制机制改革的意见》（2017 年）中对于“四大能力”（认知能力、合作能力、职业能力、创新能力）培养的阐述与要求为依托，从通用能力（沟通协调等非正式能力，批判性分析、创新、书写与表达、基本计算等通识性能力）与专业知识运用能力的解构入手，思

考检验课程设置对能力培养的满足程度以决定取舍。

同时，一线岗位实际操作能力、基层运营岗位的管理能力、对于行业现场管理的快速适应能力等实践能力尤为重要，方案应通过粤港澳三地的专业体验式课程、各级实训课程、实习等教学环节的设计来保证实践环节贯穿始终。

（七）课程体系构建与课程教法探索

在人才培养方案的编制与实施中，根据多方共办的特色思考相关问题，请冷链物流行业专家全程参与。尤其是实施环节，建议适度打破原有方案执行时的连续性，尝试进行课程体系分解、专业课程教学过程阶段化的思路，在某一能力培养路径中的课程体系或某一门专业课程的教学过程中涉及不同条件与环境要求，可以请不同的企业教师分课程甚至同课程分段教学以达成预期效果。

二、从校企横向合作向产学研一体化平台的发展

以往冷链物流行业与应用型本科院校的科研合作基本上围绕横向科研项目的管理模式开展。传统的横向科研项目一般是高校与企事业等单位直接签订的技术合同，包括技术开发、技术服务、成果转让、技术咨询等形式的科研项目，工作范围较为明确，是学校服务地方经济建设及冷链物流行业发展、提高自身科研水平的重要途径。

（一）合作目标：从关注企业需求到关注行业需求

一直以来，物流及冷链物流产学研合作主要是基于企业技术需求而开展的，大多以“短、平、快”的项目合作为主，普遍缺乏产业技术层面的战略合作，导致对相关技术领域缺乏长期的跟踪和研究，不利于解决制约产业发展的重大技术问题。随着产业竞争力成为国际竞争力的核心，产学研合作目标也必须从基于企业技术需求转移到基于产业技术需求上，开始关注行业技术革新需求。

一方面，着力突破冷链物流产业关键技术。作为新兴产业，冷链物流的发展是充分利用科技革命和重大技术创新成果建立起来的，产学研合作的根本着力点应该放在突破产业核心技术和掌握自主知识产权上。另一方面，构建冷链物流产业链协同创新机制。以配套集群的模式，在一定空间范围内实现上下游衔接，有助于知识和技术的转移扩散，尽快形成产业整体竞争能力。

（二）合作主体：从分散式合作到集成式合作

点对点分散式合作是指产学研单个主体之间的合作，如一所高校或一个科

研院所与一个企业的合作，甚至是一所高校、科研院所的某个学科或团队与一个企业的合作。这种合作一般是基于企业技术需求、以项目合作为主要内容，合作形式以短期、一次性合作为主。由于点式合作简单灵活，交易成本低，当前正在实施的大部分产学研合作以点式合作为主。在点式合作过程中，虽然一些企业尤其是龙头企业、高新技术企业能产生一些高科技、高知识含量的科技产品，但从总体上看，这种合作只能解决一般的、临时性的技术问题，而难以应对需要多学科合作、长期攻关的产业共性问题和重大技术难题。

由于冷链物流产业关键技术和共性技术投入大、战略性强，迫切需要形成产业链、学科链、高校链、政府链、资本链等，因此，产学研合作要从初期的点对点分散式合作，逐步扩展到政府、企业、高校和科研院所以及金融中介服务机构等参加的全方位网络集成式合作。这种合作模式不仅通过政府、金融中介服务机构等相关要素的支持，来为产业技术开发与产业化提供集成式服务，更重要的是深化了传统产学研点对点分散式合作。

除此以外，合作从知识技能的单项转移向双向互动转化，合作模式最终完成从单一的契约式合作向产学研一体化合作平台的过度。

三、政（政府）行（行业）产学研一体化模式的建立

以往的产学研一体化研究与实践主要集中在企业、高校、科研院所等主要参与主体的活动及互动关系处理上，转换研究视角，在三重螺旋理论等理论的支撑下，政府、行业协会等参与主体的重要作用也逐渐得到关注。

“三重螺旋”是官产学研伙伴关系中的创新模式，是由美国的 Etzkowitz 和荷兰的 Leyesdorfff 在 1995 年首先提出的，是指官、产、学之间通过组织结构性的安排、制度性的设计等机制，以加强三者资源分享与信息的充分沟通，达到科技资源运用效率与效能，以实现三方共同受益，共同发展。在此基础上，继续引入行业协会、中介组织、绩效评价组织等各方参与，构成四重乃至五重螺旋结构，使产学研一体化的模式结构更加全面，各方力量的助推作用亦将更加明显。

四、现代教育技术的推动作用

物联网、大数据、区块链、虚拟仿真等前沿技术不断推动现代教育技术的进步，质控数据实时追踪监控、载具环境数据实时直采等冷链物流管理先进技术也将被逐渐引入专业的教学环节中。

例如，推动产学研紧密结合作为实施科技创新工程的主要途径，引导成果、技术、人才等科技创新资源的汇聚，实现区域创新能力的不断提升，然而技术转移的成功是需要经历复杂过程的，因此，有效运用信息化技术，建设产学研合作智能服务平台及其互联网生态体系，制订产学研合作生态服务模式，提供产学研合作生态服务，是能够促进产学研合作主体之间的交流、对接，创新成果向现实生产力快速转化的渠道，将有力推动产学研合作工作的深化，有力支撑创新驱动发展战略的实施。相比其他技术转移平台，产学研合作智能服务平台借助其生态服务模式，主站子站信息互联互通、相辅相成、依据地方特色提供精准服务，实现了资源共享的更大化，结合 WEB 端 3D 虚拟展示和移动端 VR 技术，使得科技成果有了更全面的呈现，提升了价值增值的空间，通过注重对接意向收集和推送，线上线下相结合的对接方式，更高效地促进了技术转移的成功和落地。

第六章
冷链物流人才培养的师资队伍建设研究

人才是第一资源，这对冷链物流行业来说，依然可行。

近年来，中国冷链物流风生水起，然而在冷链物流迅猛发展的背后，专业人才紧缺的问题十分凸显，并已成为制约行业发展的重要因素之一。

随着冷链物流行业的快速发展，企业对冷链物流人才的需求越来越旺盛，各地政府对物流人才的培训工作也显得愈加重要。也因为全国的冷链物流人才还不具备成熟的教育培养体系，特别是全国各大高等院校只有极少数开展了冷链物流专业本专科或高职教育，远远满足不了社会的总体需求。因而，目前整个行业的人才需求满足大部分只能依靠政府、协会或者企业自身进行零散化培训，严重制约了整个冷链物流行业的发展。

2017 年 6 月 29 日，由广东省商务厅主办，广州大学、广东省冷藏行业协会，广东省现代物流研究院联合协办的为期 8 天共 60 学时的公益性培训班——“冷链物流高级培训班”在广州大学正式开班。来自全省 31 个单位的 64 名学员将共同参与。

2018 年 6 月 20 日，由四川省西充县人民政府主办、县委组织部、经商信局牵头筹备，西部冷链物流报与成都市冷链物流商会承办的为期 3 天的四川省首期冷链物流人才培训班在西充县开讲。

2018 年 9 月 26—30 日，由山东省商务厅主办，山东省物流与采购协会承办的为期 5 天的“2018 山东省第三期冷链物流高级人才培训班”在泰安成功举办。泰安市商务局领导出席此次培训会议并在会议上指出，泰安市一直本着政府引导、协会指导、企业主体、项目支撑四位一体原则，坚持信息化、标准化、专业化三化齐进的工作方法进行工作。山东省商务厅有关领导也表示，冷链物流行业已成为人们比较关注的重要产业，人才的培养是夯实冷链物流发展的重要根基，也是推动冷链物流建设上水平的重要基础工作，同时也指出随着培训工作的不断深入，会务的组织，课程设计都将做出积极创新，培训教材也将做出开创性探索。同时，省物流与采购协会花费大量精力组织高等院校、科研机构、专家学者、知名企业编撰了《山东省冷链物流知识体系与经典案例汇编》教材，让山东省成为全国十个冷链物流试点省份中第一个做出冷链专业教材的省份，为全国冷链物流发展提供了样本。此次培训设有案例点评、现场互动、现场教学等环节，内容丰富，目的是帮助大家把握行业发展机遇，明确发展方向。学员间交流经验，互相借鉴，探索适合本企业发展特点的冷链物流发展新业态，新模式，发现企业存在问题，查找不足，加快改革创新力度。

四川、广东、山东每年定期召开的冷链物流人才培训班就是一个很好的例子，政府搭台和引导，协会推动和执行，企业参与和落地。

事实上，为缓解冷链物流人才缺乏的问题，进一步提升企业服务水平，推动农产品冷链物流发展和专业知识与业务技能水平，推进冷链物流行业较快发展，全国各地政府都十分重视冷链物流人才的培训工作。除四川、广东、山东省外，很多其他省份或地区每年都会举办类似的培训会议。

然而，目前的冷链人才培训现状向我们提出了几个必须面对的问题，我们不得不进行思考。在经济高速发展的今天，为什么还要政府来组织冷链物流人才培训？各级政府定期组织冷链物流人才培训是否为培养我国冷链物流人才的最佳途径？结合我国冷链物流行业发展现状分析，当今冷链物流人才的师资力量是否足够？如果不够，应该如何加强？

第一节 冷链物流师资队伍建设现状和发展趋势

一、我国冷链物流师资队伍建设现状

由于国民经济的快速发展，人民收入日益提高，对农产品、食品和生鲜产品的消费品质要求变得越来越高，消费需求数量变得越来越庞大。另外，企业的运营成本越来越高，特别是产品损耗成本不断增加，企业盈利能力越来越受到挑战。近些年，随着电子商务技术、互联网信息技术的迅猛发展，国内整个农产品、食品和生鲜产品的交易区域变得更加广泛、交易规模变得更加巨大，

进而推动了冷链物流行业的发展，对冷链物流人才的需求也越来越紧迫。现代冷链物流行业，对我国而言算是一个新兴的行业，专业的冷链物流人才，基本处于空白状态，而培养冷链物流人才的专业师资队伍也基本处于空白。当前，我国的冷链物流师资队伍建设现状的特点较为鲜明。

（一）起点较低，基础很弱

我国的冷链物流起步较晚，前期缺乏国家的政策支持，被市场推着发展，因此发展的步伐较为缓慢。初期的冷链物流从业人员都是来自各行各业，没有接受过专门的冷链物流训练，在摸索中发展。所以时至今日，整个行业的人员结构虽有细微改观，但非专业人员占据大半江山依然成为现状。我国各行各业的人才培养，95%以上依靠学校，如大学、高职、中职等，从当前各大院校冷链物流专业（本科或大专或中专）的开设情况来看，屈指可数，少之又少。目前，从事冷链物流行业的人才，大部分是依赖师傅带徒弟、老员工带新员工的方式或自我总结经验开展相关工作，并没有专门的冷链物流师资队伍来进行教育培训。由此可见，当前的冷链物流师资队伍建设起点较低、基础很弱的特点十分明显。

（二）意识不强，尚无标准

冷链物流行业的发展，是因为其他相关行业的快速发展才得以产生和发展。在初期甚至很长一段时间里，冷链物流并没有引起国家的足够重视，政策引导和投入都极为有限，整个社会的发展意识明显不强，甚至很多从业人员对从事冷链物流岗位还有一定的抵触性和排斥性。在整个意识不强的情况下，冷链物流行业标准、人才标准、教育培训标准、师资建设标准都是缺乏的。随着整个经济和冷链物流的发展，近些年，国家、行业协会和地方政府对冷链物流提升到了新高度，冷链物流已经上升到了国家战略，各种《规划》《意见》《标准》陆续颁发，整体呈现出快速发展的趋势。从已有的各项政策来看，对冷链物流师资队伍建设的标准和要求还是缺乏的，一定程度影响到当前冷链物流师资队伍建设的进程。

（三）缺乏体系，各自尝试

我国的冷链物流起步较晚，目前，在我国只有极少数农产品、食品和生鲜企业打通了完整的冷链产业链。从整个国家和行业来看，还是缺乏完整的冷链产业链，环节的缺失、关键节点无标准等问题较为突出，比如冷链师资队伍的建设也应该作为整个冷链产业链中的一个重要环节，专业的师资队伍才可以培养出专业的人才。社会中和冷链相关的各大企业，不管是贸易型还是生产型，或者是专业的第三方冷链物流企业，对冷链的高级专业人才一直是求贤若渴，可基于当前的冷链物流人才培养系统和师资队伍现状，极少数的高校不得不进行自我摸索和尝试，各自建立科学性、完整性仍需加强的人才培养和师资队伍体系，以满足快速增长的冷链物流人才需求。

（四）差距明显，学习先进

从冷链物流行业的发展水平角度来看，我国与日本、美国、加拿大、荷兰、新加坡等世界发达国家还存在非常明显的差距，包括冷链物流师资队伍建设。以加拿大为例，冷链物流的发展在加拿大已经有一百多年的历史，它已经形成了非常完善、科学和先进的冷链物流产业体系，它在冷链物流技术、信息技术、管理运营、硬件设备、教育培训体系、师资队伍体系等方面都积累了非常宝贵的经验。我们也可以看看德国，德国的农产品冷链物流体系也非常发达，这和德国重视应用技术是分不开的。谈到德国的应用教育[①]，在冷链物流的师资队伍建设方面，就有非常多的经验值得我们借鉴，主要包括教师聘任资格的高标准化、教师招聘的严谨性、教师留任的继续教育和企业兼职教师的高比例等。清醒地看到与世界发达国家的差距，有利于我们"对标"学习，从而更好地加强我国冷链物流行业师资队伍的建设，实现冷链物流行业的跨越式发展。

当然，冷链物流行业在我国作为一个新兴的行业，现状也在不断发生变化。随着行业的发展，一些更新的现状、更突出的问题也必然会产生。只要有利于我们冷链物流师资队伍建设，有利于推动我国冷链物流行业发展，我们都应该采纳和分析，并找出对策。

二、我国冷链物流师资队伍建设发展趋势

前面简单剖析了我国冷链物流师资队伍建设存在的鲜明特点，如起点较低、基础较弱、意识不强、尚无标准、缺乏体系等。虽然存在一些发展过程中的问题，但从当前的发展态势来看，我国冷链物流师资队伍建设的发展前景是乐观的，主要原因表现在以下几个方面：

（一）国家对冷链物流行业的重视程度越来越高

2010 年，国家发展和改革委员会发布了《农产品冷链物流发展规划》，把

① 丁夏夏．双一流大学物流学科师资建设研究［J］．物流工程与管理，2019（2）：122-123.

冷链物流发展提升到了国家战略层面；2015 年，国家食品药品监管局发布了《冷链即食食品生产审查实施细则》，对采用冷链生产、运输、储存的企业进行严格审查和检验；2016 年，中央 1 号文件《关于落实发展新理念加快农业现代化建设，实现全面小康目标的意见》中，也提出要加快构建区域冷链物流体系的建设。可见，国家对冷链物流行业的发展已经非常重视，冷链物流师资队伍建设作为输送行业人才的重要力量，一定不可或缺。

（二）社会和企业对冷链物流人才的需求越来越旺盛

从普通的常规物流到全程温度控制的冷链物流，从传统的线下交易到基于互联网信息技术的电子商务，人类社会的商务活动正在发生深刻的改变。于是，为了满足新兴的各种市场需求和个性化服务，对冷链物流人才的需求从来没有如此紧迫。冷链物流人才的培养，必定来自师资队伍的努力。随着冷链物流人才需求的规模越来越大，必定要打造过硬的冷链物流人才培养师资队伍体系来进行匹配，满足社会和企业需求，推动冷链物流的发展。

（三）高校对冷链物流教育的推动力量越来越强大

由于冷链物流行业的迅猛发展，冷链物流相关用人单位对冷链物流人才提出了现实需求。众所周知，社会各行各业的人才培养重要途径还是学校教育。作为新兴行业的新兴人才需求，全国很多高等院校一时之间还难以适应。在过去的很多年，全国各大高校都没有设立专门的冷链物流专业，截至目前，也仅有少数高校（以高职高专为主）设立了冷链物流相关专业，培养的专业学生数量远远满足不了现实需求。基于冷链物流发展现状和前景，以及对国民经济发展的重大影响，很多高等院校也开始逐步意识到设立冷链物流相关专业的重要性，于是陆续有高校开始设立冷链物流相关的本专科专业，开始对冷链物流进行系统的科研、教学、人才培养等工作，对冷链物流师资队伍建设的投入也越来越多。

（四）行业协会对冷链物流发展的指导越来越规范

随着冷链物流的普遍化和行业地位的逐步上升化，从国家到地方的冷链行业协会或物流行业协会中的冷链专业委员会等各种民间组织机构相应成立。各种冷链物流行业协会努力发挥桥梁纽带作用，在了解行业企业诉求、制订业务发展规范、寻求国家政策支持、探讨行业创新等很多方面都发挥了积极作用。在组织行业培训方面也功不可没，不同层级的行业协会都会不定期组织符合自身定位的冷链物流行业培训班、行业论坛和行业会议等，比如培训班的师资大部分是来自行业企业的企业家或中高层管理人员，也会邀请极少的高校教师参与其中。由于冷链物流行业的不断规范和向纵深发展，行业协会的各种指导也变得越来越规范，指导经验也越来越丰富，特别在人才培养、师资队伍建设、行业交流等方面更是如此。

第二节　冷链物流师资队伍建设的必要性和重要性

为了满足社会对冷链物流人才的巨大需求，新时代冷链物流师资队伍的建设已经提升到了全新的高度。冷链物流师资队伍的建设，有其必要性，也有其重要性。

一、冷链物流师资队伍建设的必要性

我国冷链物流行业面临最大的发展障碍就是人才匮乏，冷链物流人才的严重匮乏已经成为制约我国冷链物流行业向前发展的瓶颈①，由此间接也能看到，我国冷链物流人才培养的师资力量也非常匮乏。师资力量的匮乏，进一步加深了人才匮乏的程度。2017 年 4 月，国务院颁布了《国务院办公厅关于加快发展冷链物流保障食品安全促进消费升级的意见》，该意见提出了多项推动冷链物流发展的指导建议。其中，“政策支持体系”部分就非常明确地指出，应“加强冷链物流人才培养，支持高等学校设置冷链物流相关专业和课程，发展职业教育和继续教育，形成多层次的教育、培训体系”。该意见的下发，为推动冷链物流人才培养和师资队伍建设提供了国家级指导意见。

目前，通过《普通高等学校本科专业目录》进行查看，并没有设置“冷链物流管理”或“冷链物流工程”专业，从而也可以推导出各大高校很难有专业的冷链物流管理师资队伍。当然，在全国范围的部分本科院校，依靠原有的相关或相近专业，如制冷及低温工程、冷冻冷藏工程、食品科学与工程、食品质量与安全、物流管理与物流工程等，开设了冷链物流相关的学科课程，但尚未行成集约化、专门化的冷链物流师资团队。如广州工商学院、北京交通大学、华南农业大学、广州大学、上海水产大学等院校都开设了冷链物流相关的

---

① 侯秀英，丁和水，黄莹．冷链物流人才培养探析［J］．物流工程与管理，2018（9）：178－179.

课程。

而通过《普通高等学校高等职业教育（专科）专业目录》进行查看，我们可以看到有两个专业和冷链物流密切度较高，它们是“冷链物流技术与管理”和“农产品流通与管理”。这两个专业的培养目标非常明确，就是培养能够胜任冷链物流企业和其他企业与冷链物流相关的岗位的高端技能型人才。可是，开设这两个专业的院校数量特别少。就当前多层次冷链物流人才的需求而言，有限的高校培养的冷链物流人才数量已经远远不够供应。

既然冷链物流行业人才如此匮乏，国内普通高校和高职院校为什么不去大规模增设冷链物流专业、开办冷链物流课程？归根到底还是师资队伍的建设问题。要培养出好的冷链物流人才，一定要有过硬的冷链物流师资队伍。当前，很多讲授冷链物流相关课程的高校教师原本是相近学科的教师，并没有冷链物流的专业学习背景，更多靠的是相关学科积累的知识和自学能力，也没有冷链物流的从业实战经历，但学校为了打造冷链物流师资队伍，只能硬着头皮上，显然这不适合大规模进行。另外，我国对冷链物流人才的培养本身起步就非常晚，人才数量也极少，冷链物流行业人才需求也非常旺盛，如果再要从里面挖出专业的人才成为冷链物流师资队伍的一员，难上加难。此外，国内各大高校真正懂冷链物流的教育管理人员也非常少，往往他们的努力和决定也能左右所在高校是否开设冷链相关专业或课程，以及左右对冷链物流的科研投入。综合来看，离高校冷链物流专业或课程的大面积开设还有一段时间，但无论如何，冷链物流师资队伍的建设已经变得非常必要。

冷链物流人才的培养和输送，虽然很大程度上来自于普通高校和高职院校，但在当今学校教育和培养还不能完全满足需求的情况下，企业自身对冷链物流人才的培养也显得很有必要。

冷链物流企业对冷链物流人才的培养更具有针对性和实操性。在当今冷链物流人才大为匮乏的背景下，为了解决企业自身的“人才荒”，各企业要建立自身的内部师资培训团队，我们也称之为企业内训师资队伍。它的师资构成主要有企业中高层管理人员或有丰富操作经验的基层优秀员工，企业 HR 部门根据企业规划、岗位要求、业务特征等因素，制定培训计划，编制培训内容，建设师资队伍。企业冷链物流师资队伍的建设往往比较高效，因过分注重实操，师资素质也缺乏理论型教师的加入，导致实操性虽较强，但系统性和专业性还存在欠缺。从现阶段对冷链物流人才的紧迫需求和未来的发展来看，企业冷链物流师资队伍的建设也是非常必要的。

二、冷链物流师资队伍建设的重要性

跨业融合是经济转型升级和产业结构调整的重要方式，冷链物流就是跨业融合的产物，是传统物流产业的转型升级和创新，将成为未来社会经济发展的重要基础。在冷链物流人才的培养过程中，我们不难发现，除了物流管理专业知识外，冷链物流课程还涉及很多跨学科知识，比如制冷学、食品学、机械学、生物学、环境学等，是一门定型的复合型和融合型学科。这种复合型人才恰恰是制约冷链物流行业发展的瓶颈。

目前，强劲的冷链物流人才需求已经处于雪崩状态，需求缺口十分巨大。冷链物流复合型人才的需求特征决定了师资队伍建设的复合性，师资队伍建设的重要性不言而喻。

（一）冷链物流业务的风险性①要求我们必须注重冷链物流师资队伍建设

冷链物流存在的唯一目的就是保证食品安全。在整个冷链物流过程中，从生产加工到仓储分拣到运输配送，都是动态的，而且温度是全程监控、符合标准的。为保证食品的新鲜和品质，预冷、冷却、冷冻、低温下分拣和流通加工等作业活动缺一不可，无论哪个环节对细节的松懈，都将带来安全隐患和风险，轻则为企业带来损耗，重则为人们带来生命安全。和常规物流相比，作业难度大大增强，风险程度大大提高，因而，要求从业人员需要具有更强的专业知识、掌握更先进的专业技术和具有更崇高的职业道德。一直以来，我国的冷链物流师资队伍非常薄弱，建立专业的冷链物流师资队伍将有利于培育出更多合格、专业的冷链物流人才，降低冷链物流业务的风险性。

（二）冷链物流业务的复杂性②要求我们必须注重冷链物流师资队伍建设

如果从供应链角度分析，完整的冷链物流往往涉及供应链的上游和下游，链条的主体、环节、要求等纷繁复杂，跨行业、跨部门、跨业务，各种差异十分明显。如对农产品企业而言，涉及农产品生产和检测、农产品种植和病虫害预防、农产品营销和推广、农产品开发和深加工等，如果按照当今冷链物流人

---

①② 刘常宝，胥爱霞，李仕豪．跨业融合背景下冷链物流人才培养研究［J］．合作经济与科技，2019（2）：114－115.

才的培养模式，将是非常巨大的挑战。复杂而专业的业务内容，将要求从业人员特别是高级管理人员，要具备将所有技能整合到一个业务层面上的能力，对各种资源能够进行灵活的整合和配置。行业的融合性决定冷链物流人才培养的师资队伍打造需要有较强的高度性、前瞻性和创新性，高校中的冷链物流师资队伍要有合理的教师结构，最好实现文理兼通、理工农医相结合的综合性教师结构。从冷链物流行业的培养情况看，长期以来，传统的师傅带徒弟模式是冷链物流企业培养冷链物流人才的主流模式，新员工的适应和成长都是在进入企业后一边工作、一边学习、一边实践、一边探索，很多企业也并没有打造专职的师资队伍，都是由主管或员工兼职培训，零散性和随意性特别明显，培养周期偏长，师傅和徒弟之间专业知识的拓展性和互补性较为欠缺，制约了冷链物流人才的专业性培养，阻碍了冷链物流行业的发展。建立专业的冷链物流师资队伍，将可以解决冷链物流业务的复杂性所带来的困难和问题，提升冷链物流人才需求的供应质量和数量。

（三）冷链物流知识的多样性①要求我们必须注重冷链物流师资队伍建设

冷链物流之所以能成为下一个发展的风口，主要是基于冷链物流人才大量匮乏，并且一时之间没法提供足够的人才来填补缺口的现状，原因就是冷链物流是一个融合文、理、工、农、医等多门学科于一体的综合性交叉学科。当前，各大高校都是按照以学科为限的课程体系来进行人才培养，对应的师资队伍建设体系也是与此匹配，显然这很难满足对冷链物流人才的培养，也很难打造一支过硬的、综合的、专业的冷链物流师资队伍。另外，中国的传统教育模式在高中阶段就进行了文理分科，人才偏科现象严重，要将冷链物流相关专业的学生培养成既懂化学又懂物流管理、既懂农业种植又懂食品生产、既懂设施设备又懂安全检测等的复合型人才，对老师提出了更高的要求，并不是某个或某几个老师所能做到的，必须要有一个综合学科交叉、既懂理论又懂实践的师资队伍才能实现。所以，在培养冷链物流人才的过程中，注重师资队伍建设也是由冷链物流知识的多样性决定的。

① 刘常宝，胥爱霞，李仕豪．跨业融合背景下冷链物流人才培养研究［J］．合作经济与科技，2019（2）：114－115.

第三节　冷链物流师资队伍建设存在的问题

一、冷链物流师资队伍建设存在的宏观层面问题

（一）建设政策不清晰，指导规范不明确

近些年，虽然冷链物流行业开始得到国家和政府的高度重视，并上升为国家战略，但针对冷链物流师资队伍的建设，国家截至目前仍并没有给出明确的政策要求和指引，比如师资队伍建设的标准、教师的来源、教师聘任的资格条件、经费的来源等。中央或地方政府只是在颁布的一些产业性或行业性文件当中简单提及要加强冷链物流行业的师资队伍建设，至于建设的内容以及如何建设却并没有下文。全国各大高等院校或企业在进行师资队伍建设落地的时候，只能各自建设，各自凭本事享受不同的政策服务，不存在统一的国家政策或行业指导规范。因此，学校与学校之间、企业与企业之间、学校与企业之间，师资队伍的水平参差不齐，冷链物流人才培养的各大师资队伍建设总是存在不同的问题和短板。

（二）建设机制不完善，制度设计不灵活

冷链物流师资队伍建设是一项系统工程，需要进行方方面面的机制和制度设计。如师资队伍人员进入和退出机制的设计、在岗师资队伍能力提升机制的设计、师资队伍任职资格条件的设计、师资队伍的激励机制、师资队伍建设的创新机制等，都需要进行总体规划和系统设计。实际上，国内各大高校和企业在进行冷链物流师资队伍建设的过程中，总是很难找到完善的机制来加强队伍建设，特别是还有些制度的设计反而缺乏灵活性。如对教师的选聘“重学历、轻实践”现象十分严重，如普通的民办高等院校在招聘冷链物流教师时都必定有一条“硕士研究生以上学历”，即使应聘人员在冷链物流行业供职很多年，但如果只是本科或以下学历，也难以成为该校师资队伍中的一员。这种现象的存在，将严重阻碍师资队伍的建设，进而影响冷链物流人才的供应。

（三）建设路径不顺畅，专业标准不统一

冷链物流行业由于在国内存在起步晚、发展专业性欠缺、行业人才严重缺乏、业务牵涉面特别复杂等特点，大大影响了师资队伍的建设路径规划和发

展，各种专业标准也难以统一。师资队伍建设应该有一条科学规划、标准顺畅的路线图，以专业标准为指引，渗透每个教师的选、用、育、留等环节，形成强而有力的冷链物流师资队伍。这种良好的发展路径和统一的专业标准，可以复制到国内所有有需求的高校、企业等各个单位，推动我国整个冷链物流师资队伍的建设。

（四）建设投入不充足，师资发展不稳定

不管是高等院校还是公司企业，不管是国家层面还是地方政府，就当前的情况来看，对冷链物流师资队伍建设的投入严重不足。虽然冷链物流行业人才异常匮乏，人才需求缺口巨大，但是师资队伍的建设无论在数量上还是质量上，都存在很大问题。优秀的人才不愿意成为师资队伍的一员，成为师资队伍的一员不愿意全力以赴开展教育培训，归根到底是待遇的问题、发展的问题，实质是投入的问题。因此，对很多冷链物流人才培养的主体单位来讲，师资队伍整体素质偏低、结构不合理、长期不稳定就是一种常态。

（五）教育资源不丰富，教学理论不先进

从全社会的教育角度来看，当今的教育资源已经非常丰富，各种教学理论也十分先进。但是针对冷链物流而言，却和普通物流有着很大的区别。冷链物流专业性更强，在物流管理专业知识的基础上，还融合了其他多门学科的专业知识，是一门综合交叉学科，另外，冷链物流还是一门新兴的学科，不管是理论还是实践，仍然处于发展和完善中。可想而知，冷链物流行业的教育资源有其稀缺性。近些年，冷链物流行业由于市场经济的推动和政府的高度重视，取得了快速的发展，但是教学理论体系一直跟不上实践的步伐，行业的教育理论对比实践始终处于落后状态，还处于初级阶段。教育资源的稀缺和教学理论的落后，严重影响了师资队伍的打造，整体师资队伍素质和能力的提升受到了局限。

（六）企校师资建设缺乏联动，社会总体师资力量缺乏

冷链物流人才的终极需求方是企业，因为人才的缺乏，在高校培养人才吃紧的情况下，各个企业也通过自身的各种方式培养冷链物流人才。就师资力量而言，不应忽略企业的冷链物流师资队伍打造。从全社会的现状来看，企业和高校缺乏有效的沟通和交流，包括人才培养方案、培养方式、培养内容等。偶尔会有少部分高校实现校企合作，但合作仅停留在表面，比如局限于学员的消化、实习岗位的提供等，很难实现纵深合作。理论和实践没有进行有机的统

一，社会的总体师资力量也还处于缺乏状态，严重阻碍了行业的发展。

二、冷链物流师资队伍建设存在的微观层面问题

（一）教师理论知识缺乏，实践经验不足①

目前，高校的冷链物流师资主要来自于高校毕业生，由于物流管理专业在我国起步比较晚，冷链物流管理就更晚了，因此真正专业出身的老师很少，很多老师都是学管理、营销、食品、经济等相邻专业，对冷链物流管理相关专业知识比较缺乏，同时对多门类学科的专业知识也掌握不深。实践中，对实操应用技术不熟，没有行业具体操作经验，缺乏亲身经历和体会，对学生实践能力的培训和锻炼极为有限，很难培养出实际性、综合性很强的冷链物流复合型人才。

冷链物流企业的内训师资队伍也是如此，基本来自企业内部的经理主管或有一定操作经历的优秀员工，理论知识方面更为缺乏，有一定的实践操作经历，但是否具有成熟的冷链物流经验还值得商榷。

（二）师资队伍结构不合理，招聘渠道单一

冷链物流师资队伍结构不合理包含年龄、学历、素质、地区分布等方面。冷链物流学科作为近些年来产生的新兴学科，师资力量基础本来就非常薄弱，因为人才需求的急剧扩张，师资力量的发展显得更加力不从心。整体来看，冷链物流的师资队伍总体数量是严重不足的，不管是高等院校还是公司企业，这种现象是客观存在的。由于总量的不足，为了满足疯狂增长的冷链物流人才需求，很多高校或企业不得不降低冷链物流师资的聘用条件，于是一大批高校刚毕业或企业刚入职的人员充斥到师资队伍当中。缺乏实操经验的年轻群体占主流，有实操和教学经验的中青年教师占少数。低学历群体占主流，中高学历教师占少数。能力平平、素质平平的教师占主流，能力强、素质高，发展全面的教师占少数。从实际来看，冷链师资队伍不仅总量不足，地区分布还存在严重不均匀现象，师资主要集中在北、上、广、深、杭等城市的高校或企业，全国二三线以下城市师资更加紧缺。

造成冷链物流师资队伍多方面结构不合理的一个很重要原因就是冷链物流

---

① 郭莉．探索现代学徒制背景下物流管理专业双师型师资队伍建设的途径［J］．物流工程与管理，2016（6）：232.

师资队伍的招聘渠道较为单一，90%以上来自高校毕业生。这种唯学历是从的做法，阻挡了很多学历不高但实操经验丰富的人才步入师资队伍，导致招聘师资的范围变得越来越窄，选择的余地越来越小，各种结构性问题产生和日益突出成为必然。

（三）教师考评体系不健全，激励措施不够完善

工作业绩考核和岗位聘任考核是我国教师绩效评价考核的两种主要方式，冷链物流的教师考核也是如此。这两种方式存在明显的主观性和随意性较强的缺陷。另外，从绩效考核的横向评价角度来看，可比性不强、操作性很弱的缺陷也同样明显。这些问题的存在，将影响师资队伍的建设，也是教师考评体系不健全的表现。

1. 传统的各种考评指标量化性不足

教师的工作具有特别的属性，比如复杂性、高投入，以及工作劳动成果获取的迟效性，导致很多指标难以量化。同时，学生的个体差异、态度、能力、知识基础和学习环境，都会对教师的工作造成诸多影响，并且这些影响也很难量化。从教师的工作成果来讲，除了迟效性，其创造的社会财富并不能马上予以体现，而是通过自己的努力付出转化成学生的道德品质和工作能力，这些成果是没办法量化的。

2. 传统的各种考核评价只重结果而非过程

传统的教师考核周期基本是一年一次，且放在年底集中考核。这种一次性集中考核的方式，很难反映出教师的真实能力和水平，往往只注重年底一时的结果，对全年的过程容易忽略，不利于过程关注和过程提升，容易出现急功近利、基础不牢等现象，也不利于激发和保持师资队伍的主动性和热情，还容易出现负面作用。

3. 传统的各种考评指标过于空洞和表面，不注重实质价值

当前，我国的教师继续考评体系显然不够成熟和完善，往往内容空洞，流于形式和表面。大多数考评体系的内容只关注科研、教学、社会服务方的指标，对企业的实际应用性、教师个人价值、教师个人理论和实践结合的综合能力等方面缺乏关注，忽略了开展教育、培养人才的本质，对核心关键指标的确定存在差别，没有体现教师在教育过程中的主导性作用，对最终人才培养目标的实现促进作用有限。

4. 传统的各种考评结果反馈存在问题

当前师资队伍建设的绩效考评结果在实际当中存在使用不充分的问题，有

些学校只是将此结果当作评定和管理教师的工具，并没有将结果进行深入的对比分析，也没有和薪酬、利益、晋升等挂钩。这将极大地影响教师的主动性和积极性，因为教师无法看到自身的发展差距和潜力，也没有晋升空间可言。

在冷链物流人才的培养过程中，师资是最为重要的因素。一套充满激励的师资队伍机制，可以形成绝对核心的教育培训能力。但从现状来看，受到各种因素的影响，包括国家政策的作用、冷链物流当前的发展阶段、师资队伍建设的现实情况等，当前并没有很好的激励措施。相反，招聘信息不透明、聘任资格不合理、发展晋升制度缺失、在职继续教育不重视等却表现得很明显，有利于师资队伍的长远发展的措施寥寥无几。

（四）教师提升机会较少，各种培训衔接脱节

冷链物流专业本来就是一个新兴的专业，开设经验欠缺，发展也不成熟，对教师的继续教育和能力提升没有完整、科学的规划，各种培训机会少、培训衔接脱节在所难免。教师的成长性决定了师资队伍力量的强大性、持续性。促进冷链物流教师的成长有两种方法：一种是在理论上不断接受继续教育，另一种是在实践上深入企业顶岗实习或兼任相关职务。无论是理论还是实践，都应该有一个系统和科学的规划，才能保证接受继续教育、在岗培训的数量和质量。如果制定了年度、季度或月度规划，每一个教师在规定的时间就能接受规定的教育，就不会没有机会或错失机会。当然，因为有了规划，那就可以系统地考虑教师的成长和强大师资队伍的打造，就会关注教育内容的安排，开展的各种理论教育或实践活动都会具有针对性，各种培训才可能成为一个完善的整体，也就没有脱节之说。

归根到底，只有赋予教师能力提升的机会，切实做好每一次教师的培训，教师的成长才可以推动学生的成长，师资队伍的建设才能实现可持续发展。

（五）师资成长机制不健全，双师型教师严重缺位

冷链物流学科作为新兴物流学科的分支，现在还没有形成系统的学科理论。目前，学科建设主要集中在高职高专院校和民办的独立院校。由于学科发展处于起步阶段，师资队伍的培养存在明显的动力不足现象，此类学校的资金力量本就不雄厚，师资队伍人数不足，在应付繁重的日常教学和行政管理工作之外，很难有多余的时间和精力来思考师资培养和师资的成长机制问题。首先，师资培训缺乏时间和资金投入，冷链物流学科高学历、高素质人才缺乏，冷链物流教学岗位的企业实践经验缺乏，但是由于存在冷链物流师资数量缺

口，也不得不直接进入教学岗位；其次，很多院校冷链物流学科教师身兼数职的情况较为普遍，同一名教师承担多个教学班级的同一学科，甚至多门学科的教学，这都不利于师资队伍的建设，这种情况会产生两种后果：一是教学质量难以确保，教学内容可能趋同；二是同一名教师的知识结构、理念和思维存在严重趋同。此外，教师们根本没有教研的机会，因为每门学科的老师都相同，不存在教研的必要性，教师的能力提升和个人成长非常有限。另外，教师的成长机制除了能力的提升和个人的成长之外，还包括各种公平、科学和开放的晋升平台，如职务职称的成长、薪酬待遇的成长等，都能影响到冷链物流师资队伍的稳定和发展，影响到培育高质量的冷链物流人才。

冷链物流学科是一门非常新、非常前沿的应用型学科，对教师和教学的要求都较高，不仅要有扎实的理论基础，还要有丰富的实践经验。而当今冷链物流师资队伍的现状却是同时具备理论和实践的“双师型”教师严重匮乏。究其原因，主要有以下几个方面：①师资来源和聘任资格标准存在问题。前期由于师资队伍建设需求紧迫，院校招聘条件较低，招聘渠道单一，主要是高校应届毕业生。②有一定学历的企业在职冷链物流从业人员，因高校的待遇有限，远远比不上企业待遇，所以其进入高校担任教师的概率较低。③即便有部分企业冷链物流从业人员选择了教师岗位，掌握了较为丰富的实操经验，但由于教学还是具有一定的专业性，并且需要具备一定的理论知识基础，冷链物流企业中有经验的人员能否将行业实践经验转化成教学能力也是值得思考和实践的。因此，客观存在的各种现实情况，导致冷链物流的“双师型”教师队伍匮乏已经非常普遍。冷链物流学科的强实践性和强应用性决定了师资队伍要有丰富的实践经验，在具体的专业课程里面，如果没有丰富的实践经验，再扎实的理论基础和再高超的授课技巧也无法轻松胜任。

（六）专业教师队伍奇缺，兼职师资队伍不稳定

冷链物流起步晚、发展快是其鲜明的特点。我国物流产业自20世纪80年代才开始发展起来，冷链物流产业的起步就更晚，国内冷链物流教学工作基本还处于起步和摸索阶段。目前从事冷链物流行业的人才基本没有冷链专业出身的，都是从其他专业跨转过来，再经过实践的锻炼，才成为基本专业的冷链物流人才。基于这样的现状，全社会冷链物流人才异常紧缺，冷链物流的师资队伍更是紧上加紧。在冷链物流行业专业人才极度匮乏的情况下，为了满足社会对冷链物流人才的需求，各高职院校开始设立冷链物流相关专业，大部分冷链物流专业教师也从物流、管理、农业、经济、贸易、营销等专业转变而来。这

部分教师有着较长的教育工作时间，也有丰富的教育教学经验，但缺乏扎实、全面的冷链物流专业知识，仅是参加了一些特训的短期班，然后自学课程、查阅书籍后就匆忙上阵。而且，这部分老师没有扎实系统的冷链物流专业知识，也没有实际操作冷链物流的工作实践经验，所以对学科的认识、对问题的看法以及教学水平都存在很大的局限。最终，由于专业教师队伍的奇缺，导致多数教师的教学仅仅只是传播知识，难以满足社会和企业对高级应用型冷链物流人才的需求。

为了解决冷链物流师资队伍不专业、实践经验欠缺的问题，各高校在建设冷链物流师资队伍的过程中，运用“聘请冷链物流企业中高级管理人员充实到教师队伍”的方式尽量让师资队伍结构合理，弥补实践经验不足。企业中高级管理人员担任冷链物流相关课程教学，有它的优点，比如来源实践、用于实践，学生应用能力容易提升等，但同时也存在一定的弊端：一是企业兼职教师不一定有扎实的理论知识，也不一定有过硬的教学能力，在施教过程中，完全取决于对方的适应能力，稍有不慎，人员可能流失；二是企业兼职教师本身在企业还有工作，要耗费大量的时间和精力来完成本职工作，留给教师岗位的时间其实不多，所以在教学的准备、教学的实施等方面都有可能打折扣；三是除了企业兼职教师外，院校还有可能聘请兄弟院校的教师来担任课程的主讲教师，不管是如何兼职，对方一定是以原本岗位为优先原则，对兼职岗位的随意性可能会增加、重视程度可能会减弱。所以，在很多师资队伍建设的例子中，兼职师资队伍往往是不稳定的，也很难稳定。

第四节　冷链物流师资队伍建设标准和评价

一、冷链物流师资队伍建设标准

冷链物流产业作为新兴的产业，行业人才需求时间的紧迫性和需求缺口的巨大性已经非常明显。因此，师资队伍的建设好坏程度将直接影响冷链物流行业人才的培养和输送，直接关系到行业的兴衰，直接关系到社会的发展。那么，要实现冷链物流师资队伍的高效、高质量和可持续建设目标，就只有依靠冷链物流师资队伍建设的标准化。冷链物流师资队伍建设是一项系统工程，这一系统工程由很多个既可相互关联又可相互独立的任务单元组成，让每一个任务单元都实现标准化，就会形成整个系统工程的标准化，最终实现师资队伍建设目标。

冷链物流师资队伍建设标准化，主要包括教师队伍规划标准化、教师职务分析与设计标准化、教师招聘与选拔标准化、教师绩效考评标准化、教师薪酬管理标准化、教师激励标准化、教师继续教育与培训标准化等七部分（见图6-1）。

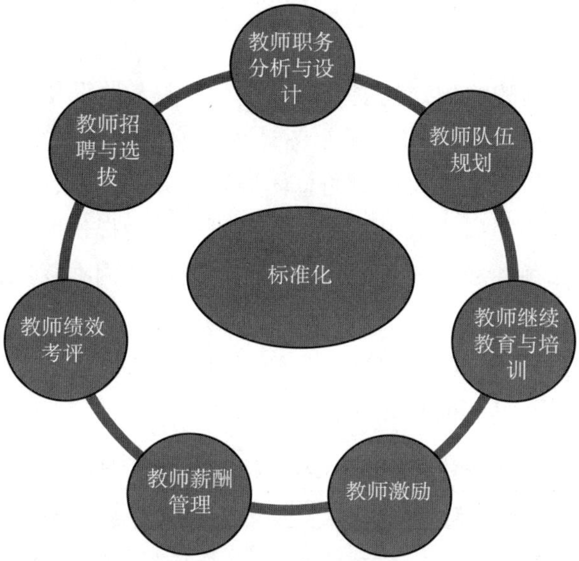

图6-1　冷链物流师资队伍建设标准化

（一）教师队伍规划标准化

教师队伍规划有广义和狭义之分。广义的教师队伍规划是指根据教学组织的发展战略、目标及内外环境的变化，科学预测和分析未来的组织任务和环境对教学组织的要求，为完成这些任务和满足这些要求而进行教师队伍建设的过程。它包括预测教学组织未来的教师资源供求状况、制定行动计划和控制、评估计划等过程。狭义的教师队伍战略规划是指某个教学组织具体的教师队伍建设行动计划，包括招聘选拔、使用管理等计划。

按照时间划分，可以把教师队伍规划分成短、中、长期三种类型。1—2年的教师队伍规划属于作业性的短期规划，3—5年的教师队伍规划属于策略性的中期规划，5年以上的教师队伍规划属于战略性的长期规划。长期教师队伍规划牵涉到组织内外部的综合因素分析，需要预测未来组织对教师资源的总需求，预估长期组织内部的教师数量，重点是分析问题和制定原则、政策，把握好总体发展方向。中期教师队伍规划涉及教师资源供给量和需求量的预测，在既定的长期教师队伍政策下，制定具体的行动方案。短期教师队伍规划就是一些具体的实务操作计划，任务具体明确。

教师队伍规划可以分成战略规划和各项业务计划两个层次。第一个层次是教师队伍的战略规划，也称总体规划，指规划期内教师队伍建设的总体目标、政策、实施步骤及预算的安排；第二个层次是各项业务计划，一般包含教师职务分析与设计、教师招聘与选拔、教师绩效考评、教师继续教育与培训等业务行动计划。业务计划战略规划的展开和具体化，是教师队伍建设总体目标得以实现的重要保证。战略规划和各项业务计划的制订，要注意其系统性和协调性。首先，教师队伍规划要为组织的总体规划服务；其次，教师队伍规划应该和组织的其他计划相平衡，为组织的教学科研等活动提供所需的教师资源；再次，教师队伍总体规划和各项业务计划之间有密切的内在联系，必须注意系统性和协调性。

师资队伍规划是一个收集信息、分析问题和解决问题的动态过程，这一过程大概包含以下几个具体的步骤（见表6-1）。

表6-1　冷链物流教师队伍规划及各项业务计划表

计划类型	目标	政策	步骤	预算
总体规划	总目标（绩效、教师总量、素质等）	基本政策（发展扩大、压紧收缩、保持稳定）	总步骤（按年安排，如完善师资队伍建设体系）	总预算（万元）
教师职务分析与设计计划	建立合理、科学、高效的岗位和职务系统，统一聘任资格和标准，实现教师队伍结构和绩效持续改善等	教师岗位工作说明书、聘任资格标准等	调查现状，分析现状，找出问题，分析问题，解决方案，改善体系	调研、设计费用
教师招聘与选拔计划	类型、数量、层次，对教师队伍结构和绩效的改善等	教师素质标准、教师来源渠道、福利待遇等	拟定补充标准、广告吸引、笔试、面试、录用、培训上岗等	招聘选拔费用
教师绩效考评计划	保持教师队伍整体素质，确保教学、科研等质量	绩效量化指标、考核评价标准等	略	绩效考评结果引起的工资、奖金变化
教师薪酬管理计划	薪酬的公平性、激励性，同工同酬，减少教师流失，保持教师队伍的稳定性	工资薪酬政策	略	增加工资和奖金额度预算

续表

计划类型	目标	政策	步骤	预算
教师激励计划	晋升激励、职称激励、成长激励，提升士气，改善绩效	激励机制，激励重点、职称和晋升制度	略	各项激励引起的费用预算
教师继续教育与培训计划	持续改善素质及绩效，保证继续教育培训的数量和质量	培训时间、经费的保证，培训效果的保证（如待遇、考核、使用）	略	继续教育与培训总投入产出，脱产培训损失

1. 详细收集与组织（高校或企业等）战略决策及经营环境有关的信息

分析自身的特征、认清自身的目标和内外部环境变化的趋势，是做好冷链物流师资队伍规划的前提。不同的管理机制、组织特征、组织文化等都会对师资队伍建设提出不同的要求，而外部的一些就业、人口、经济、政治等政策环境也是影响因素。

2. 分析组织现有的师资队伍状况

这是师资队伍规划的基础性工作，只有全面分析现有师资队伍的人员结构、学历层次、实践经验、人员数量、专业背景、薪酬水平等现状，才能知道现有师资队伍存在的问题，需要改进的地方，以及需要引进何种方面的师资人才。

3. 对师资队伍供需的预测

在认真分析外部环境和内部现状的基础上，采用定性和定量相结合的预测方法，对师资供需进行分析和推断，掌握各计划期内师资的余缺情况。

4. 制定教师资源开发、管理的总计划及业务计划

根据前面的供需预测，编制出平衡供需情况的各种计划表，并制订各种调节平衡的具体政策措施（见表6－2）。

5. 对师资队伍规划工作进行控制和评价

师资队伍规划工作的基础是预测，但预测始终和现实有差异。因此，在各种计划执行的过程中，要做到实时控制、准确评价和及时优化，以此来提升规划工作的效率、科学性和可操作性。

表6－2　　　　冷链物流师资净需求规划表

类型	项目	第一年	第二年	第三年	第四年	第五年
需求	1. 年初教师需求量	120		140		120
	2. 预测年内需求增加量	20	140	－20	120	–
	3. 年末教师总需求	140	－140	120	－120	120

续表

类型	项目	第一年	第二年	第三年	第四年	第五年
内部供给	4. 年初在岗教师	120	140	140	120	120
	5. 招聘教师人数	5	5	–	–	–
	6. 教师损耗	20	27	28	19	17
	其中：退休	3	6	4	1	3
	调出或升迁	15	17	18	15	14
	辞职	2	4	6	3	–
	辞退或其他	–	–	–	–	–
	7. 年底在岗教师	105	118	112	101	103
净需求	8. 差量或余量	–35	–22	–8	–19	–17
	9. 新进教师损耗总计	3	6	2	4	3
	10. 该年教师净需求	38	28	10	23	20

（二）教师职务分析与设计标准化

冷链物流教师职务分析与设计是对冷链物流教师岗位职务的目的、任务或职责、权力、隶属关系、工作条件、任职资格等相关信息进行收集和分析，明确做出该职务的工作规定，并确定完成该工作所需的行为、条件、人员的过程。教师职务分析与设计是师资队伍建设必不可少的基础环节，它与师资队伍建设的招聘选拔、绩效考评、薪酬、激励、继续教育与培训等工作联系紧密，这项工作的最终结果就是要形成可操作的职务描述书和任职说明书。

在了解职务分析与设计之前，往往需对与职务分析相关的专业术语进行界定。

（1）工作要素：指不能再进行细分的最小工作单位。如编制 1 个课时的教案。

（2）任务：指为了实现某种目标或结果而付出的一系列活动。它是由 1 个或多个工作要素构成。如教师讲好一堂课就是一项任务。

（3）责任：指个人在工作岗位上必须完成的任务，任务可以是单个也可以是多个。如教师一堂课的责任就是在有限的时间里把规定的知识传授给学生，责任包括课程设计、课程讲解、课堂纪律维持、学生答疑等。

（4）职位：也叫岗位，是指根据组织目标为个人规定的一组任务及相应的责任。如冷链物流师资队伍建设中，匹配多少个冷链运输管理的教学岗位，多少个冷链仓储管理的教学岗位，多少个基础学科的教学岗位等，这些都是职位，且这些职位和教师个体是匹配的。

（5）职务：等同于工作的含义，由责任相似或相同的一组职位构成。如教研室主任，就是师资队伍建设中的一个职位。有时一个职务只有一个职位，有时也可以一职多位。

一般而言，职务和职位是不加区分的，但在内涵上，二者还是有很大的区别。职位是任务与责任的集合，其数量又叫编制，是有限的、固定的，组织的职位并不会随着个人的离开而减少或增加。一个人的职务也不是终身不变的，可以是专职也可以是兼职，可以是长期也可以是临时。

职位可以按照不同的标准进行分类，但职务一般不会进行分类。职位分类是将所有的工作岗位（职位），从横向上按照业务性质分成若干职级职系，然后从纵向上按照责任大小、难易程度、教育程度、技术高低等因素分成若干职级职等，最后将每个职位进行准确的定义和描述，编制职位说明书，作为聘用人员的依据。如冷链物流师资队伍建设可以把职位分成教师、科研人员、实验人员、辅导员等类别，每一个类别又分成不同的晋升级别（职称）。

（6）职系：指工作性质相同，但责任轻重和困难程度不同的职业。如教师系列、科研系列、行政系列等。

（7）职组：也叫职群，指由工作性质相近的若干职系构成。如我国现有27 个职组，43 个职系。

（8）职级：指将工作难易程度、工作内容、聘用资格相近的职位划为同一类级别，实行相同的薪酬待遇和管理。如高校中常见的教授、副教授、讲师、助教等。

（9）职等：指工作性质不同或主要职务不同，但工作难易程度、责任大小、聘用资格等基本相同的职级归纳。同一职等的所有职位，不管属于哪个职级，薪酬基本相同。

（10）职业：由不同时间、不同组织内的相似的工作组成。职业与职务的区别主要在于范围不同，职业是跨组织跨行业的，而职务仅局限于某个组织内。

通过表 6 - 3 可以看到，冷链物流师资队伍的职组可以是高等教育这一群体，职系有教师系列、科研系列、实验系列、行政序列，职等有Ⅰ、Ⅱ、Ⅲ、Ⅳ、Ⅴ五个等级，职级有员级、助理级、中级、副高级、正高级五个级别。职组、职系、职等、职级之间的对应关系在表中已经很清晰的展示了，就不再重复说明。

表6－3　冷链物流师资队伍职组、职系、职等、职级之间的关系表

—		Ⅴ	Ⅳ	Ⅲ	Ⅱ	Ⅰ
		员级	助理级	中级	副高级	正高级
高等教育	教师		助教	讲师	副教授	教授
	科研人员		研究实习员	助理研究员	副研究员	研究员
	实验人员	实验员	助理实验师	实验师	高级实验师	
	图书、资料、档案	管理员	助理馆员	馆员	副研究馆员	研究馆员

教师职务分析与设计的步骤和程序主要包含四个阶段：

（1）准备阶段：首先要明确职务分析与设计的目的，要清楚是对新岗位进行分析还是因为战略调整、业务变化需重新对旧岗位进行岗位界定，或者是因为绩效考评、晋升加薪、继续教育等原因需对岗位进行职务分析；其次要成立由多层次人员组成的专门工作小组开展职务分析与设计工作；再次在开展工作前要选好样本，确定关键环节，做好翔实计划；最后要善于借用现有文件和资料，提升职务分析与设计的有效性和准确性。在以上基础上，编制和准备各种调查问卷和调查提纲。

（2）调查阶段：进入职务分析的操作阶段，主要是对整个工作过程、环境、内容和人员进行全面的调查。可以使用现场观察记录、人员访谈、征求意见、工作日志、资料分析等方法。

（3）分析阶段：此阶段主要任务就是认真审核、整理所收集的各种信息资料，分析、归纳、总结各种相关资料和要素，获取有关职务特征和人员特征的详细信息。

（4）完成阶段：此阶段重点工作就是根据已有信息编制可供操作使用的“职务描述书”和“任职说明书”，主要流程是：草拟“职务描述书”和“任职说明书”——与实际工作对比分析决定是否需再次调查研究——多次修正，不断完善——形成终稿，投入使用，收集反馈，持续完善——总结评述，归档保存，提供指导。

教师职务分析与设计的最终成果表现就是职务描述书和任职说明书，教师职务分析与设计工作的主要内容就是职务描述书和任职说明书。教师职务描述是指确定教师职务的具体特征，教师任职说明是指找出教师职务对任职人员的各种要求（见表6－4）。

表 6－4　　冷链物流师资队伍规范的职务描述和规范的任职说明包含内容

规范的职务描述	规范的任职说明
1. 职务名称。如××学科专任教师、××学科兼职教师、01、02 等。 2. 职务活动和程序。包括工作任务、承担责任、所需条件、工作流程与规范、工作关系、监督与被监督的性质和内容等。 3. 物理环境。包括工作地点、环境、安全条件、可能危险等。 4. 社会环境。包括工作群体中的人数及关系、每个人的资料、人际交往、部门关系、工作外的公益服务和社会习俗等。 5. 聘用条件。包括工作时长、工资结构、支付方法、福利待遇、在组织中的正式位置、晋升机会、工作的季节性、继续教育与培训进修机会等。	1. 基本要求。包括年龄、性别、学历、工作经历。 2. 生理要求。包括健康状况、体力、灵活性及各种感觉器官的敏感程度。 3. 心理要求。包括观察、集中、记忆、理解、学习、解决问题、创造性、数学计算、语言表达、决策、交际、合作、性格、气质、兴趣、爱好、态度、知识、技能等。

要对教师职务做出正确、清晰的描述，就必须完整而准确地提供“6W＋1H”信息：Who（谁），What（做什么），When（什么时候），Where（在哪里），How（如何做），Why（为什么做），For whom（为谁做）。表6－5是某大学冷链物流教师的职务描述书（范本），表6－6则是其任职说明书（范本）。

表 6－5　　某大学冷链物流教师职务描述书（范本）

职务名称：冷链物流专业专任教师 职务代号：LW20191896 在职者：张先生 入职时间：2019 年 7 月 1 日	部门：物流系 教研室：冷链物流教研室 工作地点：各课室
工作关系： 上级：教研室 A 主任 下属：无 内部联系：教研室主任、教研室各教师、辅导员、教务秘书、行政秘书、系主任 外部联系：科研处、教务处、出版社、企业（校企合作）、教学班级班委及学生	
主要职责： 按照学校规定和办学宗旨，具体承担冷链物流专业的教学和科研工作，积极进行社会实践活动，主动参与教学改革和学术研究工作。	
工作内容： （一）教学工作 1. 编制课程教学大纲。 2. 撰写教案。 3. 根据教学大纲和教案进行授课。 4. 完成学生的问题答疑、作业批改、练习指导等。	

（二）科研工作
1. 进行横向课题的科研工作。
2. 进行纵向课题的科研工作。
3. 撰写学术和科研论文。
4. 参与教学和课程改革工作。
（三）其他工作
1. 参与社会实践，如企业实习、校企合作项目。
2. 教研室主任分配的其他工作。

工作条件与环境：
95%以上的时间在室内工作，不会受到气候、温度、湿度、噪声、有害气体等影响，没有生命及其他伤害危险。
因工作需要配备电脑1台、U盘1个、电子教鞭1个、扩音设备1个。

聘用条件：
工资及发放标准、福利待遇标准按照《××大学教职工薪酬机制》规定执行。
该岗位试用期3个月，试用期满后，由系部考核并决定是否正式聘用。首次聘用合同期限为3年，3年合同期满后，可选择签订3年或10年期合同。

晋升与继续教育培训机会：
本职位为专任教师职位，可按照候选人资历进行定级，也可在各教研室之间进行岗位轮换，表现突出人员可兼任行政职务。每年年初由学校或系部下发当年的继续教育培训计划，根据计划进行学习和进修。

表6－6　某大学冷链物流教师任职说明书（范本）

职务名称：冷链物流专任教师
年龄：45周岁以下
性别：不限
学历：硕士研究生以上
职称：助教以上
教学经验：3年以上

体能要求：
视力良好，能听到6米以外的说话声，身体矫健，体力充沛，无严重疾病和传染病，具备应付高强度教学和科研工作的身体素质。

知识与技能：
具备扎实的冷链物流基础理论知识，至少3年的专业相关的企业从业实践经验，有中级物流师证书优先考虑，熟悉相关法律法规，能熟练应用计算机和多媒体等教学工具，有良好的科研能力、言语表达能力、沟通能力和团队合作精神。

道德品质：
有良好的教师道德和职业道德。

其他特性：
外表整洁大方，富有亲和力。

（三）教师招聘与选拔标准化

冷链物流教师招聘与选拔就是招募、选择和聘用教学所需要的冷链物流教师，招聘与选拔的依据主要有两个：一是组织的师资队伍规划，二是职务描述与任职说明书。

冷链物流教师招聘的过程大致可以分成招募、选拔、聘用、评估四个阶段（见图 6－2）。

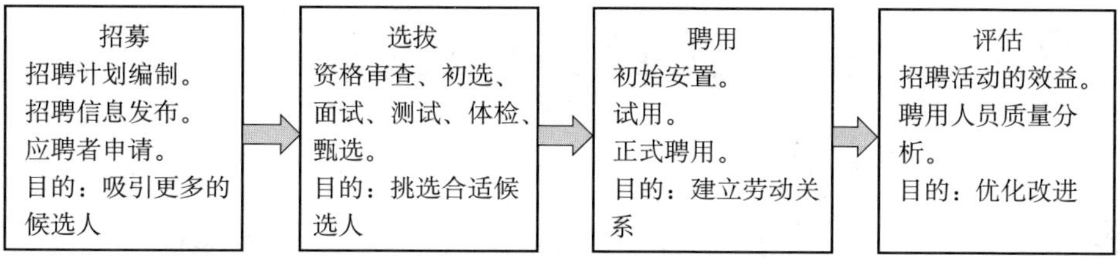

图 6－2 冷链物流教师招聘过程阶段图

冷链物流教师的招聘并不只是自己的事情，还是一项政策性、社会性、经济性很强的工作。因此，在开展招聘与选拔工作时，还必须遵守效率优先、双向选择、政策一致、公开公平的原则。

长期以来，由于各种主客观原因的影响，冷链物流教师的招募来源范围一直较为狭窄，严重阻碍了师资队伍建设的质量和进度。当前，随着社会经济的发展，人才信息化、招聘信息化进程日益加快，招募范围和渠道也越来越广泛。由于师资力量的不足，通常会采用专职教师和兼职教师相结合的方式来满足师资需求，不管是何种教师类型，主要的招募途径都包含内部招募和外部招募，其中，内部招募途径有工作调换、提升、内部人员重新聘用、内部兼职、内部退休人员返聘等，外部招募途径有向社会发布招聘广告、大中专学校毕业生、就业或人才服务机构、猎头公司、互联网招聘、行业协会或企业推荐、校企合作、外部单位退休人员返聘、企业人员兼职等。

为了在较短时间内判断应聘者是否具备冷链物流教师任职要求的知识、技能、品德和心理素质，真正将和岗位匹配的人员选拔出来，恰当的选拔方法显得特别重要。

1. 笔试

主要是对候选人专业理论知识的考察，笔试题目设计的广度、深度和难度都将对考核结果产生重大影响，所以要注重合理性和科学性的把握，笔试合格方可进入面试。

2. 面试

主要是对候选人过往经历、职业背景、学识、能力、品德、性格等综合素质的考察，通过精心的场景设计，在互动的过程中进行深入、全面的了解。按组织形式划分有结构型面试和非结构型面试，按达到效果划分有初步面试和诊断面试，按参与人员划分有个别面试、小组面试，按面试氛围看还有压力面试。当然，面试的过程中有很多提问技巧，如简单提问、递进式提问、比较式提问、举例提问等，这里就不详细陈述了，参见表6－7。

表6－7　某大学冷链物流教师面试评价表

姓名：　　性别：　　年龄：　　编号：
应聘职位：　　所属部门：物流系

评价要素	评价等级				
	1（差）	2（较差）	3（一般）	4（较好）	5（好）
1. 个人修养					
2. 求职动机					
3. 语言表达能力					
4. 应变能力					
5. 科研能力					
6. 自我认识能力					
7. 性格内外向					
8. 健康状况					
9. 专业知识					
10. 责任心					
11. 逻辑思维能力					
总体评价					
面试结论	是否进入测评：　□是　　□否				
面试人签名	年　月　日				

3. 测评

也叫测试，是在面试基础上进一步了解候选人，通过测评可以对面试结果进行验证，可以有效剔除面试中的主客观因素的干扰。测评可以分为心理测评和智能测评，心理测评主要包含职业能力倾向测评、个性测评、价值观测评、职业兴趣测评、情商测评等，智能测评主要包含智力测评、技能测评等（见

表6－8）。

表6－8　　工作价值观测评表样例

评价因素	你认为的重要程度（在数字上画勾）				
工作的趣味性	5	4	3	2	1
工作的业余时间	5	4	3	2	1
工作收入	5	4	3	2	1
工作的挑战性	5	4	3	2	1
工作住宿条件	5	4	3	2	1
工作福利	5	4	3	2	1
责任明确	5	4	3	2	1
技能应用	5	4	3	2	1
学校知名度	5	4	3	2	1
在职培训机会	5	4	3	2	1
与上司的工作关系	5	4	3	2	1
得到赏识	5	4	3	2	1
希望被倾听	5	4	3	2	1
反馈	5	4	3	2	1
贡献	5	4	3	2	1
公平竞争	5	4	3	2	1
自我提升	5	4	3	2	1
同事关系	5	4	3	2	1
工作氛围	5	4	3	2	1
工作地点	5	4	3	2	1

注：5——非常重要；4——很重要；3——重要；2——不重要；1——非常不重要。

4. 试讲

笔试、面试、测评等合格之后，方可进入试讲。试讲是全面考核候选人的教学授课能力和综合能力，试讲是作为教师的实战呈现，试讲结果符合要求方可聘用（见表6－9）。

表6－9　　教师试讲评价表样例

教师姓名		试讲科目		评价人	
评价项目		评分等级			小计
		差 （1分）	一般 （3分）	好 （5分）	
个人素养 （权重20%）	衣着整洁				
	姿态得体、大方				
	眼神、面部表情自然				
	自信、热情、彬彬有礼				

续表

教师姓名		试讲科目		评价人	
评价项目		评分等级			小计
		差 （1 分）	一般 （3 分）	好 （5 分）	
课程质量 （权重 40%）	主题突出，重点清晰				
	逻辑清楚，条理分明				
	内容生动、具体				
	实用性强，较高的参考价值				
	专业知识熟悉度				
	课程信息量丰富				
	案例恰当充分				
	PPT 制作水平				
教学技能 （权重 40%）	语言表达清晰、流畅				
	培训方法运用得当				
	总结、提炼能力				
	互动活动控制在既定主题范围内				
	解决问题的能力				
	现场应变能力				
	创新能力				
	充分运用各种教学设备的能力				
	良好的时间控制				
合计					
试讲结果		□ 建议录取　□ 建议淘汰　□ 建议待定			

注：请在对应的分值打“√”。

除了以工作分析、当前职位需求及候选人的过往经历来对候选人进行选拔和甄别外，基于胜任素质模型的招聘甄选方法也得到了普遍运用。胜任素质模型的应用，将更加科学、有效、持续的推动冷链物流师资队伍建设。

一个人的素质就像一座冰山，轻而易举就能看到的仅是他的知识和技能，这只是冰山上露出水面的小部分，而大部分是藏在水面以下，不去深入挖掘和分析，是很难进行判断和识别的。藏在水面以下的冰山主要包括一个人的自我认知、动机、个人品质、价值观以及未来发展潜力等内容。如图 6 – 3 所示。

不同的组织有不同的战略、不同的组织特征、不同的组织文化和核心价值观，因此，建立的胜任素质模型也会有差异。但是，构建的步骤流程却是一样的，简单步骤如下：

（1）明确目标。明白组织的最终想要什么，才能把重点放在核心素质和

图 6-3　胜任素质模型冰山模式示意图

关键行为上，方便选择确立适合组织发展的胜任素质模型。

（2）选样分析。抽取样本，获取有关能力素质特征等方面的数据，并进行分析。

（3）建立模型。根据数据，确定各种能力素质项目及相关权重，建立模型。

（4）评估确认。通过面对面评估，对确认的评估人进行最后的心理测试。

（5）使用和完善。胜任素质模型建立后，就可以运用到师资队伍建设的方方面面了，其中也包括招聘与选拔环节。在使用推广的过程中，要注意反复观察和评估，并且不断优化和完善，以符合组织战略和获得组织人员的理解、认同。

（四）教师绩效考评标准化

教师的绩效考评是建设高质量师资队伍的重要手段之一，也是教师个人能力提升以及全力教学的驱动因素，直接关系到冷链物流人才的培养水平。实现教师绩效考评标准化，可以解决当今各教学组织存在的考评指标不清晰、考评重点不突出、考评结果不执行等问题，将大大提升师资队伍建设水平。

教师绩效考评标准化要遵循客观公正、公开公平、及时反馈、经常化、制度化、多层次、多渠道、全方位的考评原则，就教师的工作业绩、工作能力、工作态度等绩效方面做出客观考评。

在绩效考评工作中，要符合合理的步骤和程序，简单概况如下：

（1）制订绩效考评计划。如确定考评目的、考评对象、考评内容、考评时间周期、考评结果应用等。

（2）确定绩效考评标准。如绝对指标、相对指标、定量指标、定性指标等。

（3）选择绩效考评方法。如 360°考核法、海氏评估法、关键事例法等。

（4）实施绩效考评计划。按照既定的考评计划进行实施，注重长期数据和日常数据的收集、记录和分析，做到精准、客观地去评价每一个教师。

（5）分析数据资料和评定考核结果。首先把同种性质的指标划成同一个等级，其次把每一个单项的评价指标加以量化，再次对同一考评项目的不同评价结果进行综合，最后对不同项目的考评结果进行综合。

（6）绩效考评结果的反馈运用。及时、客观地将考评结果反馈至教师个人，有利于教师个人发现问题、改进问题，为晋升、加薪、奖励、职称评定等提供依据。

（五）教师薪酬管理标准化

教师薪酬管理标准化主要是设计冷链物流师资队伍的薪酬体系，它有利于各教学组织吸引人才、留住人才，是不断提高师资队伍素质的重要手段。

薪酬是教师个人被雇佣并为组织做出的相关贡献而获得的各种形式的劳动报酬，包含工资、奖金、津贴、红利等直接以货币形式支付的报酬和福利、保险、休假等以其他间接的货币或非货币形式支付的报酬。

薪酬水平直接关系到教师的满意度，也关系到师资队伍的稳定性，还关系到能否吸引到优秀的师资力量。要确定科学合理的薪酬水平，务必要遵循成本补偿性、效率优先与兼顾公平、激励性、竞争性、量力性、合法性等原则，当然，考虑方方面面的影响因素，按照科学的步骤来确定也很重要。薪酬体系设计的主要程序如下：

（1）制订组织薪酬的策略与原则。组织发展的不同阶段、所处行业特征、自身战略规划、行业薪酬水平、人员年龄层次等，都会影响薪酬体系的设计。如从年龄层次的角度来看，青年有干劲缺经验、向往物质利益和职业前途，对这些人的报酬组合可以是中等水平薪酬、与业绩挂钩的高奖金、低福利；但针对老年人员却不一样了，老年人员经验老到、要求稳定和获得尊重，因此对他们的报酬组合是中等水平的薪酬、低水平的奖金和高福利。

（2）薪酬状况调查及数据收集。公平性是设计薪酬体系的首要考虑因素，要充分调查了解本地区、本行业以及竞争对手的薪酬水平，并参照这个水平给出对应职务的工资，以保证外在公平性和竞争力。

（3）职务分析与评价。

（4）薪酬结构设计。主要的是职位价值和实付薪酬之间的关系，涉及的薪酬项目有基础工资、绩效工资、工龄工资、各类提成、各类补贴等。可根据职位属性设定基本任务量，结合企业实际，制定符合自身需求的薪酬计算公式。

（5）薪资分级与定薪。事实上，一个组织的薪酬体系是一个薪资等级系列，可以按照职务的高低、职务的多少划分成若干职级，同样的职级薪酬又可划分为高位值、中位值、低位值，最好完成组织整个师资队伍的薪资分级与定薪（见表6-10）。

表6-10 ×大学冷链物流系基础工资等级对照表样例

等级	工资额度（元）	学历	学位	职称
10	6200	博士后		正高
9	5900	博士	博士	副高
8	5600	博士	无学位或双硕士	
7	5300	硕士	硕士	
6	5000	硕士	无学位或双学士	中级
5	4700	本科	学士	助理级
4	4400	本科（含五大生）		
3	4100	中专		技术员级
2	3800	高中		
1	3500	初中		

（6）薪资体系的执行与优化。薪酬体系不是一成不变的，也不是刚设定就是最科学合理的，因为薪酬体系设计的影响因素众多、涉及面很广、内外部环境不断发生变化。薪酬体系在执行的过程中，要不断收集反馈意见、倾听建议和评价实际效果，进行动态优化和修正，发挥薪酬体系的应有作用。

（六）教师激励标准化

激励是组织针对员工的需要，采取外部诱因进行刺激，并使之内化为按组织要求自觉行动的心理过程。教师激励有利于开发教师的巨大潜能，有利于提升教师的社会责任感和心理素质，有利于将教师个人目标和组织目标和谐统一。

冷链物流作为一个新兴的专业和行业，师资队伍中跨行业人才较多，在日常的教育教学过程中，可能会遇到更多的问题和困难，取得的结果自然也就会有更多的心理落差。从激励的分类角度来看，可分成物质激励与精神激励、外部激励与内部激励、正向激励与负向激励三大类。

激励是一个综合的过程，很多情况是多种激励理论并用，每个组织应该建立适合自身的激励模式。当前主要的激励理论有以下几类，对教师的激励模式制定也是通用的。

1. 马斯洛的需求层次理论

人的需求就像一座金字塔，从塔底到塔顶总共有五层，每一层代表一种需求，当位于下层的需求得到满足后，位于上层的需求马上就会出现（见表6－11）。

表6－11　需求层次、激励因素和具体措施对应表

需求层次	激励因素	组织措施和策略
生理	食物、住所	基本报酬、物质待遇、工作条件等
安全	安全、保障、胜任、稳定	安全的工作条件、外加的福利、普遍加薪、职业安全等
爱的需要	志同道合、爱护和关心、友谊	领导的关心、和谐的工作关系、同事的友谊
尊重	承认、地位、尊重	职称、奖励、认可、信心、责任
自我实现	成长、成就、提升	挑战性工作、创造性工作、获得提升、工作成就

2. 阿尔德弗的EGR理论

阿尔德弗教授在马斯洛需求层次理论的基础上进行了修订，主要有三个核心需要：一是生存需要（相当于生理和安全），二是关系需要（相当于爱的需要），三是成长需要（相当于尊重和自我实现）。

3. 麦克利兰的成就激励理论

美国哈佛大学心理学家麦克利兰提出了成就激励理论，认为人除了最基本的生存需要，还有三种更重要的需要，一是成就需要，二是权力需要，三是友谊需要。这三种需要的高低和工作绩效有很大的关系，对很多人来说，这三种需要的满足会导致他们获得的乐趣远远超过物质的激励。

4. 赫茨伯格的双因素理论

由美国心理学家赫茨伯格提出，双因素包含保健因素和激励因素。保健因素只能预防或消除员工的不满，而激励因素的改善才能真正让员工感到满意。

5. 弗罗姆的期望理论

美国心理学家弗罗姆提出的期望理论认为，人的期望是激励人的行为达到目标的动力。人们做好某项工作的动力或激励，取决于他对行为结果的价值评价和预期实现目标的可能性的估计。该理论公式为：

M（激励力量）＝∑V（效价）×E（期望值）

6. 亚当斯的公平理论

美国管理学家亚当斯提出的公平理论认为，员工对报酬是否满意，不仅取决于绝对值还取决于比较值。比较的结果，将会影响员工的"公平感觉"，只要感觉公平就会努力工作。反之，就会有负面行为。

针对冷链物流教师队伍建设，掌握了以上激励理论，才能制定出更好的激励方式。随着社会经济的发展，师资队伍的激励方式也变得愈加丰富，主要包含物质报酬激励、教师持股激励、目标管理激励、教师参与管理激励、团队管理激励、领导言行示范激励、奖励方式方法激励（如掌握最佳奖励时机、公开与模糊奖励……）、福利计划、考评激励、人才发展计划激励等。激励方式不是绝对的，也不是单一的，只要对师资队伍建设有较大的促进作用，都可以综合应用，然后形成综合的标准化激励体系。

（七）教师继续教育与培训标准化

教师的继续教育与培训是师资队伍建设质量持续提升的必备法宝。基于冷链物流行业的发展、冷链前沿学科的发展以及目前师资来源的低起点，对在职教师的素质和能力提升提出了要求，在职的继续教育和在岗培训显得尤其重要。主要从以下几个角度实现继续教育与培训标准化。

1. 方式多样化

由于都是在职在岗接受教育与培训，属于非脱产学习，因此，教师继续教育与培训的学习方式、接受教育方式应该更加灵活和多样化。既可以组织专门的集中特训班，对某些重要的知识点进行强化训练；也可以通过互联网视频直播或录播学习，利用琐碎的业余时间对某些知识体系进行系统学习；还可以在专家或导师的指导下自学提升。

2. 周期固定化

在制定继续教育与培训年度计划时，应提前确定教师接受继续教育与培训的次数、时长以及固定的开展月份，同时考虑到相关的经费支出，才能确保继续教育与培训的进度性和落地性。

3. 理论系统化

对在职教师的继续教育与培训内容，要结合教师的现状水平，进行全面、详细、科学的统一规划，力争在弥补差距、提升短板的基础上，对需要教育与培训的理论知识进行系统计划，实现体系化、系统化落地。

4. 实践社会化

冷链物流在职教师的来源基本是没有企业实战经验、没有社会经验的人员，大部分是刚从大学毕业的应届生或一直没有离开校园的跨专业教师。他们有一定的理论知识和学习能力，因此，为了弥补实践方面的不足，应该和企业建立合作，积极开展校企联动，让更多的教师到企业去接受教育培训，去参加顶岗实践，或者积极邀请有经验的企业中高层人员进校对教师进行指导和培训。

5. 考核价值化

参加继续教育与培训，设计学后考核环节，才能确保教育培训效果，达到提升能力和素质目的。培训后的考核特别重要，但更重要的是考核内容的设计，以及考核结果的应用。比如考核内容要突出重点，注重理论与实践相结合；考核结果要应用到方方面面，奖励、晋升、职称评定等，目的是调动整个师资队伍主动积极参加继续教育与培训，并且可以实现持续性。只有这样，才真正体现了考核的价值。

6. 工作持续化

很多教学组织或高校，特别是企业或民办机构，往往忽略了继续教育与培训的重要性，没有把此项工作上升到一定的高度，缺乏计划性、连续性。经费充足或想起来了就做做，经费紧缺或其他工作较为繁忙就干脆不做，对师资队伍建设产生了极大影响。在当前冷链物流人才高度紧缺的关头，师资队伍继续教育与培训工作更应该持续化，冷链物流师资队伍才会更加强大。

二、冷链物流师资队伍建设评价

冷链物流人才培养的核心在于冷链物流师资队伍的建设，而冷链物流师资队伍建设水平的高低将直接影响到培养的冷链物流人才质量的高低。为了更好地评价冷链物流师资队伍建设水平，建立一套科学、合理、可量化的多方位评价指标体系就显得十分必要（见表6-12）。

表6-12 冷链物流师资队伍建设评价指标体系

评价方向	评价指标	满分	指标实绩	评价得分
人员情况（15%）	教师缺口率	2		
	教师到岗率	2		
	教师流失率	3		
	硕士以上学位比率	2		
	双师型教师比率	3		
	专职教师比率	3		

续表

评价方向	评价指标	满分	指标实绩	评价得分
教师状态（10%）	教师满意度	3		
	教师投诉	2		
	教师建议	2		
	教师调课率	3		
教师道德（25%）	政治素养	4		
	工作态度	5		
	工作作风	4		
	职业道德	6		
	学生投诉率	3		
	学生评价得分	3		
教师能力（35%）	专业知识	5		
	实践经验	5		
	教学技能	5		
	课程构建	5		
	科研水平	5		
	创新能力	5		
	持续成长	5		
队伍体系（15%）	体系完整性	5		
	体系执行率	5		
	体系更新率	3		
	体系持续性	2		
合计：100%		100		

该评价指标体系包括人员情况、教师状态、教师道德、教师能力和队伍体系五大模块，五大模块的总分为100分。其中，人员情况的权重占比为15%，教师状态的权重占比为10%，教师道德的权重占比为25%，教师能力的权重占比为35%，队伍体系的权重占比为15%。通过对所有模块的指标进行实际计算、评价，得出指标的实际得分，假如用字母T表示最后的实际总分：若T＜60分为不合格，表示师资队伍建设情况较为糟糕；若60分≤T＜70分，表示师资队伍建设情况基本合格；若70分≤T＜80分，表示师资队伍建设情况较为良好；若80分≤T＜90分，表示师资队伍建设情况较为优秀；若90分≤T≤100分，表示师资队伍建设情况非常优秀。

为了更清晰准确地对师资队伍建设进行评价，作者针对五大模块进行了指标细分，每个组织在每个指标的设置和指标的衡量标准上都会有差异，不同的组织侧重点不一样，只要符合组织的自身需求，和实际相吻合，并且能形成一套有效、完整的评价体系，那就足够了。现将通用的所有指标简单解释如下，至于每个细分指标的衡量标准就由各个组织结合实际自行确定。

（一）人员情况

（1）教师缺口率：主要评价教师的紧缺情况，教师缺口率 = 教师缺口数量/教师总体需求数量 ×100%。

（2）教师到岗率：主要评价教师招聘中面试合格并通知录取后的到岗情况，教师到岗率 = 到岗教师数量/录取教师数量 ×100%。

（3）教师流失率：主要评价师资队伍的稳定情况，教师流失率 = 教师流失数量/教师总数量 ×100%。

（4）硕士以上学位比率：主要评价师资队伍的学历结构情况，硕士以上学位比率 = 硕士以上学位教师数量/教师总数量 ×100%。

（5）双师型教师比率：主要评价师资队伍的企业实践经验情况，双师型教师比率 = 双师型教师数量/教师总数量 ×100%。所谓双师型教师，简单地讲就是指拥有丰富企业工作经验的教师。

（6）专职教师比率：主要评价师资队伍的专兼职教师占比情况，专职教师比率 = 专职教师人数/教师总体数量 ×100%。

（二）教师状态

（1）教师满意度：主要评价教师对学校、对岗位等方方面面是否满意，包含环境、工作量、薪酬、福利、氛围等因素。

（2）教师投诉：从另一个维度来评价教师的满意程度，比如教师遇到不公正对待会不会进行投诉，周期内发生投诉的次数有多少。

（3）教师建议：主要评价教师对组织的关心程度，教师是否可以主动、积极地提出各种建议，周期内提出建议的多少等。

（4）教师调课率：主要评价教师对本职工作的敬业程度和责任感，教师调课率 = 调课次数/课次总数 ×100%。

（三）教师道德

（1）政治素养：主要评价教师的政治理论知识、政治心理、政治价值观、政治信仰等。

（2）工作态度：主要评价教师对待工作的热情、积极和主动程度。

（3）工作作风：主要评价教师在工作上是否办事认真、一丝不苟、讲究效率、雷厉风行、谦虚谨慎、忠于职守、勤奋好学、精通业务、遵守纪律、严守机密、尊重领导、团结同事、任劳任怨、脚踏实地、勇于开拓、顾全大局等。

（4）职业道德：主要评价教师的日常行为举止是否符合国家社会对教师的职业规范要求。职业道德的基本内容包括树立远大的职业道德思想，掌握正确的职业道德知识，陶冶真诚的职业道德情感（如职业正义感、职业责任感、职业义务感、职业良心感、职业荣誉感、职业幸福感），磨练坚强的职业道德意志，确定坚定的职业道德信念，养成良好的职业道德行为习惯。

（5）学生投诉率：主要评价教师对待学生的情况，学生投诉率 = 投诉教师的学生人数/学生总人数 ×100%。

（6）学生评价得分：主要评价学生对老师的综合满意情况，可以通过设计不同的调查问卷让学生填写，汇总统计学评得分。

（四）教师能力

（1）专业知识：主要评价教师在教学领域的专业理论知识储备情况。

（2）实践经验：主要评价教师在教学领域的实践经验情况。

（3）教学技能：主要评价教师是否掌握了多种教学技能以便更好地开展教学工作。

（4）课程构建：主要评价教师的课程开发与设计能力。

（5）科研水平：主要评价教师在教学领域的科研能力。

（6）创新能力：主要评价教师在教学领域是否具备一定的创新能力。

（7）持续成长：主要评价教师是否有不断学习、不断成长的意识和行为，组织是否具备让教师持续成长的环境。

（五）队伍体系

（1）体系完整性：主要评价师资建设中的各大体系是否完整，包含教师队伍规划体系、教师职务分析与设计体系、教师招聘与选拔体系、教师绩效考评体系、教师薪酬管理体系、教师激励体系、教师继续教育与培训体系。

（2）体系执行率：主要评价师资建设中各大体系的执行情况，执行程度越深将越有利于师资队伍水平的提高。

（3）体系更新率：主要评价各大体系自身的更新频率和更新程度，随着自身情况、外在环境的变化，组织或学校是否建立了自身创新机制，能否适应时代的发展进行自我更新，推动师资队伍建设的发展。

（4）体系持续性：主要评价各大体系的稳定性和持续性。中间是否出现体系建设空白、执行空白或者对体系主体内容频繁进行改变，都关系到师资队伍建设的长久发展。

第五节 冷链物流师资队伍建设的实施路径和策略

一、冷链物流师资队伍建设的总体目标和原则

由于受到冷链物流行业特性、冷链物流发展起步较晚、社会专业人才普遍缺乏等因素影响，导致冷链物流师资队伍建设的过程难度较大、复杂程度较高。因此，在冷链物流师资队伍的建设过程中，务必要充分发挥总体目标的指示性和导向性作用。从宏观层面看，冷链物流师资队伍建设的总体目标可以概括为三高，即高效率、高质量和高持续。所谓高效率就是冷链物流师资队伍建设不能等，需求紧迫、缺口巨大，建设速度要快，建设效率要高；所谓高质量就是要确保师资队伍的水平要符合标准，师资质量要高，不能为了建设而建设；所谓高持续就是师资队伍的建设是一项长期工程，持续性特征十分明显，师资队伍建设不能中断和停止。

在冷链物流师资队伍的建设中，要实现高效率、高质量和高持续的总体目标，就必须坚持遵守以下几个方面的原则：

（一）科学性原则

在冷链物流师资队伍的建设过程中，要始终以科学的思想为指导，把握科学发展规律，采取科学建设方法，符合客观实际情况，建立现代、科学、定位准确的冷链物流师资队伍。

（二）全面性原则

冷链物流师资队伍的建设要考虑过去经验、现在情况和未来方向，要考虑对师资的选、用、育、留等各个环节，要考虑硬件和软件建设的方方面面。全面性是最基本的要求，考虑周全，方能实现建设总体目标。

（三）可执行性原则

在冷链物流师资队伍建设过程中制定的各种制度、方案，要符合可执行性原则。所有措施要以是否能够实施和落地为标准，结合客观实际，着眼未来发

展，既要有完善和系统的理论指导，又要有可执行的前提。

（四）具体性原则

冷链物流师资队伍建设中的每一条制度、每一项机制的制定和出台，不能笼统，不能抽象，要做到具体。只有措施具体化、要求具体化，整个建设工作才能有条不紊的往前推进，确保持续的建设效果。

（五）可衡量性原则

从建设机制的设计到建设效果的评估，要尽量避免定性的描述，力争做到较为全面的定量说明。也就是说，每一个对应的指标都应该是可以量化和衡量的，通过可衡量、可量化的指标来确保冷链物流师资队伍建设总体目标的持续达成。

（六）挑战性原则

在设计冷链物流师资队伍建设目标和行动措施时，要有前瞻性眼光，注重未来的发展高度，要符合挑战性原则。特别是在考核评价的目标设定时，更要有源于实际高于实际的思想，应该给目标增加一点难度，使之不能轻易实现，但努力地跳一跳却能摸着是最好不过的了。

（七）可追踪性原则

冷链师资队伍的建设不是一蹴而就、一锤定音的事情，而是不断建设、不断总结的循环反复过程。因此，在一开始设定何种目标、制定何种措施时都应该考虑其是否可追踪，以确保经验和教训的准确总结，为未来建设推进提供更好的经验支持。

二、冷链物流师资队伍建设的实施路径

冷链物流师资队伍建设的速度和质量，将关系到整个冷链物流行业的人才培养以及全社会冷链事业的推进。要确保快速和高质量的实施，就必须建立科学完善、清晰明确的实施路径。从着手建设到持续建设，都应该按照既定的实施路径分步骤、有节奏地进行冷链物流师资队伍建设工作的推进（见图6－4）。

冷链物流师资队伍建设实施路径是一个类似于“生态圈”的无限循环路径，主要由8个路径节点构成，从需求调研出发，一步一步往前推进，到持续优化结束，再回归到需求调研，无限循环。

第一步，需求调研。详细对冷链物流师资队伍需求数量、质量和现状各种情况进行深入调研，可以采用现场勘察法、历史研究法、比较研究法、专家思

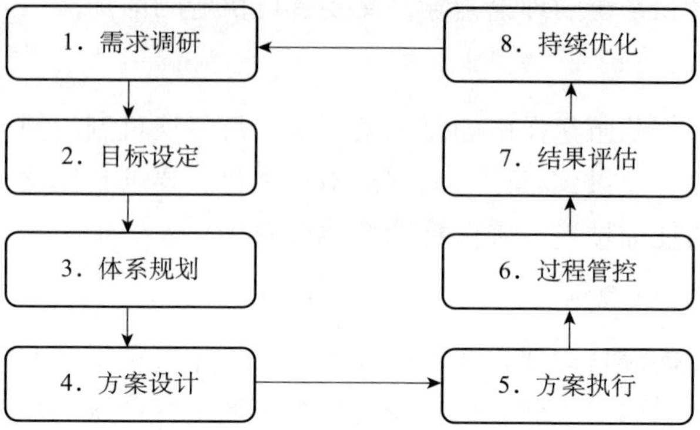

图6－4　冷链物流师资队伍建设实施路径图

辨法、师生访谈法等调研方法，全面收集、汇总、分析各种需求基础信息数据，为目标设定奠定可靠、真实、准确的基础数据。

第二步，目标设定。冷链物流师资队伍建设要达到一种什么样的标准，或者结合组织自身能力可以做到一种什么样的水平，这就离不开目标的设定，也就是对目标的科学定位。目标设定是整个冷链物流师资队伍建设的总统领，后续一切措施和行动始终要保持以目标为中心。

第三步，体系规划。凡事预则立，不预则废，体系规划就是计划的一个过程。当目标锁定之后，就需要规划完善的建设体系来进行布局。就是冷链物流师资队伍建设要布局哪些体系，才能让整体水平提升到一个新的高度。前面也有提到冷链物流师资队伍建设标准化，其实里面涉及的七大标准化内容就是我们需要规划的体系，体系的具体内容就不再此重复了。

第四步，方案设计。完成体系规划和布局，可以确保冷链物流师资队伍建设的完整性和持续性。但是，每一体系的具体内容却需要设计相应的方案促进落地和执行。如在教师招聘与选拔体系当中，设计出合理有效的招聘方案、选拔方案等却至关重要，因为体系最终的价值需要方案来体现。

第五步，方案执行。设计出好的方案之后，就要严格按照方案来执行，这个方案就是冷链物流师资队伍建设过程中的行动措施。每一个思想以及每一次行动，都要严格按照方案的要求进行部署，正确执行方案内容，确保目标实现。

第六步，过程管控。冷链物流师资队伍建设的整个过程管控，决定了建设的最终成败。过程管控主要包含时间进度和质量目标的管控：一是时间的进度要符合方案要求，整个建设工作推进都要符合既定的时间规划，在规定的时间内完成相应的工作任务，快速满足各个时间阶段的师资需求；二是每个阶段质量目标的达成要符合方案要求，通过确保无数个小目标的达成来保证总体目标的达成，实现师资队伍建设效果。管控从字面意思来看就是管理和监控，在过程中并不是简单的通报了解，而是发现偏差要及时采取正确的措施给予纠正，要发挥管理和监控的主观能动性。可以建立定期管控机制，如通过定期会议、定期调查、定期现场督促等方法监控方案更加精准落地，实现 360° 全过程管控。

第七步，结果评估。实现或超出预期达到师资队伍建设目标是最理想的结果，但在实际建设的过程中，结果和目标之间往往存在差距。那么，到底存在多大的差距？到底什么因素使得差距产生？这就需要有一套完善的结果评估系统，也就是前文所述的评价。通过对各大体系设定关键指标，统计、汇总和分析这些指标的实际完成情况，最终可以形成总结性结果评估报告，全面体现冷链物流师资队伍建设过程中的经验、教训和不足。

第八步，持续优化。冷链物流师资队伍建设是一项长期工程，是持续循环的过程。在建设过程中，总会存在各种不足，就需要不断地改进和优化，及时纠正偏差，推广好的经验和做法，实现持续优化的目的。

总之，随着各种环境的变化和新要求的发生，新的需求总会出现。冷链物流师资队伍的持续优化建设过程始终离不开需求调研。只要进入需求调研，再一次的实现路径又重新开始，如此循环。

无论是学校还是企业，或者是冷链物流行业其他组织，只要有师资队伍建设需求，都可以通过以上冷链物流师资队伍建设实施路径图轻松推进和实现。冷链物流师资建设的实施路径并不复杂，内在逻辑简单易行，关键是对路径上面的每个节点要执行到位。

三、冷链物流师资队伍建设的具体策略

冷链物流师资队伍建设目标的实现，离不开众多具体策略的运用和落地。这些具体策略注重实操性和科学性，从多角度和多层面出发，为师资队伍建设全过程提供策略指引。

（一）创新师资建设模式，充分发挥政府、企业、高校、协会的协同作用

冷链物流师资队伍建设问题，不是单纯某个组织的问题，而是一个普遍性的行业通用问题。冷链物流人才的紧缺，一定程度上会影响整个行业乃至整个社会的发展进程。各个组织在自身冷链物流师资队伍建设时，如果继续按照传

统的做法可能会跟不上市场的步伐，应该纵观行业内各组织的情况，找出大家的共同目标，那就是为行业输送更多的冷链物流人才。在总体目标一致的情况下，应该发挥各自的优势资源，形成合力，抱团发展。主要有以下几种模式值得借鉴（见表6－13）。

表6－13　冷链物流师资队伍建设合作模式

合作模式	政府	企业	高校	协会
双方合作模式	√	√		
	√		√	
	√			√
		√	√	
		√		√
			√	√
三方合作模式	√	√	√	
	√	√		√
		√	√	√
多方合作模式	√	√	√	√

近年来，随着冷链物流人才的需求日益增长，特别是在产学研项目如火如荼开展的今天，行业内各种政企合作、校企合作项目层出不穷。冷链物流行业的政府主管机构是国家政策、产业政策、优惠支持政策等各种政策的制定者，对冷链物流师资队伍建设有明显的政策导向作用，政府决策也将对冷链物流行业师资队伍建设的整体走向产生深远影响。冷链物流企业是冷链物流行业主体中的主体，是冷链物流实践的主战场，是冷链物流师资的来源地、培养地，是冷链物流人才的归属地。高等院校是冷链物流科学研究的前沿阵地，是冷链物流人才培养的核心力量，是冷链物流理论体系构建的中坚主体。冷链物流行业协会是专业性极强的非政府组织，在行业自律、互通有无、论坛交流等方面较有影响力，在推动冷链物流行业总体发展、行业标准制定等方面发挥了重要作用。对冷链物流行业的各个主体来讲，无论如何组合进行合作，都是各自优势资源的整合，都可以在师资的选、用、育、留等方面产生协同，实现共赢。以广州工商学院为例，2019 年粤港澳大湾区智慧冷链产业学院的成立，就是高校、协会和企业三方共赢的结果。智慧冷链产业学院是在“一带一路”倡议、贯彻产教融合及乡村振兴等国家战略指引下，由广州工商学院、广东省物流行

业协会、广州拜尔空港冷链物流中心有限公司共同发起组建，致力于构建人才科技创新支撑的粤港澳大湾区产业融合的人才培养创新模式。智慧冷链产业学院是全国首个被教育部高等教育司、省教育厅立项的冷链产业学院，以冷链物流为特色充分发挥产业优势，以“育人为本、服务产业、融合发展、共建共管”为原则，实现各办学主体共同管理、共享资源、共同发展。

（二）拓宽师资来源渠道，扩大潜在师资人才的选择范围

师资的招聘来源一直是困扰冷链物流师资队伍建设的重要因素，拓宽师资来源渠道，扩大选择范围，将密切关系到冷链物流师资队伍的结构合理性和持续稳定性。传统的招聘来源主要是应届高校毕业生，结构单一、经验欠缺，在能力匹配上不一定是最适合的人才，因为高校教师待遇相对企业来讲存在较大差距，对优秀人才的吸引力不够。但随着社会经济的发展和各种环境的变化，师资队伍来源渠道日益丰富化。一是沿袭传统，高等院校冷链物流相关专业应届毕业生留校或进入教育阵线的主观意愿逐渐增强，是科研型教师的主要来源渠道；二是拥有冷链物流行业实践经验的高学历人才进入教育阵线的主观意愿逐渐增强，是双师型教师的主要来源渠道；三是冷链物流行业协会、冷链物流科研机构、冷链物流企业等从业人员，是兼职型教师的主要来源渠道；四是各种政企合作、校企合作、政校企合作、政校企协合作等是冷链物流师资队伍培养的摇篮；五是内部继续教育与培训的推动，使得跨专业背景的在职教师也有机会加入到冷链物流师资队伍。

（三）优化师资选拔标准，确保引进师资的素质能力水平

冷链物流师资队伍建设水平的高低，有赖于师资选拔标准的优化。师资选拔标准其实就是招聘条件与任职资格的确定。虽然冷链物流师资队伍建设教师选择面窄，真正专业对口、符合标准的更窄，但是为了确保整体素质能力水平，实现可持续的良性发展，在招聘条件与任职资格方面依然要制定严格的标准。一是要符合硬性条件，如专业背景、学历素质、实践经验、从业资格、教学能力、科研能力等方面；二是要符合软性条件，如师风师德、成长潜力、性格兴趣等方面。针对硬、软性要求的具体标准与指标，要结合组织实际，制定符合自身实际的招聘与任用条件，从源头上确保师资队伍建设的素质能力水平。

（四）科学进行职务分析，认真做好长期师资队伍建设规划

冷链物流教师就是一种职务，对这一职务的分析同样要采取科学的方法。

职务分析要考虑全面，注重系统性，基础数据力求做到客观准确。职务分析是师资队伍建设的基础工作之一，是制定招聘计划、培训计划、激励计划、考评计划等工作的基础依据。开展职务分析工作时不能偷懒，不能随便应付，从上到下要高度重视，要多深入一线师资队伍进行访谈、交流、观察，要多和相关群体如学生、上级、横向部门人员进行交流。职务分析的科学性，可以保证长期师资队伍建设规划的科学性。

（五）建立长效培训与继续教育机制，推动师资素质不断提升

建立长效培训与继续教育机制，是冷链物流师资队伍总体素质不断提升的重要保证。一是学校或组织培训经费金额要合理，资金能到位，每年的财务预算都应该考虑培训与继续教育的经费支出；二是前期要经过翔实的培训需求调研，制定合理的年度培训计划，设置合理的培训内容、培训方式与培训考核机制，培训内容不局限于学历提升计划，还可包括专业技能提升、教学技巧提升等内容；三是培训与继续教育的执行过程特别重要，相关部门在师资队伍建设工作中，对培训与继续教育要严格按照资金预算、时间进度要求展开工作，管理和监控执行内容；四是培训与继续教育工作的总结必不可少，整个年度培训计划结束后，应从培训效果、培训不足以及培训改进意见等方面进行全方位总结，为下一年度培训计划和执行提供指导意见。

（六）打造先进薪酬与激励机制，保证师资队伍的长期稳定

队伍持续稳定是冷链物流师资队伍建设的核心目标之一。先进的薪酬策略、激励策略，不仅有利于工作主动性和工作效率的提升，更有利于师资队伍的稳定性保证。薪酬策略的制定要参考社会平均薪酬、行业平均薪酬、岗位平均薪酬、组织盈利能力、付出与贡献等因素，以“固定薪酬+绩效薪酬+超课时薪酬+福利薪酬”方式或其他类似方式，设计出富有市场竞争力的薪酬体系。薪酬策略是激励策略的重要组成部分，除此之外，激励策略还包含精神激励、物质激励和股权激励等内容，激励机制是组织内部的系统性工程。近些年，期权激励、股权激励、合伙人模式等激励方式风靡各行业，对于教育机构、企业或民办高校，富有借鉴空间。针对核心的师资人员，为了达到长期的激励效果，可以将其发展成组织的合伙人，灵活采用股权或期权激励措施，以期打造师资队伍的核心竞争力。

（七）改进师资绩效评价体系，增强师资队伍自发成长的动力

师资队伍需要稳定，但合理的师资人才流动却也十分必要。适当保持师资

队伍的新鲜血液，优胜劣汰，才有利于师资队伍持续的自发成长，一套合理有效的师资绩效评价体系意义重大。师资绩效评价体系随着不同的阶段以及外界环境发生的变化，也需要不断地调整和优化，才能产生持续的效果，驱动师资队伍自发成长的动力才能永不停歇。改进师资绩效评价体系应该成为一种常态，要定期对评价指标进行评估，评估其合理性和有效性，同时要根据评估结果对绩效评价体系及时给予优化和改进。师资绩效评价体系的设计可以结合实际进行自我设计，也可以向同行进行交流和取经，还可以向跨行业优秀企业或机构学习。

（八）导入 KSA 学习模式，提升冷链物流师资队伍的核心能力

师资队伍的核心就是老师，老师的核心能力就是师资队伍的核心能力。要提升冷链物流师资队伍的核心能力，导入 KSA 学习模式①很有必要。KSA 是知识（Knowledge）、技能（Skills）和态度（Attitudes）的简称，它是供应链教育培训领域的一种快速学习模式，能使人快速进入学习领域，快速掌握物流领域内的专业技能。冷链物流作为物流行业的细分领域，此种学习模式完全适用，成功运用将有利于师资队伍总体核心能力的持续提升。KSA 在冷链物流行业的导入，主要包含三部分内容：一是冷链物流专业知识，如冷链物流仓储、运输、加工、配送、包装、温度控制等冷链物流专业基础知识，冷链物流行业贸易、法律、保险、财务等知识，冷链物流专业外语知识。二是冷链物流专业技能，如冷链物流运营规划能力、冷链物流客户关系管理能力、冷链物流计划组织和解决问题的能力、冷链物流数据分析和信息处理能力、冷链物流课程开发技巧、冷链物流教学技巧、冷链物流实践等专业技能。三是冷链物流人才的态度，冷链物流师资也属于冷链物流人才的一部分，其工作认真程度、工作责任感、工作努力程度、敬业精神、道德素质、团队合作精神等，都是师资队伍核心能力的重要组成部分。在冷链物流师资队伍建设过程中，全面导入 KSA 学习模式，并且执行到位，将不断提升师资队伍的核心能力。

---

① 杨军，税文兵，杨扬．基于 KSA 模式物流专业人才培养探讨［J］．物流科技，2018（12）：159－161.

第七章 冷链物流人才培养专业化和地方化

第一节 冷链物流人才培养专业化

一、冷链物流人才培养专业化含义

（一）冷链物流人才特点

在新常态的大背景下，受供给侧改革与经济结构提质增效的影响，传统物流产业的高速发展幅度已经开始逐步放缓，物流产业发展呈现专业分工细化的局面，冷链物流成为物流产业的新兴分支和物流领域的新的利润增长点，其发展速度超越行业整体的发展速度，同时也带来对于冷链物流专业人才的大量需求。

冷链物流操作对象均属于温湿度敏感型的物品，从采购、运输、储藏、分拨、配送、流通加工直至终端销售阶段，均要求其处于一定的低温环境下，从而确保质量、减少损耗与性状的改变，在以上各个操作环节中进行计划、组织、协调、控制等管理工作的专业人员即为冷链物流专业人才。从一般意义上讲，冷链物流人才应分为三大类：科研型人才、管理型人才和操作型人才。从基层运营管理工作的细分角度来讲，一线冷链物流专业人才也可以分为两类：第一，操作型人才，这类专业人才均具有良好的物流作业实操及指挥调度能力，对于仓储、运输、制冷、主要操作对象的特性等环节和工作细节较为精通，熟悉操作流程，熟练操控相关的专业设备，能有效处理现场的运作问题，汇总、整理、分析相关的数据信息，熟悉管理信息系统的使用，具备较强的货物安全、运作时效和品质管理的作业意识。第二，基层运营管理人才，这类人才不仅应具备较为熟练的冷链物流现场技术作业管理岗位的基础专业知识与技能，还具备一定的项目组织及团队管理能力，具有冷链物流流程优化、系统改进以及一定的供应链管理能力，是具有较强管理能力与职业潜力的高层次管理人才。区分看待，前者的人才来源较为广泛，除了院校培养以外，行业现场实际工作培训亦可，而后者则要求有较强的理论框架作为技能基础，应以院校采取产学研一体化模式培养为主。

冷链物流人才的基本特点包括：

1. 冷链物流人才应具备跨学科的运营问题综合解决能力

研究冷链物流基层操作管理岗位的工作内容不难发现，其具体的专业知识与技能要求跨越多个学科专业领域，需要具备物流管理、制冷技术（设备与工艺）、食品科学、质控与信息管理等多种专业知识与技能，并能够灵活应用以上专业知识综合解决现场遇到的运营管理问题，这恰恰是冷链物流人才与传统物流管理人才的主要区别。

2. 冷链物流人才应该具备较强的供应链管理能力

冷链物流的具体运作强调标定低温环境的全程保持与监控，就是指“冷链不间断”，只有“不间断”，才能保证操作对象的质量与性状不受影响，而由于冷链物流运营的特殊性，往往会沿着冷链物流主体运作线路向上、下游扩展，例如，货物一旦交付进入广义流通环节，就必须在冷链物流的运作控制下，即使脱离运输环节进入终端销售环节时，仍然要采取专业设备（冷链展示柜等）和技术保持低温环境（超市中的冷冻冷藏货品区域等）。因此，作为冷链物流人才，必须要具备一定的供应链管理思维，能使用立体网链系统结构去分析冷链物流运作中的参与方关系，能应用供应链管理思维去关注冷链全程管理与控制工作，供应链管理思维与能力也就成为冷链物流人才的核心关键能力之一。

3. 冷链物流人才应该具备较强的现场管理能力

作为具有复杂作业现场的服务行业，传统物流管理人才培养一贯注重现场管理能力的锻炼，冷链物流运营现场的作业细节因为货品环境要求的更加严格而变得更加繁复，单纯具备管理理论知识和冷链物流专业知识基础是远远不够的，现场管理需要的是综合运用多学科专业知识的能力，培养的是现场的问题敏感度和快速准确处理问题的反应能力。

4. 冷链物流人才需要良好的职业精神和素养

冷链物流的产品不同于一般物流的产品，它以食品、医药及生物制剂为主，这些产品与人的生活和生命息息相关，需要全程的严格记录和监控，因此冷链物流作业过程中的相关从业人员需要具有高度的职业精神与素养。

（二）冷链物流人才培养专业化的概念

冷链物流人才培养专业化是指在冷链物流人才培养的过程中，从基层运营管理岗位工作分析出发，制定与冷链物流企业实际管理能力需要具有较高匹配度的培养目标，依据冷链物流跨学科跨专业的具体特点，设计灵活兼顾的课程体系，教学过程紧贴冷链物流现场管理实践，同时制订与之相配的教学管理制度与评价体系，以培养学生适合冷链物流行业人力资源需要的基础运营管理能力与相关产业链及供应链管理能力。

二、冷链物流人才培养专业化要求

（一）物流管理专业（冷链物流方向）人才培养

就当前的专业体系设置看，大部分高等院校及高职院校仍是以在物流管理专业中设置冷链物流方向的方式培养相关的专业人才，这样的方式并非一无是处，毕竟冷链物流属于物流管理专业的重要分支，其专业课程体系与物流管理专业仍然具有很高的重合度。其问题主要是：冷链物流的基础运营岗位工作具有特殊性，而在培养目标分析制订的过程中无法得到体现；培养方案与课程体系设置不尽合理，无法完全关注冷链物流的跨专业需求；实践教学环节重点仍是突出传统物流运营操作特点，冷链物流现场操作的特殊性不能作为重点等。即使冷链物流仍以专业方向存在于物流管理专业之下，也需要解决上述主要问题，使冷链物流人才培养的专业性能在教学与实践过程中真正得到突出和重视。

在此基础上，应逐步考虑推进冷链物流管理专业的单列设置，不论是应用型本科院校还是高职院校，均应以“服务地方、服务行业”作为主要特色，构建冷链物流融合型、复合型的专业课程体系，不断推进产学研一体化的培养模式建设，创新校企深度合作的产教融合实践教学方式。

（二）制冷技术与冷链物流人才培养

在冷链物流现场作业过程中，作业管理人员除了具备传统的基本物流知识与技能外，还需要具备制冷技术相关的专业知识与技能。在冷藏储运、冷库管理、冷链配送等主要的作业环节，制冷工艺及设备专业的知识体系都发挥重要作用，只有具备这样的知识结构，才能做好诸如制冷设备维护管理、环境制冷工艺、冷链仓储及运输对象的状态监控等专业工作，所以至少在课程体系设置上，除了原有的传统物流基本专业课程外，还应该设置诸如食品物流、制冷技术、冷库与冷藏技术、食品冷冻学、冷链管理、冷冻冷藏设备管理等专业课程，以满足未来的工作需要。因此，在培养方案和课程体系的设置上，应思考制冷和冷藏技术与冷链物流专业要求的结合，适当增加工科类别的课程，整合相关的教学与实践资源，直至修订更为灵活的培养目标及学生就业方向。

（三）操作对象多样化与冷链物流人才培养

冷链物流的运作过程主要针对温湿度敏感型的物品，需要通过物流操作过程中对于环境的严格监控以保证其一直处于适当的环境中，这样的特性决定了冷链物流操作的对象具有多样化的特点。仅从产品类别看，冷链物流适合的主要操作对象有农产品、加工产品以及特殊产品，如图 7－1 所示。

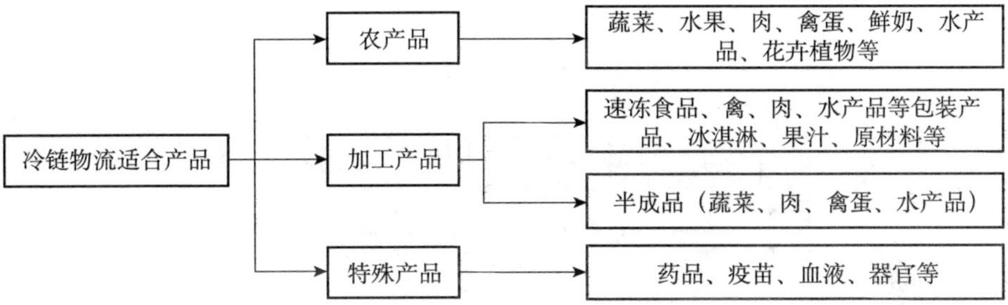

图 7－1　具有冷链物流需求的货物品类

从以上冷链物流操作对象分析，农产品和加工产品的绝大部分属于广义的食品或食品原材料的类别，其运输和储存的专业条件属于食品科学与工程、食品质量与安全的专业范畴，相关的操作标准与作业规范则需要冷链物流运作部门加以执行，以生鲜产品来说，其操作特殊性主要体现在两个方面：其一，对象的安全性。冷链产品中肉类、熟肉制品、豆制品、乳制品中蛋白质含量高，易受微生物侵染而变质，误食后会引发中毒性疾病。二是产品变质易腐特性。生鲜产品对装车温度范围有明确要求，且生鲜产品涉及范围广，种类多，每一个品种都有明确配送温度和湿度属性，一旦操作环境控制不合适，很容易导致产品腐败变质。即操作冷链物流物品既要保证其安全性也要保证其适用性，缺一不可。这就要求在冷链物流人才培养的过程中要适当引入关于食品专业群的部分操作运营专业课程，除此以外，冷链物流操作对象还有诸如花卉、药品、疫苗、血液、器官等，其运作要求更加特殊、复杂、严格，在人才培养过程中也要考虑增加相应的教学与实践内容，以保证冷链物流一线运营管理人员在具体的作业调度工作中对将要面对的作业对象具备足够的适应性。

（四）运作环节特殊化与冷链物流人才培养

冷链物流的基础运作流程与传统物流运作流程相比，既有较强的同一性，又有明显的特殊性，例如：传统物流运作主要指第三方物流的独立专业的物流服务，其承运货物的生产情况和配送达到后的销售环境与物流承运方没有太大的关系，但在冷链物流运作过程中，从冷链物流的生产环节开始，直至冷链加工、仓储、干线运输、冷链配送、销售环节都全程处于冷链运作环境下，否则即属于冷链“断裂”的情况，无法保障物品的安全或应有品质。如图 7－2 所示。

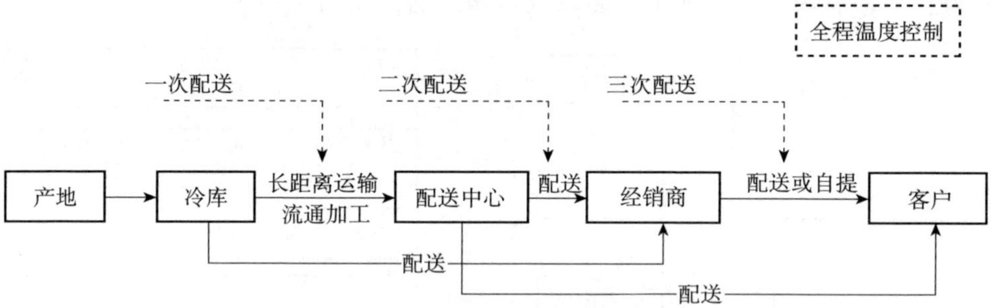

图 7－2　冷链物流基本流程

冷链物流在生产环节即开始操作介入，以生鲜货品为例，自采集捕获阶段冷链物流系统即开始进入现场作业，初步处理后将进入冷库的生产车间经冷却、冻结装置进行预冷处理，比如海鲜、肉类的冷冻加工以及奶制品的速冻加工等操作步骤。在运输环节，不论是远距离的干线运输，还是短距离的支线或配送运输，不论是选用何种载具或设备，关键是保证在途和装卸过程的低温环境，所以在运输载具、装卸场地、分拨仓库、装卸工具设备等的设计选用上都需特殊考虑。即使到了销售环节，冷链物流操作环节也并没有真正结束，销售环境中的冷柜、冷藏展架等设施都是为了保证在货品交予直接消费者之前保持在恰当的环境中。因此我们发现，冷链物流运作过程涉及的环节更多、更为复杂，对于操作细节要求更加细致和严格，对于作业时间和空间控制要求更高，对于整体的温湿度及卫生环境更为敏感，运作服务水平与质量控制难度更大，构成综合性强的复杂供应链系统，这就需要在人才培养时提出更高的要求，需要冷链物流人才及早地进入供应链管理者的角色设置，既能较为宏观地对冷链物流系统进行把握，又能根据需要进行冷链物流流程环节的高效调度与管理。

（五）新技术及标准化与冷链物流人才培养

物流行业运作效率的迅速发展从一定程度上可以理解成是建立在相应的信息技术发展的基础上，冷链物流更是如此。现代信息技术层出不穷，例如大数据、云计算、区块链、定位导航、移动互联、物联网等，从很大程度上影响着冷链物流运作流程的改进和效率的提升，使物流及冷链物流行业出现物联化（Instrumented）、互联化（Interconnected）、智能化（Intelligent）的“3I”趋势，可以为冷链物流全程“不断链”的需要提供实时位置与货物状态的监控、数据直采、分析与挖掘、路径优化、风险预警等多项服务，同时开发相应的多项专用技术平台，例如，便携式智能快速监测技术平台、国家及地区冷链运营大数据分析中心、国家及地区冷链物流实时监控预警中心等，协助构建一体化的冷链物流体系，从而真正有效的保证冷链运作安全高效。

冷链物流如果需要实现大范围的质控保障，例如在全球范围打造封闭冷链，就必须强调其运作流程的对接能力，这种对接能力则建立在运作标准体系的构建与实施水平上，首先应该建立基于 HACCP 的冷链安全控制标准，纳入制冷技术、物流运营技术的相关标准，再以此为基础扩展成为冷链物流运作标准体系。

在冷链物流人才培养的过程中，必须要将新技术带来的产业运作冲击和标准化工作的基础地位渗透进教学培养体系中，以避免基层运营管理人员与行业技术前沿和对外的发展方向脱节。

三、冷链物流人才培养专业化举措

（一）跨界融合实现冷链物流人才专业化培养

通过对于冷链物流人才培养专业化的分析我们发现，其特点首先集中于“跨界”上，所以需要采取跨界融合的方式重新打造冷链物流人才培养体系，在指导原则上不能再受固有物流管理专业人才培养体系的限制，应该站在行业企业一线岗位工作分析与人员需求的角度上重新进行人力资源需求分析，解构主要基层岗位的工作内容，重组人才培养目标，之后根据所跨专业学科门类重新修订增补课程体系直至教材体系，对于教学过程的管理与控制方式也需要重新梳理，教学效果的评价体系则应该根据与实际运营需求的契合程度进行改进，将人才培养的关注重点转移到行业基层运营岗位的真实需求上来，尽量缩短学生走上冷链物流基层运营管理岗位的适应期，从而设法避免当前院校专业教育相对于企业实际需求的滞后与脱节。

（二）现场实践实现冷链物流人才专业化培养

冷链物流现场操作情况复杂，细节众多且影响大，原有教学体系设置中的实验实训教学无法满足其培养需求，物流管理专业的实训场地与设备配置本已经受限较多，冷链物流的现场情况更加繁复，单纯依靠院校实训室的环境无法满足适当的仿真需求，应该依据产学研一体化的培养模式大幅度地引入相关企业的参与，为人才培养构建现场实践环境，真实作业场景强于任何院校的虚拟系统，直接参与现场作业，根据作业绩效进行考核，可以在较短时间内形成真实的运营管理能力并得到有效检验，在校期间的顶岗实习甚至挂职锻炼都可以成为现场实践的有益尝试。

第二节　冷链物流人才培养地方化

一、冷链物流人才培养地方化含义

（一）区域经济与冷链物流发展

区域经济（regional economy）也叫“地区经济”，指分布于各个行政区域的那部分国民经济。它的形成是劳动地域分工的结果。我国地域辽阔、地区间条件差异明显，促进区域协调发展始终是我们面对的重大课题和任务。随着地区间经济发展与群众生活的紧密融合，以区域为单位，模块化地开展区域性规划成为一种研究发展新趋势。冷链物流，作为国内物流产业中快速崛起且最有发展前景的一个分支，如何融入区域发展，努力消除制约机制及存在障碍，实现更好发展，服务于区域经济与社会生活，成为区域经济规划者、冷链物流企业及地区群众开始关心的问题。

区域冷链物流具有以下特点：一是供需互补性。物流产生的根本原因就是供给与需求的异地性。冷链产品生产地与消费需求地存在空间距离，并因最终消费物者对以温度保证品质的特殊要求，产生区域冷链物流，这是其基本特点。二是地理划分比较清晰。对区域冷链的研究，与国家经济区域发展的规划具有一致性，且是区域经济发展的组成。三是冷链物流产品、路线及品种的相对稳定性。由于区域固定，区域内经济发展结构、人群的消费习惯等相对稳定，冷链物流结构也具有一定的稳定性。四是整体性。区域冷链物流的研究须站在整体区域发展的角度进行，具有整体宏观性。

影响区域冷链物流发展的因素：

其一，区域壁垒。按照经济学观点，物资流通产生整体利益最大化的理想状态是“零”壁垒，即物资能够在供需体之间自由流通，畅通无阻。但是，在实际中，因局部利益既得者有维护自身利益的要求，而往往会因自身或受外部因素影响，出于利益维护，对物资的顺畅流动设置障碍。例如，在国与国之间，对自身薄弱产业，会有保护性关税等保护措施。同样，在区域冷链物流的流通中，一些在本地区经济体内具有话语权或实际控制权、垄断权的生产企业、流通企业会对外部产品的进入进行抵制或进行策略反击，从而形成壁垒。

其二，经济成本区域冷链物流具有跨地域流动的特点，运输成本是其组成内容。相对一般产品，冷链产品对时间、温度具有极大的敏感性，为保证冷链产品的品质，还需要各种专业化设施的投入，特别是一些利用季节差牟利、需长期冷冻保存的产品，在仓储、低温保管等方面产生储存成本。另外，对冷链物流专业化人才的聘用、司机的雇佣等构成人力成本。在成本总值大于或接近产品销售所得利润值时，正常的区域冷链物流将停止或中断。

其三，消费习惯。区域间因气候条件、生活习性、文化传统等差异，从而产生对消费的不同偏好。例如，一些高纬度地区，却有对热带水果的购买偏好。在春节等重要节日，人们喜欢购买反季节蔬菜和冰冻海鲜等。不同的消费喜好及不同的消费时间集中度构成了区域冷链物流发展的重要推动力。

其四，经济发展成熟度。因冷链产品相对一般产品具有较高储运成本，特别是一些食品类冷链产品，属于较高档次消费，因此，区域冷链物流的发展与地区经济发展成熟度存在正向相关，经济发达地区对冷链产品的需求度大于欠发达地区，也是冷链产品的重要流向。

（二）冷链物流人才培养地方化的概念

冷链物流人才培养地方化是指在冷链物流人才培养的过程中，充分考虑地区性因素和冷链物流跨区域运作的特点，在教学体系的设计中融入地方性的冷链物流运作特点和需求倾向，对课程体系及教学过程进行调整，以保证所培养的人才能够尽快适应特定地区或跨区域的冷链物流基层运营管理工作的需要。

二、广东冷链物流人才培养地方化思考

（一）服务大湾区冷链物流产业必要性

粤港澳大湾区是我国进行现代化建设的重大战略部署，粤港澳大湾区的规划建设比肩世界一流湾区，被称为蓄势待发的世界湾区第四极，是全球最具经济活力的城市群之一。粤港澳大湾区是我国改革开放的前沿阵地，也是开展对外贸易的重要窗口，具有深厚的产业发展基础。现今，在新时代背景下，粤港澳大湾区的建设必然引发产业格局的重构与调整，其中物流运输产业率先进行调整升级，大湾区现代化物业产业链的构建正在引发粤港澳大湾区数字经济发展的变革。纵观粤港澳大湾区，其具有天然的地理区位优势、拥有良好的国际地位，而且粤港澳三地具备完善的基础设施，以诸多优势资源为依托，粤港澳大湾区必将成为我国“一带一路”倡议下的核心物流枢纽区，并逐步发展成为世界级国际物流中心。

粤港澳大湾区拥有建设世界一流物流供应链枢纽的经济基础。从粤港澳大湾区当前的经济总量来看，目前大湾区经济总量在全球经济体系中位列世界第十二，其经济规模处于俄罗斯与韩国之间，在世界四大湾区中排名第 3，仅次于东京和纽约湾区，具有显著的经济发展优势。不仅如此，粤港澳大湾区在地理位置上也占据先天优势。就区位优势而言，粤港澳大湾区坐拥世界上最大的海港群和空港群，交通网络极其发达便捷，拥有先进的高速轨道系统，而且以核心城市建设为引擎，粤港澳大湾区实现了港澳两地服务业同珠三角制造业的有机融合，逐渐形成以金融、创新科技和现代服务业为主导的港深莞惠都市圈，以现代制造业、绿色经济为主的澳珠中江都市圈，以及以工商服务和现代制造业为主的广佛肇都市圈，三大都市圈不仅是目前世界物流量最大的区域，也是粤港澳大湾区核心腹地。因此，粤港澳大湾区雄厚的经济基础为其世界级物流供应枢纽地位的确立提供了最有利的支撑。

新时代环境下，物流业在国民经济发展规划中处于基础性、战略性的地位，在出台的《物流业调整和振兴规划》中明确提出了 21 个全国性物流节点城市，其中囊括了粤港澳大湾区内的广州和深圳两个城市，加之香港物流产业发达，也是国际航运和国际贸易的中心城市，夯实了粤港澳大湾区优先发展物流业的根基。而且，粤港澳大湾区交通基础设施遥遥领先国际水平，高铁、公路、城际轨道交通路网交错贯通十分便捷；香港、广州及深圳三大国际化机场环绕，同时毗邻惠州机场、澳门机场以及莲溪机场，能够有效辅助疏通航运压

力；此外，在港口端形成了以香港、广州和深圳为主导的三大龙头港口，以及珠海港和惠州港为辅的世界级港口圈，陆海空交通网络的交错密布极大地拓宽了粤港澳大湾区对外合作交流的空间和能力。并且，在不远的未来，深中通道、港珠澳大桥、虎门二桥跨海交通群的落地通车必将推动粤港澳大湾区交通运输能力再升级，使区域经济迈入联动发展的新台阶。基于此，粤港澳大湾区交通基础设施的交互联通对于推进区域内要素的自由流动将产生巨大的影响，并为构建世界级物流供应链打下坚实基础。

基于以上情况，广东省冷链物流人才培养的地方化尤为重要，其一，要清晰透彻地掌握目前广东省的社会经济发展现状和冷链物流行业现状，找出优先发展方向及其需要的专业人员，有针对性地加以培养；其二，要培养其能够准确把握港澳地区在冷链物流发展上的行业特点，找寻与广东省的行业衔接方式，构建专业的冷链物流标准化对接体系；其三，要培养其能够具备更加广阔的专业视野，对内能够意识到广东省可以成为港澳地区乃至外部世界与内地冷链物流行业衔接的重要中介通路，对外具备国际视野，能够有意识地通过港澳地区的冷链物流行业对接国际冷链物流行业；其四，要能够培养其有效利用广东地区及粤港澳大湾区的区位优势，尝试打造冷链物流公共信息平台。由于冷链物流行业的特殊性，其运作质量直接关系着普通消费者的消费体验乃至生活品质，从冷库、冷藏运输载具的数据直采，到数据透明化地公布于公共信息平台，可以有效地促进行业公信力的营造及其发展。

（二）服务大湾区冷链物流产业人才培养举措

粤港澳大湾区作为我国主要湾区之一，其经济发展能够为我国经济的开放度提供考量，其地理优势为物流产业发展提供了条件，并且冷链物流产业也为其经济发展提供了良好的动力。同时，在国际化快速发展以及国内经济快速发展的推动下，市场加大了对冷链物流人才的需求，综合利用湾区教育资源，创建冷链物流人才协同培养模式是解决人才需求的路径之一。

第一，广东地区很多院校当前的人才培养目标缺少国际化人才理念的体现，缺乏明确的国际化系统定位，以及培养国际化人才的目标，无法满足大湾区发展需求。因此，应该从大湾区冷链物流行业内不同地区企业的基层运营岗位工作内容分析入手，明确其工作职业与专业特点，改变传统人才培养的目标，形成具有大湾区国际视野的冷链物流人才培养新目标。

第二，一般来讲，教师是学生的天花板，教师的技能水平、视野广度以及理念高度在很大程度上影响学生的学习与成长，因此，为了促使学生适应冷链物流国际化的发展需求，可以使教师团队国际化。对于师资可以加大外聘力度，使外籍教师比例增加，将不同体系、不同国籍以及不同学校的教师汇集到一起，这样能够有效防止知识僵化、同化，又能够促进推陈出新，进而形成不同的文化，形成专业思想，产生新优势，促进开发、教学、科研的良性循环。本土教师应该经历国际化教育，学校应该强化教师的外语交际培训，为教师提供出国交流的机会，合理计划派选教师到国外访问，开展合作交流，吸收、学习其新理论、新知识，进而获取先进经验，提高自身国际素养。可以聘请国外专家参与到教学管理中，引入国外的先进办学理念以及管理模式，促进教育国际化发展。为了能够使学生素质满足冷链物流运营需求，应该促进国际化教学理念，学校可以组织教师进行国际合作以及交换资料等，也可以聘请国外教师为本校教师讲学，促进教师国际化观念的培养。

第三，构建国际冷链物流实验室。对于物流实验室，很多院校注重传统设备的建设，比如立体仓库、叉车、包装机以及托盘货架等，这类设备在锻炼学生操作能力以及实际动手能力等方面有着很好的促进作用。然而，在锻炼学生思考能力方面的设备建设相对较少，比如智能冷链物流、供应链管理以及跨专业冷链物流实验实训等软件，导致学生在实验室中无法得到相应的实训，学生在此方面的思考能力不能得到很好的锻炼。因此，应该构建涵盖职能物流、国际物流软件以及国家运输等方面的实验室。

第四，开展粤港澳大湾区背景下的冷链物流实训项目。在实训环节，学生基本上进行货物运输、仓储以及分拣等体力型的实训，缺少与粤港澳大湾区冷链物流项目的结合。应该强化工学结合，强化学校与贷贸型、外贸型以及国际型等物流企业的合作，对实训项目进行优选，为学生创造实践锻炼的物流环境。需要大胆改进培养模式，为使学生的综合性、实用性以及专业性得到培养，需要对教学内容、教学方法以及教学手段等加以改进，需要在教学过程中引入实践教学。保证教学内容的实用性，物流教学需要做到理论与实际的有机结合，突出基础、彰显实用。

构建冷链物流应用型人才协同培养模式，其模式重点在于联合，是指对粤港澳大湾区多方教育资源的联合，比如政府、社会、企业以及高校之间的联合，使其各自优势能够得到充分发挥，进而使人才培养目标得到统一。还有一点在于应用，是指培养人才属性与方向，即粤港澳大湾区背景下满足其发展需求的应用型人才，并且具备极强的实践能力。培养冷链物流人才不仅仅是相关学校的义务，缺少专业的物流人才对于物流产业的发展是非常不利的，湾区内政府与企业应该积极参与到培养人才中来。当然，毋庸讳言，大湾区内不同地区的政府行政与企业管理模式不同，其参与人才培养的方式也不通过，在共同目标下的有效协调是工作重心之一。

在“互联网 +”时代，教育信息化进入深层次的发展阶段，终身学习和学习型社会建设已成为关注的热点，而学分银行恰恰是构建终身学习环境、建设学习型社会的重要桥梁。《国务院关于印发国家教育事业发展“十三五”规划的通知》（国发〔2017〕4 号）明确指出：大力发展继续教育是新时期协调推进教育结构调整的主要举措，建立学分银行和信息化平台是“互联网 +”时代推进继续教育信息化变革与可持续、规范化发展，构建终身学习型社会的基础性举措。自《国家中长期教育改革和发展规划纲要（2010—2020 年）》明确指出“建立学习成果认证体系，建立‘学分银行’制度”，推进终身教育体制机制建设以来，学分银行作为促进各级各类教育纵向衔接、横向沟通的“立交桥”的价值逐渐突显。

学分银行不考虑学习者学习成果的获取来源，它通过“认证”把学习者的各类学习成果转化为学分，并在此基础上通过“积累”、“转换”等方式，在达到规定学分总数后把学分“兑换”为相应学历或资格证书，从而实现各类教育的衔接。学习成果认证是对学习者的学习成果进行评价，当学习者的学习成果经认定达到标准时，学分银行就可以将其认定为相应的学分；学分积累和转换是指把学习者被认定的学分存储并累积起来，达到一定程度后，提取学分，转换成某项资格或学历证书。因此，学习成果认证、学分积累与转换是学分银行构建的两大核心内容。学分银行的出现，可以实现各级各类教育从纵向衔接到横向沟通，从而搭建起终身教育“立交桥”，学习者可以通过“立交桥”掌握学习的主动权，随时调整学习目标和进度，最终达到理想的学习目标。

分析冷链物流专业对基层运营管理人员的知识和技能要求，其运营现场的实际操作能力和日常运营管理问题的处理能力占据重要地位，粤港澳大湾区的特殊地域特点也决定了其需要更为灵活的人才培养方式与过程，在生产实践中学习积累，不断提升，学分银行的模式具有较好的参考和启发作用。

三、冷链物流人才培养地方化要求

（一）区域冷链物流规划能力的培养

区域冷链物流的发展涉及区域经济、冷链物流两大领域，一个是条块结构，一个是纵线结构，要推进两者的结合，必须在发展的顶层设计方面进行宏观的规划指导。与此同时，冷链物流管理人员既要熟悉本区域的行业发展需求与发展方向，也要掌握冷链物流运作相关区域的行业特点，拥有宏观规划能力的同时，还要求能够拥有进行本区域或跨区域的中微观冷链物流运作设计能力，能够有效地利用区域之间的互补性与发展不平衡性来推动流通效率的提升，打破区域壁垒，发展地方冷链物流特色，促进跨区域的专业化运作。

（二）培养冷链物流多式联运的管理能力

在区域冷链物流人才培养过程中，要注意运作管理中运输形式的选择与衔接能力的培养，这是提高运输效率，保障商品品质的前提。目前，随着国内运输体系的高度发展，航空、高速公路、高速铁路等运输形式成为提高效率的最佳选择。在运输形式的选择方面，可以考虑对以上几种形式的综合联运，如发展冷藏集装箱多式联运，通过冷集箱与铁路冷藏车的配套使用，既能克服铁路运输不能进行“门到门”服务的缺点，又能极大提高铁路冷藏运输的质量。

（三）加强物流信息管理能力的培养

我们需要认识到，发展地方化的冷链物流产业离不开物流信息技术的支撑，跨区域发展更是如此，基层运营管理人员的培养不能仅仅局限于学习掌握冷链物流信息系统平台的操作能力，而要从结构分析和平台构建的角度进行深度培养。现代信息技术的发展，为区域冷链的管理提供了更加丰富的手段。加强区域冷链物流的发展，要积极引入信息管理系统，通过信息的整合，可以充分降低流通成本。从品质管理上讲，可以保证冷链食品和流通方向的准确可靠，提供可溯源性信息支持。行业内要加强全国性信息平台的建设，通过将区域平台信息的集中汇总，对区域间冷链物流发展的趋势变化、资源调配、应急等给出信息指导，使行业发展更具协调性、方向性，以上的工作过程均应尽量融入专业人才的培养过程中去。

四、冷链物流人才培养地方化举措

（一）与区域冷链物流产业发展实现深度融合

冷链物流人才培养地方化，首先要了解区域经济以及当地物流及冷链物流的发展水平，这一点不但关联行业发展的人才供给，同时也现实地关联着高等院校学生的就业情况，尤其是应用型本科院校，本身就负有协助发展地方经济提供人力资源供给的任务，所以在冷链物流人才培养的过程中，应该深入调查掌握当地区域冷链物流发展水平，长板与短板，资源优势与劣势，以及由此产生的专业人才需求，有倾向性地实施人才培养，实现人才培养与区域冷链物流产业发展的深度融合。

（二）区域行业发展与跨区域协调能力的综合打造

物流以及冷链物流运作的跨区域性与衔接性决定了其人才能力培养不能仅着眼于满足本区域物流运作人才需要，更为重要的是，其必须拥有更高的专业思维与意识，能在全局上协调相邻或相关区域的冷链物流运作管理，能够考虑不同地域在经济状况和冷链物流产业发展上的不均衡，并由此采取高效的协调措施。

参考文献

1. 安久意. 我国冷链物流标准化现状及发展思路研究[J]. 标准科学,2010(7).

2. 常丽娜,李学工. 2010—2013 年中国农产品冷链物流标准化发展与展望[J]. 农业展望,2014(2).

3. 陈海鹏,刘红斌,张顺. 产学研深度融合 促进高校科技成果转移转化——基于51所高校及88家企事业单位的调查分析[J]. 中国高校科技,2019(3):4—8.

4. 陈艳丽. 日本冷链物流扩张之路[N]. 中国邮政报,2017-05-25.

5. 崔忠付. 2018 中国冷链物流回顾与 2019 展望[J]. 中国物流与采购,2019(4).

6. 崔忠付. 促进国际互联互通 迎接全球冷链新时代[J]. 中国物流与采购, 2018(13).

7. 崔忠付. 共建共享冷链生态,共创食品安全未来[R/OL]. [2019-07-02]. http://www.lenglian.org.cn/news/2019/26848.html.

8. 崔忠付. 我国冷链物流稳步发展[J]. 中国物流与采购,2017(4).

9. 邓冬梅,陈丽英. 我国物流技能型人才培养模式探讨[J]. 物流科技,2007(8).

10. 邓海燕. 浅析冷链物流人才的特性及培养途径[J]. 物流工程与管理,2015(4).

11. 邓余玲. 生鲜农产品冷链物流发展问题及其对策研究[J]. 物流工程与管理. 2017(3).

12. 刁丽琳,朱桂龙,许治. 国外产学研合作研究述评、展望与启示[J]. 外国经济与管理,2011,33(2):48—57.

13. 丁夏夏．双一流大学物流学科师资建设研究[J]．物流工程与管理,2019(2):122—123.

14. 丁昭巧,王金良．高校大学生创新创业人才培养探讨——以广东科技学院为例 [J]．品牌月刊,2015(1).

15. 段延梅,王旭,姜颖．黑龙江省民办高校冷链物流人才培养模式研究[J]．科技与企业,2013(4).

16. 樊霞,赵丹萍,何悦．企业产学研合作的创新效率及其影响因素研究[J]．科研管理,2012,33(2):33—39.

17. 方璇璇,余国江．面对“慕课”:地方应用型高校的困境及应对策略[J]．合肥学院学报(自然科学版),2014(2).

18. 方燕,赵其华．人才培养模式改革初探——以成都理工大学“地质工程创新班”为例 [J]．教育教学论坛,2016(14).

19. 冯国苓,黄琳．海南热带农产品冷链物流人才培养研究[J]．科技创新导报,2012(20):226—227.

20. 傅利平,周小明,罗月丰．知识溢出与产学研合作创新网络的耦合机制研究[J]．科学学研究,2013,31(10):1541—1547.

21. 高林等．应用性本科教育导论[M]．北京:科学出版社,2006.

22. 葛春凤,黎文峰．促进粤东西北农产品冷链物流发展的对策研究[D]．广州:广州航海学院, 2018.

23. 葛春凤,黎文峰．促进粤东西北农产品冷链物流发展的对策研究[J]．产业创新研究,2018(5).

24. 葛晓雯,么贵永．北京市冷链物流人才现状分析[D]．北京:北京物资学院研究生部, 2012.

25. 葛晓雯,么贵永．北京市冷链物流人才现状分析[J]．中国市场,2012(15).

26. 光昭．高职院校物流教学改革[J]．中国市场,2014(49):192—193.

27. 广东省统计局．2018 年广东国民经济和社会发展统计公报[DB/OL]．[2019－02－27]. http://gjdc. gd. gov. cn/ggl/202002/t20200227_154724. html.

28. 郭莉．探索现代学徒制背景下物流管理专业双师型师资队伍建设的途径[J]．物流工程与管理,2016(6):232.

29. 国家发展与改革委员会．农产品冷链物流发展规划[R/OL]．[2010－06－18]．国务院公报,2010(31 号). http://www. gov. cn/gongbao/content/2010/

content_1737211. htm.

30. 过宏雷,崔华春. 幕课:高校教学模式的全新挑战与变革契机[J]. 湖南师范大学教育科学学报,2014(5):110—114.

31. 何黎明. 汇聚全球力量共建冷链生态圈——在2017(第九届)全球冷链峰会上的讲话[R/OL]. [2017-07-26]. http://www. chinawuliu. com. cn/office/37/312/12749. shtml.

32. 何思远. 浅谈应用型大学冷链物流人才培养现状[J]. 教育学, 2016(11).

33. 何晓林,彭志成,陆元元. 我国冷链物流人才培养研究[J]. 物流工程与管理,2014(5).

34. 洪林,夏宏奎,汪福俊,等. 产学研协同创新的政策体系与保障机制——基于"中国制造2025"的思考[J]. 中国高校科技,2019(4):74—76.

35. 侯威. 美国竞争力计划——布什政府科研与教育发展新蓝图[J]. 教育情报参考,2006(7):60—61.

36. 侯秀英,丁和水,黄莹. 冷链物流人才培养探析[J]. 物流工程与管理,2018(9):178—179.

37. 胡军燕,朱桂龙,马莹莹. 开放式创新下产学研合作影响因素的系统动力学分析[J]. 科学学与科学技术管理,2011,32(8):49—57.

38. 胡亦曼,郭小军. 美国人才资源战略浅析[J]. 国际人才交流,2010(6).

39. 黄建初,李崇高,陈嘉仪. 广东生鲜农产品冷链物流发展的SWOT分析[J]. 广州城市职业学院学报,2018(3).

40. 黄圆圆,方黛春. 关于订单班教育模式的思考及对策[J]. 速读·下旬,2014(9).

41. 姜晓坤. 中国研究型大学人才培养目标定位研究[D]. 大连:大连理工大学,2010.

42. 姜正国. 人才培养与"后发赶超"[J]. 湖南人文科技学院学报, 2005(1).

43. 蒋石梅,张爱国,孟宪礼,等. 产业集群产学研协同创新机制——基于保定市新能源及输变电产业集群的案例研究[J]. 科学学研究,2012,30(2):207—212.

44. 金芙蓉,罗守贵. 产学研合作绩效评价指标体系研究[J]. 科学管理研究,2009,27(3):43—46,68.

45. 荆华乾. 制冷行业政策分析[J]. 制冷技术, 2018(1).

46. 孔磊. 学分银行制度:国际经验与本土探索——“中国远程教育学术论坛”综述[J]. 中国远程教育,2012(5):5—20.

47. 兰必近. 广西及北部湾经济区冷链物流发展研究[J]. 物流技术,2012(5).

48. 李成龙,刘智跃. 产学研耦合互动对创新绩效影响的实证研究[J]. 科研管理,2013,34(3):23—30.

49. 李富. 日本人才战略与产业发展的协调性——来自日本的经验[J]. 南昌师范学院学报(社会科学),2014(8):23—24.

50. 李建春. 农产品冷链物流(“十二五”高职高专规划教材)[M]. 北京:北京交通大学出版社,2014.

51. 李洁. 浅析慕课给我国高校传统课堂带来的挑战及应对策略[J]. 新教育时代,2015(21).

52. 李晋红. 翻转课堂中存在的问题及其解决策略[J]. 新课程(中),2017(10).

53. 李莉,史焰青. 建立区域冷链物流、发展区域经济的商业模式分析[J]. 产业与科技论坛,2018,17(4):18—19.

54. 李联卫. 基于科技创新的山东省农产品冷链物流人才培养研究[J]. 科教导刊(电子版), 2015(6):130.

55. 李林曙,鄢小平,王立科. 我国学分银行制度建设的模式、途径与策略[J]. 现代远程教育研究,2013(6):33—38,49.

56. 李素芹. 应用型人才相关问题辨析[J]. 扬州大学学报:高教研究版,2014(18):1.

57. 李婷,余果. 产学研合作人才培养机制的系统动力学研究[J]. 现代营销(信息版),2019(4):174—175.

58. 李葳. 校企合作的高等职业教育发展问题现状研究与对策[D]. 太原:山西财经大学,2012.

59. 李玮,张改平,孙东泉. 物流强国战略的国际比较[D]. 北京:交通运输部科学研究院, 2018.

60. 李小妹,谢昀雅,付虁钰. 产学研合作导向的创新生态系统——基于多个体博弈的动态演化分析[J]. 西南政法大学学报,2019,21(3):142—151.

61. 李艳霞. 我国药品冷链物流发展研究[J]. 物流技术,2014(2).

62. 李泽芳,苏庆勇. 对我校设置制冷与冷藏专业(冷链物流方向)的几点思考[J]. 桂林航天工业高等专科学校学报,2011,16(2):249—251.

63. 林良富,徐明. 高水平应用型大学产学研一体化路径探索——以浙江万里学院为例[J]. 浙江万里学院学报,2019,32(3):71—76.

64. 刘常宝,胥爱霞,李仕豪. 跨业融合背景下冷链物流人才培养研究[J]. 合作经济与科技,2019(2):114—115.

65. 刘凤朝,马荣康,姜楠. 基于"985高校"的产学研专利合作网络演化路径研究[J]. 中国软科学,2011(7):178—192.

66. 刘广海,谢如鹤,屈睿瑰. 物流管理专业冷链物流特色人才培养研究与实践[J]. 物流工程与管理,2011(10):141—142.

67. 刘广海,谢如鹤,张素芬. 冷链物流实践教学探索与创新[J]. 物流工程与管理,2009(2):109—110.

68. 刘国钦等. 高校应用型人才培养的理论与实践[M]. 北京:人民出版社,2007.

69. 刘慧芬. 产学研合作模式和机制研究[D]. 上海:上海交通大学,2009.

70. 鲁若愚,张鹏,张红琪. 产学研合作创新模式研究——基于广东省部合作创新实践的研究[J]. 科学学研究,2012,30(2):186—193,224.

71. 吕冬梅. 基于市场需求的冷链物流高技能人才培养分析与研究[J]. 物流技术,2013(17):491—493.

72. 马姗姗. 医药冷链前景可期[J]. 中国物流与采购,2018(12).

73. 马翔,裴丽杰. 关于黑龙江省冷链物流人才培养模式的几点思考[J]. 现代商业, 2013(17).

74. 闵维方. 从经济视角看我国面向2035年的高等教育发展战略[J]. 教育与经济,2018(2).

75. 潘懋元,蔡宗模,朱乐平,等. 中国高等教育改革发展70周年:回顾与前瞻——潘懋元先生专访[J]. 重庆高教研究,2019(7): 7.

76. 彭丽霞. 我国冷链物流发展现状及对策研究[D]. 邯郸:河北工程大学,2011.

77. 皮晓芳,胡子瑜,刘世明. 基于系统动力学的冷链基础设施与区域经济的相关性研究[J]. 物流技术,2019,38(4):44—48.

78. 祁雁凌. 广东省冷链物流行业发展情况研究[J]. 农村经济与科技,

2017(1).

79. 祁雁凌．中日冷链物流发展状况对比研究[J]．商,2016(15).

80. 前瞻产业研究院．2013—2017 年中国冷链物流行业市场调研与投资预测分析报告[R]. 2017.

81. 前瞻产业研究院．2019 年中国与美洲主要国家双边贸易深度解读报告[EB/OL]．[2019 - 07 - 01]．https://bg. qianzhan. com/report/detail/1907011800127617. html.

82. 前瞻产业研究院．2019 年中国与亚洲主要国家和地区双边贸易深度解读报告[R/OL]．[2019 - 07 - 01]．https://bg. qianzhan. com/report/detail/1907081510007962. html.

83. 秦效宏,梁林蒙,史高峰．产学研合作模式比较及其优化对策建议[J]．知识经济,2019(18):179—180.

84. 邱忠岳．世界制冷史[J]．冷藏技术,1988(3).

85. 屈贞财,陈黄墨．高职高专印刷色彩学课程教学改革研究[J]．郑州牧业工程高等专科学校学报,2014,34 (1):45—47.

86. 饶燕婷．“产学研”协同创新的内涵、要求与政策构想[J]．高教探索,2012(4):29—32.

87. 申俊喜．创新产学研合作视角下我国战略性新兴产业发展对策研究[J]．科学学与科学技术管理,2012,33(2):37—43.

88. 沈凯,庞静娅．粤港澳合作下的珠海市冷链物流发展策略[J]．价值工程,2014,33(3):21—24.

89. 时伟．应用型本科院校的误读与重构[J]．国家教育行政学院学报,2014(11):52—56.

90. 苏晓红．“政产学研协同 教学做创融通”一体化推动双提升[N]．河南日报,2019 - 07 - 03(10).

91. 孙冬喆．中国学分银行制度建设研究[D]．上海:华东师范大学,2014.

92. 孙佳鹏,石伟平．现代学徒制:破解职业教育校企合作难题的良药[J]．中国职业技术教育,2014(27):14—18.

93. 孙利荣．国内冷链物流发展现状及趋势研究．现代电商与物流研究院[EB/OL]. [2018 - 08 - 07]. https://www. yidianzixun. com/article/0JjGmixV.

94. 孙晓霞,刘忠范:健全以企业和市场为牵引的产学研一体化创新机制[J]．新材料产业,2019(4):2.

95. 覃毅延,杨从平. 冷链物流课程教学探究[J]. 教育研究, 2018(8).

96. 汤金毅 王迪 马小波. 对冷链物流若干问题的思考与分析[D]. 菏泽:菏泽职业学院,2018.

97. 汤诗华,毕磊,朱祖林,等. 我国学分银行研究与实践述评[J]. 中国远程教育,2013(5):16—21,95.

98. 汪静,胡玉才,迟建卫. 协同培养大学生实践创新能力的研究与实践[J]. 实验技术与管理,2013,30(9).

99. 王大军. 从冷链物流需求看冷藏车市场发展[J]. 专用汽车,2018(5).

100. 王辉,高洁琼. 场域理论观照下的产学研合作研究[J/OL]. 重庆工商大学学报(社会科学版), http://kns.cnki.net/kcms/detail/50.1154.C.20190524.0923.002.html.

101. 王建,刘玮炜,詹永成. 地方高校与高职技校协同人才培养模式探索[J]. 淮海工学院学报:人文社会科学版,2015(14):12.

102. 王进富,张颖颖,苏世彬,等. 产学研协同创新机制研究——一个理论分析框架[J]. 科技进步与对策,2013,30(16):1—6.

103. 王军. R134aR744 复叠式制冷系统设计研究[D]. 合肥:合肥工业大学,2015.

104. 王松,黄福华,卢巧舒,等. 双创教育背景下的物流专业产教融合改革构想[J]. 物流工程与管理, 2018(6).

105. 王晓伟. 陕西农产品冷链物流人才培养研究[J]. 现代经济信息, 2018(7).

106. 王瑶. 广东省冷链物流发展现状与对策[J]. 商场现代化,2017(7).

107. 王濯缨. 经济全球化进程中的济南市专业技术人才队伍建设研究[D]. 天津:天津大学, 2007.

108. 魏际刚. 迈向物流强国:中国物流业中长期发展战略[M]. 北京:中国发展出版社,2017.

109. 文晓巍. 浅析高校冷链物流人才的培养[J]. 中国高新技术企业,2007(8).

110. 吴南中,夏海鹰. 以学分银行为支架的区域性终身学习体系构建研究[J]. 中国远程教育,2017(11):63—69,80.

111. 吴南中. 学分银行建设的动力机制及其构建研究[J]. 中国远程教育,2017(4):72—78.

112. 吴细花 . MOOCs 冲击下课堂教学模式的探究[J]. 科学导报,2014(23):16.

113. 肖丁丁,朱桂龙 . 产学研合作创新效率及其影响因素的实证研究[J]. 科研管理,2013,34(1):11—18.

114. 肖瑶,吴灵均,曹丹 . 民办高校应用型本科人才培养模式理论研究[J]. 智富时代,2014(8).

115. 谢虎军 . 高职物流管理专业农产品冷链物流特色人才培养研究——以湖南商务职业技术学院为例[J]. 物流科技,2014(11):43—45.

116. 谢美娥,何少奎 . 我国冷链物流发展现状与人才培养探析[D]. 武汉:武汉商学院, 2018.

117. 谢太平 . 产学研合作模式下应用型人才培养探索与实践[J]. 产业创新研究,2019(3):59—60,78.

118. 薛冬 . 日本科技兴国的特点与经验[J]. 领导科学, 2004(9).

119. 鄢小平 . 我国学分银行制度的模式选择和架构设计[J]. 远程教育杂志,2015,33(1):30—38.

120. 严雪晴,李俊桦,黄晓怡 ."一带一路"背景下广东省农产品冷链物流人才培养[D]. 肇庆:广东理工学院, 2018.

121. 严雪晴 ."一带一路"下广东农产品冷链物流人才培养模式与路径[J]. 物流科技 . 2019,42(6).

122. 杨晨,顾凤佳 . 国外学分银行制度综述[J]. 中国远程教育,2014(8):29—39.

123. 杨晨 . 我国"学分银行"建设的三大问题[J]. 中国远程教育,2012(6):41—46,95—96.

124. 杨军,税文兵,杨扬 . 基于 KSA 模式物流专业人才培养探讨[J]. 物流科技,2018(12):159—161.

125. 杨丽伟 . 我国冷链物流现状及发展趋势分析[J]. 现代商贸工业,2018(1).

126. 游力 . 基于碳排放的冷链物流系统研究[D]. 广州:广州大学, 2017.

127. 于成龙,李胜强 . 应用型本科教育存在的问题及对策[J]. 时代教育,2014(10):109—110.

128. 于忠军,孔令娟 . 新旧动能转换中产学研一体化的人才培养模式研究[J]. 中国商论,2019(6):254—256.

129. 余清臣,徐苹．当代课堂教学模式改革的实践内涵:一种反思的视角[J]．教育科学研究,2014(1).

130. 余硕秋．浅谈“农超对接”促进农产品冷链物流的发展[J]．企业导报, 2012(14).

131. 曾梦杰,屈贞财,李帅．应用型教育理念下冷链物流课程教学改革研究[J]．物流工程与管理,2015(4):149—150.

132. 曾梦杰,屈贞财．高职高专运输管理课程教学改革研究[J]．郑州牧业工程高等专科学校学报, 2014,34(4): 36—39.

133. 曾艳英,刘如意．广东省农产品冷链物流市场分析[J]．中国市场,2015(34).

134. 张进疆,陈永春,罗乔军．广东省农产品冷链物流产业发展现状及趋势[J]．现代农业装备,2014(1).

135. 张静秋．区域学分银行建设的困境与思考[J]．江苏科技信息,2018,35(35):51—53.

136. 张旭．广东省生鲜农产品冷链物流发展问题研究[D]．广州:仲恺农业工程学院．2017.

137. 张学新．对分课堂:大学课堂教学模式的一个新探索[OL]．[2014-08-11]. http://www.paper.edu.cn/releasepaper/content/201408-102/.

138. 张颖,蒋浩,乔培宇．互联网+产学研合作智能服务平台的生态服务模式[J]．计算机系统应用,2019,28(4):69—75.

139. 张颖川．“农产品冷链物流的本质是安全和服务”——访中国物流与采购联合会冷链物流专业委员会秘书长秦玉鸣[J]．物流技术与应用,2018,S2.

140. 张玉勋．中国百胜餐饮集团冷链物流发展战略研究[D]．长沙:湖南大学, 2010.

141. 章达友．人力资源管理[M]．厦门:厦门大学出版社,2008(9).

142. 赵雷．冷链物流:回顾与展望[J]．中国储运, 2010(2).

143. 赵章靖．美国:培养有竞争力的新世纪人才[J]．决策探索,2018(11): 78.

144. 中国冷链物流发展报告(2015)[R]．北京:中国财富出版社,2015.

145. 中国物流与采购联合会．2018 冷链物流人力资源报告[DB/OL]．[2018-12-02]. http://www.sohu.com/a/279185190_608787.

146. 中国物流与采购联合会．冷链物流从业人员能力要求[R/OL]．[2017-

05－09]. http://www. chinawuliu. com. cn.

147. 中国物流与采购联合会冷链物流专业委员会,中国物流技术协会,国家农产品现代物流工程技术研究中心. 中国冷链物流发展报告(2014)[R]. 北京:中国财富出版社,2014.

148. 中国物流与采购联合会与全国物流职业教育教学指导委员会.2016年中国物流职业教育年度报告[R].2017.

149. 中金网.2020年我国冷链市场规模或将达到4700亿元[N/OL].[2016－08－29]. http: //www. cngold. com. cn.

150. 中冷联盟.2019版《全国冷链物流企业分布图》数据报告发布[DB/OL].[2019－04－28]. http://www. sohu. com/a/310774869_653523.

151. 钟秉林. 迎接高等教育普及化新阶段[J]. 中国高等教育,2019(17):1—1.

152. 仲伟俊,梅姝娥,谢园园. 产学研合作技术创新模式分析[J]. 中国软科学,2009(8):174—181.

153. 周生宏. 打造华东冷链物流高地 拉动区域经济转型升级[J]. 山东经济战略研究,2011(3):46—48.

154. 周晓阳,王钰云. 产学研协同创新绩效评价文献综述[J]. 科技管理研究,2014,34 (11):45—49.

155. 朱爱华. 东北振兴破局——物流助力提质增效[J]. 物流时代,2017(4).

156. 庄涛,吴洪. 基于专利数据的我国官产学研三螺旋测度研究——兼论政府在产学研合作中的作用[J]. 管理世界,2013(8):175—176.